仓储管理实务

主　编　申纲领
副主编　孙晓俊　王艳杰　王　刚

北京理工大学出版社
BEIJING INSTITUTE OF TECHNOLOGY PRESS

版权专有 侵权必究

图书在版编目（CIP）数据

仓储管理实务 / 申纲领主编 . —北京：北京理工大学出版社，2019.1（2021.8 重印）
ISBN 978-7-5682-5931-6

Ⅰ.①仓… Ⅱ.①申… Ⅲ.①仓库管理-教材 Ⅳ.①F253

中国版本图书馆 CIP 数据核字（2018）第 165676 号

出版发行 / 北京理工大学出版社有限责任公司
社　　址 / 北京市海淀区中关村南大街 5 号
邮　　编 / 100081
电　　话 /（010）68914775（总编室）
　　　　　（010）82562903（教材售后服务热线）
　　　　　（010）68944723（其他图书服务热线）
网　　址 / http：//www.bitpress.com.cn
经　　销 / 全国各地新华书店
印　　刷 / 涿州市新华印刷有限公司
开　　本 / 787 毫米 × 1092 毫米　1/16
印　　张 / 16　　　　　　　　　　　　　　　　　　责任编辑 / 施胜娟
字　　数 / 380 千字　　　　　　　　　　　　　　　文案编辑 / 施胜娟
版　　次 / 2019 年 1 月第 1 版　2021 年 8 月第 3 次印刷　责任校对 / 周瑞红
定　　价 / 45.00 元　　　　　　　　　　　　　　　责任印制 / 李　洋

图书出现印装质量问题，请拨打售后服务热线，本社负责调换

前 言

仓储活动作为现代物流系统中的一个重要环节，涉及物流管理和技术等多学科领域，对维持社会再生产的顺利进行起着非常重要的作用。而现代物流业的发展，为国民经济和企业的发展带来了巨大的经济效益，成为我国经济发展的一个新的增长点。本书根据仓储活动和仓储管理的特点，深入浅出、系统而全面地介绍了仓储及仓储管理的含义、作用，现代仓储的发展趋势，仓储的功能，货仓的规划，商品的入库、出库和盘点管理，商品的储存，仓储安全管理，特殊货物保管，仓储自动化，库存管理与控制等内容。

本书的特点主要体现在以下几个方面：

（1）本书根据高等职业教育人才培养目标，从职业岗位分析入手，以掌握实践技能为目的，以"必需、够用、适用"为原则，确定课程内容。

（2）突出案例和实训环节，可操作性强。在编写体例上突出了"互动性"和"应用性"，各章均设计引导案例、相关链接、实训项目、案例分析等，旨在提高学生运用所学的知识分析问题和解决问题的能力。

（3）本书引用了国家最新颁布或者修改的专业术语，使教材具有鲜明的新颖性和实用性。

《仓储管理实务》是高职高专院校的规划教材，可供高职高专院校物流管理、仓储管理、经济管理、电子商务等专业的学生使用，也可作为相关专业学生及在职仓储业务人员和管理者的学习用书。全书根据高职高专教育的特点，精选和提炼教学内容，尽量反映仓储管理实践中的最新成果，理论联系实际，注重实际应用，力求提高学生的实践技能。

本书由许昌职业技术学院申纲领教授担任主编，编写了项目一、项目七、项目八；许昌职业技术学院孙晓俊讲师担任副主编，编写了项目二、项目四、项目六；河南许昌新兴国家粮食储备管理有限公司王艳杰经济师担任副主编，编写了项目三、项目五；西安航空学院王刚老师担任副主编，编写了项目九、项目十、项目十一；深圳新风向公司提供多媒体资源。在编写过程中参阅了大量的著作、文献，借鉴了国内外同行专家的很多研究成果，得到了有关部门及学校领导、专家和教师的大力支持，并提出了许多宝贵的意见和建议，在此一并致谢！

由于编者水平和编写时间的限制，难免有疏漏乃至错误之处，恳请读者批评指正。

编　者

主编简介

申纲领,教授,主要担任物流管理、仓储管理、企业管理等课程的教学工作,两次被评为省级优秀教师。近年来,主编教材12部,发表论文8篇,获得省、市级政府科技成果奖6项。

目 录

项目1 仓储管理概述 （1）
1.1 仓储的含义 （2）
1.2 仓储的功能 （4）
1.3 仓储组织与管理 （8）

项目2 仓库与仓储设备 （19）
2.1 仓库的分类 （20）
2.2 自动化立体仓库 （24）
2.3 仓储设备 （26）

项目3 仓库的规划 （47）
3.1 仓库的选址 （48）
3.2 仓库的布局与规划 （52）
3.3 仓库人员的工作职责和岗位素质要求 （58）

项目4 出入库管理 （66）
4.1 入库作业组织 （67）
4.2 商品验收 （74）
4.3 商品出库 （79）
4.4 商品出库的基本程序和出库作业 （85）
4.5 商品出库时发生问题的处理 （89）

项目5 商品的盘点管理 （92）
5.1 盘点的目的和工作程序 （93）
5.2 盘点的工作内容和盘点方法 （101）

项目6 商品的储存 （113）
6.1 仓储商品的质量变化 （114）

6.2 仓库温、湿度管理 …………………………………………………………（121）
6.3 仓库的害虫与防治 …………………………………………………………（126）
6.4 商品的霉变与防治 …………………………………………………………（129）
6.5 货仓管理的5S（整理、整顿、清扫、清洁、教养）活动 ……………………（131）

项目7 特殊货物保管 …………………………………………………………（137）
7.1 水泥的保管 …………………………………………………………………（138）
7.2 粮食的保管 …………………………………………………………………（142）
7.3 危险品的保管 ………………………………………………………………（147）
7.4 特殊商品的管理 ……………………………………………………………（152）

项目8 仓储合同 ………………………………………………………………（159）
8.1 仓储合同概述 ………………………………………………………………（160）
8.2 履行仓储合同 ………………………………………………………………（170）

项目9 配送与配送中心 ………………………………………………………（182）
9.1 配送概述 ……………………………………………………………………（183）
9.2 配送中心业务管理 …………………………………………………………（188）
9.3 配送中心的规划与设计 ……………………………………………………（194）

项目10 仓储安全管理 …………………………………………………………（200）
10.1 仓储安全管理概述 ………………………………………………………（201）
10.2 仓储安全管理措施 ………………………………………………………（213）
10.3 仓储安全新技术 …………………………………………………………（216）

项目11 库存管理与控制 ………………………………………………………（222）
11.1 库存概述 …………………………………………………………………（223）
11.2 物料清单及ABC分析法 …………………………………………………（227）
11.3 库存成本与库存控制 ……………………………………………………（232）
11.4 JIT与MRP简介 …………………………………………………………（238）

参考文献 …………………………………………………………………………（245）

仓储管理概述

学习目标

1. 了解仓储和仓储管理的概念。
2. 掌握仓储的基本功能和增值服务功能。
3. 理解仓储管理的任务和基本原则,明确仓储组织的目标。

引导案例

许昌某医疗用品公司的库存管理

许昌某医疗用品公司 2016 年经营的产品有 56 个品种,共有 69 个客户购买其产品,年营业额为 2 800 万元人民币。对于这样的公司而言,由于产品交货期较长,库存占用资金大,因此,库存管理显得尤为重要。

该公司按销售额的大小,将其经营的 56 个品种排序,划分为 ABC 三类。排序在前 5 位的产品占到总销售额的 80%,因此把它归为 A 类产品;第 6~15 种产品占到总销售额的 15%,把它们归为 B 类,其余的 41 种产品(共占销售额的 5%),将其归为 C 类。

对于 A 类产品,公司实行了连续性检查策略,每天检查库存情况,随时掌握准确的库存信息,进行严格的控制,在满足客户需要的前提下维持尽可能低的经常量和安全库存量,通过与供应商的协商,对运输时间做了认真的分析,算出了该类产品的订货前置期为 1 个月(也就是从下订单到货到仓库,需要 1 个月的时间)。

由于该公司的产品每个月的销售量不稳定,因此,每次订货的数量就不同,要按照实际的预测数量进行订货。为了预防预测的不准确和工厂交货的不准确,还要保持一定的安全库存,安全库存是下一个月预测销售数量的 1/3。

该公司实行了产品库存的 ABC 管理以后,虽然 A 类产品占用了最多的时间、精力进行管理,但得到了满意的库存周转率。而 B 类和 C 类产品,虽然库存的周转率较慢,但相对于其很低的资金占用和很少的人力支出来说,这种管理也是个好方法。

(资料来源:作者调查整理)

思考题

ABC 管理法的目的是什么?

1.1 仓储的含义

1.1.1 仓储的概念

"仓"也称为仓库,是存放物品的场地或建筑物;"储"表示收存以备使用,具有收存、保管、交付使用的意思。仓储是对流通中的商品进行检验、保管、加工、集散和转换运输方式,并解决供需之间和不同运输方式之间的矛盾,提供场所价值和时间效用,使商品的所有权和使用价值得到保护,加速商品流转,提高物流效率和质量,促进社会效益的提高。

仓储管理是每一个物流系统不可或缺的组成部分,在以最低的总成本提供令人满意的客户服务方面具有举足轻重的作用。它是生产者与客户之间一个主要的联系纽带。最近几年以来,随着供应链管理思想的应用,仓储管理从企业物流系统中一个相对较小的方面,发展成为其重要的职能之一。

仓储是连接生产、供应、销售的中转站,对提高生产效率起着重要的辅助作用。同时,围绕着仓储实体活动,清晰准确的报表、单据账目、会计部门核算的准确信息也同时进行着,因此仓储是物流、信息流、单证流的合一。仓储是商品流通的重要环节之一,也是物流活动的重要支柱,是加快资金周转,节约流通费用,降低物流成本和提高经济效益的有效途径。

《中华人民共和国国家标准物流术语》(GB/T18354—2006)给仓储下的定义是:仓储是指利用仓库及相关设施设备进行物品的入库、存贮、出库的作业。

学习资源:

合理制定仓库管理制度

1.1.2 仓储的种类

1. 按仓储经营主体划分

(1)企业自营仓储

企业自营仓储包括生产企业和流通企业的自营仓储。生产企业自营仓储是生产企业使用自有的仓库设施对生产使用的原材料、生产的中间产品、最终产品实施储存保管的行为,其储存的对象较为单一,以满足生产为原则。流通企业自营仓储是流通企业以其拥有的仓储设施对其经营的产品进行储存保管的行为,仓储对象种类较多,其目的是支持销售。

企业自营仓储行为不具有独立性,仅仅是为企业的产品生产或商品经营活动服务。相对来说规模小、数量众多、专用性强,而仓储专业化程度低,设施简单。企业自营仓储为自用仓储,一般不开展商业性仓储经营。

（2）商业营业仓储

商业营业仓储是仓储经营人以其拥有的仓储设施，向社会提供商业性仓储服务的仓储行为。仓储经营人与存货人通过订立仓储合同的方式建立仓储关系，并且依据合同约定提供服务和收取仓储费。商业营业仓储的目的是在仓储活动中获得经济回报，实现经营利润最大化，包括采取提供货物仓储服务和提供仓储场地服务。例如，中国物资储运公司就是典型的向社会提供以仓储服务为主的物流服务企业，该公司在全国20多个城市有物流中心64个，各地仓储设施占地1 300万平方米，其中，货场面积450万平方米，库场面积200多万平方米，仓储面积居全国同类企业之首，年吞吐货物5 300万吨，年平均库存300万吨。

（3）公共仓储

公共仓储是公用事业的配套服务设施，为车站、码头提供仓储配套服务。其运作的主要目的是保证车站、码头的货物作业，具有内部服务的性质，处于从属地位。但对于存货人而言，公共仓储也适用营业仓储的关系，只是不独立订立仓储合同，而是将仓储关系列在作业合同之中。

（4）战略储备仓储

战略储备仓储是国家根据国防安全、社会稳定的需要，对战略物资实行储备而产生的仓储。战略储备由国家政府进行控制，通过立法、行政命令的方式进行。战略储备特别重视储备品的安全性，且储备时间较长。战略储备物资主要有粮食、油料、能源、有色金属等。

2. 按仓储对象划分

（1）普通物品仓储

普通物品仓储为不需要特殊保管条件的物品仓储。一般的生产物资、普通生活用品、普通工具等杂货类物品，不需要针对货物设置特殊的保管条件，采取无特殊装备的通用仓库或货场存放。

（2）特殊物品仓储

特殊物品仓储为在保管中有特殊要求和需要满足特殊条件的物品仓储，如危险物品仓储（需用监控、调温、防爆、防毒、泄压等装置）、冷库仓储、粮食仓储等。特殊物品仓储一般为专用仓储，按照物品的物理、化学、生物特性，以及法律规定进行仓库建设和实施管理。

3. 按仓储物的处理方式划分

（1）保管式仓储

保管式仓储为以保管物原样保持不变的方式所进行的仓储。保管式仓储也称为纯仓储，存货人将特定的物品交由保管人进行保管，到期保管人将原物交还存货人。保管物除了所发生的自然损耗和自然减量外，数量、质量、件数不发生变化。保管式仓储又分为仓储物独立保管仓储和将同类仓储物混合在一起的混藏式仓储。

（2）加工式仓储

加工式仓储是指保管人在保管物在保管期间，保管人根据委托人的要求对保管物进行外观、形状、成分构成、尺度等进行加工，使仓储物发生委托人所希望的变化。例如，木材的加工仓储：保管人可以针对造纸厂的需要将木材磨成木屑，进行压缩装载；针对家具厂的需要将原木材加工成板材或剪切成不同形状的材料；针对木板厂需要将树枝、树杈、碎木屑以及其他材料制成复合木板。

（3）消费式仓储

消费式仓储为保管人在接收保管物时，同时接收保管物的所有权，保管人在仓储期间有权对仓储物行使所有权，在仓储期满，保管人将相同种类、品种和数量的替代物交还给委托人所进行的仓储。消费式仓储特别适合于保管期较短的物资（如农产品）和市场供应价格变化较大的商品的长期存放，具有一定的商品保值和增值功能，是仓储经营人利用仓储物开展经营的增值活动，已成为仓储经营的重要发展方向。

1.2 仓储的功能

1.2.1 仓储的基本功能

1. 储存功能

储存是指在特定的场所，将物品收存并进行妥善的保管，确保被储存的物品不受损害。现代社会生产的一个重要特征就是专业化和规模化生产，劳动生产率极高，产量巨大，绝大多数产品都不能被及时消费，需要经过仓储手段进行储存，这样才能避免生产过程堵塞，保证生产过程能够继续进行。因为有了产品剩余，需要将剩余产品收存，就形成了仓储。储存的对象必须是有价值的产品，要在特定的场地和必须将存储物移到存储地进行，储存的目的是确保存储物的价值不受损害，保管人有绝对的义务妥善保管好存储物，存储物始终属于存货人所有，存货人有权控制存储物。

物品的储存有可能是长期的储存，也可能只是短时间的周转储存。进行物品储存既是仓储活动的表征，也是仓储最基本的任务。

2. 保管功能

（1）数量管理

仓储的数量管理包括两个方面：一方面是存货人交付保管的仓储物的数量和提取仓储物的数量必须一致；另一方面是保管人可以按照存货人的要求分批收货和分批出货，对储存的物品进行数量控制，配合物流管理的有效实施，同时向存货人提供存货数量的信息服务，以便客户控制存货。

（2）质量管理

生产出的产品在消费之前必须保持其使用价值，否则将会被废弃。这项任务就需要由仓储来承担，在仓储过程中对产品进行保护、管理，防止损坏而丧失价值，因此在保管过程中就要选择合适的储存场所，采取先进的技术、合理的保管措施、合适的养护措施，妥善和勤勉地保管仓储物，以保证仓储物的质量不发生变化。仓储物发生危险时，保管人不仅要及时通知存货人，还需要及时采取有效的措施减小损失。

3. 流通调控功能

仓储的时间既可以长期进行也可以短期开展，存期的控制自然就形成了对流通的控制。另外，由于流通中的需要，决定了在一定时期内物品是储存还是流通，这也就是仓储的"蓄水池"功能，当交易不利时，将物品储存，等待有利的交易机会。流通控制的任务就是对物品是仓储还是流通做出安排，确定储存时机、计划存放时间，当然还包括储存地点的选择。对于销售过程来说，储存尤其是季节性储存可以为企业的市场营销创造良机。

1.2.2 仓储的增值服务功能

1. 交易中介功能

仓储经营人不但拥有大量存放在仓库里的有形资产，同时还拥有与物品使用部门广泛的业务联系，因此具有开展现货交易中介较为便利的条件。这样不但便于物品使用部门的使用，更有利于吸引仓储和加速仓储物的周转。仓储经营人利用仓储物开展物品交易不仅会给仓储经营人带来收益，还能充分利用社会资源，加快社会资金周转，减少资金沉淀。交易功能的开发是仓储经营发展的重要方向。

2. 流通加工功能

流通加工将部分产品加工工序从生产环节转移到了流通环节。加工本是生产的环节，但是随着满足消费多样化、个性化、变化快的产品生产的发展，又为了严格控制物流成本，生产企业可以将产品的定型、分装、组装、装潢等工序留到最接近销售的某些环节进行。由于仓储环节中物品处于停滞状态，很适合在这一地点进行流通加工，这样既不影响商品的流通速度，又能满足客户的需要，因此仓储成为流通加工的重要环节。

3. 配送功能

一些从事原材料、零部件或产成品生产的仓储区被设置在距离生产和消费地区比较近的地方，这样的仓储区就可以把对生产车间和销售点的配送作为自己的一项基本业务。仓储配送业务的发展，有利于生产企业降低存货，减少固定资金投入，实现准时制生产，零售企业也可以减少存货，降低流动资金使用量，且能保证销售。

4. 运输整合和配载功能

基于运输的费用率随着运量的增大而减少的规模经济现象，尽可能大批量地运输是节省运费的有效手段。将连续不断产出的产品集中成大批量提交运输，或者将众多供应商所提供的产品整合成一票运输等运输整合需要通过仓储来进行。在运输整合中还可以对产品进行成组、托盘化等作业，使运输作业效率提高。

大多数运输转换仓储都具有配载的任务。货物在仓库集中集货，按照运输的方向进行分类仓储，当运输工具到达时出库装运。而在配送中心就是在不断地对运输车辆进行配载，确保配送的及时进行和运输工具的充分利用。

5. 仓单质押功能

（1）仓单质押的含义

仓单质押是最近几年刚刚兴起的一项新型物流服务。仓单质押是客户把商品存储在仓库中，然后可以凭借仓库开具的商品仓储凭证——仓单向银行申请贷款，银行根据存储商品的价值向客户提供一定比例的贷款，同时，由仓库代理监管商品。

（2）仓单质押的业务过程

仓单是仓库接受客户委托，将货物收存入库后向存货人开具的证明存货情况的存单。它是提取寄存货物的证明文件，表明了仓库与客户之间的委托关系。

相关链接

仓单质押

中国建设银行上海分行开展"标准仓单质押融资"业务。企业拥有上海期货交易所指定仓库现货,急需短期运营资金,可以其自有且允许在交易所交易的标准仓单为质押,向这家银行申请短期融资,融资期限为10~180天,质押率高达80%。

"仓单质押"业务在中国物资储运行业开展了将近三年,是解决仓库存货客户资金紧缺、保证银行放贷安全和增加储运仓库货源的有效途径,可以取得一举三得的效果,目前,这项从仓库引申出来的新业务受到了行业内营业仓库的认可。

(资料来源:仓储管理网 经作者整理)

学习资源:

仓库作业流程的标准化

1.2.3 仓储增值服务的主要途径

1. 增加便利性的服务

一切能够简化手续、简化操作的服务都是增值性服务。简化是相对于消费者而言的,并不是说服务的内容简化了,而是指为了获得某种服务,以前需要消费者自己做的一些事情,现在仓储服务提供商以各种方式代替消费者做了,从而使消费者获得的这种服务变得简单,而且更加方便,这自然增加了商品或服务的价值。在提供仓储服务时,推行一条龙的门到门服务、提供完备的操作合伙作业提示、免费培训、包维修、省力化设计或安装、代办业务、24小时营业、自动订货、传递信息和转账(可利用EOS、EDI等)、物流全过程追踪等都是对客户有用的增值性服务。

(注:EOS——电子订货系统;EDI——电子数据交换。)

2. 加快反应速度的服务

快速反应已经成为物流发展的动力之一。仓储企业作为物流系统的重要组成部分也要适应这种发展要求。传统的观念和做法将加快反应速度变成单纯对快速运输的一种要求,而现代物流的观点认为,可以通过两种途径使过程变快,一是提高运输基础设施和设备的使用效率,比如修建高速公路、铁路运行提速、制定新的交通管理办法、提高运输工具本身的行驶速度等,这是一种速度的保障。但这种依靠基础设施使用效率的提高来保障速度,在大多数情况下仓储企业本身并没有办法保证,在需求方对速度的要求越来越高的情况下,它就变成了一种约束,因此必须想其他的办法来提高速度。第二种途径,也是具有重大推广价值的增值性服务方案,应该是优化仓储中心、配送中心、物流中心网络,重新设计适合客户的流通渠道,以此来减少仓储过程中的环节,简化仓储管理的过程,这样来提高整个仓储系统的快速反应能力。

3. 降低仓储成本的服务

通过提高增值性仓储服务，寻找能够降低仓储成本的解决方案。可以考虑的解决方案包括：采用第三方物流服务来获得仓储设计方案；采用比较适合企业能力但投资较少的仓储设施和设备，或推行现代仓储管理技术，如运筹管理技术、单品管理技术、条码技术和信息技术等，提高仓储作业的效率和效益，降低仓储成本。

4. 延伸服务

运用计算机管理的思想，向上可以延伸到市场调查与预测、采购及订单处理，向下可以延伸到仓储咨询、仓储系统设计、仓储方案的规划与选择、库存控制与决策建议、贷款回收与结算、教育与培训等。关于结算功能，仓储的结算不仅仅是仓储费用的结算，在从事代理、配送的情况下，仓储企业还要替货主向收货人结算货款。关于需求预测功能，仓储企业应该负责根据仓库的进货、出货信息来预测未来一段时间内的商品进出库量，进而预测市场对商品的需求，从而指导客户订货。关于仓储系统设计咨询功能，仓储企业要充当客户的仓储管理专家，为客户设计仓库系统，代替它选择和评价运输网、仓储网和其他物流服务供应商。关于培训与教育功能，仓储企业的运作需要得到客户的理解与支持，通过向客户提供仓储知识培训服务，可以培养其与仓储经营者的认同感，可以提高客户的仓储管理水平，并将仓储经营管理者的要求传达给客户，也便于确立仓储作业标准。延伸服务最具有增值性，但也是最难提供的服务。目前，能否提供此类增值服务已作为仓储企业是否真正具有竞争力的评价标准。

案 例

城市配送中心

杭州富日物流有限公司拥有杭州市最大的城市快速消费品配送仓。它在杭州市下沙路旁租用的 300 亩①土地上建造了 140 000 平方米现代化常温月台库房，并正在九堡镇建造规模更大的 600 亩物流园区。富日物流已经是众多快速流通民用消费品的华东区总仓，其影响力和辐射半径还在日益扩大中。

富日物流通过引入西方先进的第三方物流经营理念，聘请了职业经理人王卫安，成功地开拓了以杭州为核心的周边物流市场，目前已成为杭州最大的第三方物流企业之一。富日物流的主要客户包括大型家用电器厂商（科龙、小天鹅、伊莱克斯、上海夏普、LG、三洋等）、酒类生产企业（五粮液的若干子品牌、金六福等）、方便食品生产企业（如康师傅、统一等）和其他快速消费品厂商（金光纸业、维达纸业等）。国美电器、永乐家电等连锁销售企业和华润万家等连锁超市也与富日物流达成了战略合作关系。

富日物流的商业模式就是基于配送的仓储服务。制造商或大批发商通过干线运输等方式大批量地把货品存放在富日物流的仓库里，然后根据终端店面的销售需求，用小车小批量配送到零售店或消费地。目前，富日物流公司为各客户单位每天储存的商品量达 2.5 亿元。最近，这家公司还扩大了 6 万平方米的仓储容量，使每天储存的商品量达 10 亿元左右。按每月流转 3 次计，这家公司的每月物流量达 30 亿元左右，其总经理王卫安运用先进的管理经

---

① 1 亩 ≈ 666.67 平方米。

营理念,使得富日物流成为浙江现代物流业乃至长三角地区的一匹"黑马"。富日物流为客户提供仓储、配送、装卸、加工、代收款、信息咨询等物流服务,利润来源包括仓租费、物流配送费、流通加工服务费等。

富日物流的仓库全都是平面仓。部分采用托盘和叉车进行库内搬运。少量采用手工搬运。月台设计很有特色,适合于大型货柜车、平板车、小型箱式配送车的快速装卸作业。

与业务发展蒸蒸日上不同的是,富日物流的信息化一直处于比较原始的阶段,只有简单的单机订单管理系统,以手工处理单据为主。以富日物流目前的仓库发展趋势和管理能力,以及为客户提供更多的增值服务的要求,其物流信息化瓶颈严重制约了富日物流的业务发展。直到最近开始开发符合其自身业务特点的物流信息化管理系统。

富日物流在业务和客户源上已经形成了良性循环。如何迅速扩充仓储面积,提高配送订单的处理能力,进一步提高区域影响力已经成了富日物流公司决策层的考虑重点。

富日物流已经开始密切关注客户的需求,并为客户规划出多种增值服务,期盼从典型的仓储型配送中心开始向第三方物流企业发展。从简单的操作模式迈向科学管理的新台阶,富日物流的管理层开始意识到仅仅依靠决策层的先进思路是完全不够的,此时导入全面质量管理的管理理念和实施 ISO 9000 质量管理体系,保证所有层次的管理人员和基层人员能够严格地按照全面质量管理的要求,并且在信息系统的帮助下,使得富日物流的管理体系能够上到一个科学管理的高度。

(资料来源:仓储管理网 经作者整理)

1.3 仓储组织与管理

学习资源:

如何进行仓库作业培训管理

1.3.1 仓储组织

1. 仓储组织的概念

仓储组织就是按照预定的目标,将仓库作业人员与仓库储存手段有效地结合起来,完成仓库作业过程各环节的职责,为商品流通提供良好的储存劳务。

2. 仓储组织的目标

仓储组织的目标是按照仓储活动的客观要求和仓储管理上的需要,把与仓储有直接关系的部门、环节、人和物尽可能地合理组织搭配起来,使他们的工作协调、有效地进行,加速商品在仓库中的周转,合理地使用人力、物力,以取得最大的经济效益。用一句话来说明合理进行仓储组织的目标就是实现仓储活动的"快进、快出、多储存、保管好、费用省"。

（1）快进

物品运抵港口、车站或企业仓库专用线时，要以最快的速度完成物品的接运、验收和入库作业活动。

（2）快出

物品出库时，要及时迅速和高效率地完成备料、复核、出库和交货清理作业活动。

（3）多储存

在库容合理规划的基础上，最大限度地利用有效的储存面积和空间，提高单位面积的储存量和面积利用率。

（4）保管好

按照物品的性质和储存条件的要求，合理安排储存场所，采取科学的保管方法，使其在保管期间内质量完好、数量准确。

（5）费用省

物品输入和输出，即物资吞吐运行过程中各业务作业环节，都要努力节省人力、物力和财力消耗，以最低的仓储成本取得最好的经济效果。

3. 仓储组织的原则

（1）保证仓储作业过程的连续性

连续性是指物品在仓储作业过程的流动，在时间上是紧密衔接的、连续的。物品在库存期间经常处在不停的运动之中，从物品到库后的卸车、验收、库内搬运、堆码，到出库时的备料、复核、装车等，都是一环紧扣一环，互相衔接的。因此，在组织仓储作业过程时，要求物品在各个环节或工序间的流动，在时间上尽可能衔接起来，不发生或少发生各种不必要的停顿或等待时间。

（2）实现仓储作业过程的比例性

比例性是指仓储作业过程的各个阶段、各个工序之间在人力、物力的配备和时间的安排上必须保持适当的比例关系。例如，验收场地和保管场地之间运输力量和搬运力量之间、验收人员和保管人员之间、验收时间和收发货时间之间等，都要有一个适当的比例。保持作业过程比例性，可以充分利用人力和设备，避免和减少物资在各个作业阶段及工序的停滞和等待，从而保证作业过程的连续性。

4. 仓储组织活动

从整个仓储活动来看，仓储组织活动可分为作业过程的空间组织和时间组织。

（1）空间组织

仓储作业过程的空间组织就是正确确定仓储作业的路线，保证物品在空间上的最短运动路线和仓储空间的有效利用。例如，在安排仓储作业路线时，应避免物品在作业过程中的迂回和往返运动。作业过程的空间组织主要通过仓储作业场地的合理布置和作业班组的合理划分来实现，即在划分生产过程中，应根据物品仓储的特点，使物品在生产过程中径直前进，避免往返运转。为此，一方面，要合理地划分作业班组；另一方面，要保证仓储设施的合理布局。作业班组的设置主要应该根据仓库的吞吐规模、储存物品类别和生产流程的特点等因素而建立，一般多按照专业化形式设置班组。例如，装卸搬运队专门负责物品的装卸、搬运、堆码；验收组专门负责物品的验收等。

（2）时间组织

仓储作业过程的时间组织就是通过各个环节作业时间的合理安排和衔接，保证作业的连续进行。前者要求最大限度地节省时间，后者要求作业连续进行，尽可能消除或减少作业过程中的停顿或等待时间。物品仓储作业的时间，主要取决于供货合同的规定，但仓储活动的各环节是否合理，同样影响着作业时间，特别是急需物品，各道工序的结合方式直接影响作业时间。有的仓库实现一次性作业，卸车验收、搬运等可连续进行，一次进入货位堆码。当然，在工序时间上的结合方式与机械化程度、设备能力、工人技术水平有关。作业过程的时间组织是一个比较复杂的问题，为此，仓储作业过程的时间组织应综合考虑各方面的条件和可能。

1.3.2 仓储管理

1. 仓储管理的含义

仓储管理是对仓库及仓库内的物品所进行的管理，是仓储机构为了充分利用所具有的仓储资源，提供高效的仓储服务，所进行的一系列计划、组织、控制和协调的过程。具体来说，仓储管理包括仓储资源的获得、经营决策、商务管理、作业管理、仓储保管、安全管理、人力资源管理、经济管理等一系列管理工作。

仓储管理的内涵随其在社会经济领域中作用的不断扩大而变化。仓储已经从单纯意义上的对货物的存储管理发展成为物流过程的中心环节，它的功能已不是单纯的货物存储，而是兼有包装、分拣、流通加工、配载、仓储金融等多种增值服务功能。因此，广义的仓储管理还包括对这些工作的管理。

相关链接

武汉某仓库的货位管理

货位管理就是指物品进入仓库之后，对物品如何处理、如何放置、放置在何处等进行合理有效的规划和管理。而物品如何处置，如何放置，主要由所采取的储存策略决定，物品的具体存放位置，则要结合相关的货位分配原则来决定。该仓库货位管理的储存方式是采用的定位储存原则。定位储存是指每一类或每一个储存物品都有固定货位，物品不能互用货位。所以，在规划货位时，每物品的货位容量不得小于其可能的最大在库量。但在实际的操作中，定位储存一般会按照情况不同而做适当的调整，它会根据实际情况而做改变。在该仓库的货位管理中，管理人员把理论与实际相结合，实行了定位、定点、定量管理的原则，因此，它的货位容量不是全部按照最大在库量进行定位的，因为该公司的产品是属于季节性差异比较大的产品，如果按照最大在库量设定就会使仓库的空间利用率下降，从而出现浪费资源的情况。

由于该仓库的所有库位都是采取的定位储存原则，按照该仓库现状来看，全部使用定位储存原则是不太合理的，应该按照产品不同特点与存储要求，将产品进行分类，对于重要的产品，数量少、品种多的产品进行定位储存。

另外，该仓库在仓储管理的货位分配上也有一些原则：①先进先出原则，即是先入库的货品先出库的原则，该原则一般适用于寿命周期短的货品。②面对通道原则，即指将货品的标志、名称面对通道摆放，以便让作业员容易简单地辨识，这样可以使物品的存、取能够容易且有效率地进行，这也是使仓库内能流畅作业的基本原则。③重量特性原则，即指按照物品重量的不同来决定物品在保管场所的高低位置。一般而言，重物应该保管于地面上或货架的下层位置，轻的物品则保管于货架的上层位置。如果是以人工进行搬运作业的时候，人的腰部以下的高度用于保管重物或大型物品，而腰部以上的高度则用来保管轻的货物或小型物品。这个原则，对于采用货架的安全性及人工搬运的作业有很大的意义。根据这个原则，该公司的仓库备货就采用了摘果式。这种方式，对于该公司对仓储要求的现状来说，是非常合理的，而且对于工作人员来说也是很方便的。

（资料来源：仓储管理网　经作者整理）

2. 仓储管理的任务

（1）配置仓储资源

配置仓储资源也应依据所配置的资源来获得最大效益为原则。仓储管理就需要营造本仓储机构的局部效益空间，吸引资源的投入，具体任务包括：根据市场供求关系确定仓储的建设；依据竞争优势选择仓储地址；以生产差别产品决定仓储专业化分工和确定仓储功能；以所确定的功能决定仓储布局；根据设备利用率决定设备配置等。

（2）组建仓储管理机构

仓储管理机构是开展有效仓储管理的基本条件，是一切管理活动的保证和依托。仓储管理机构的确定需围绕着仓储经营的目标，以实现仓储经营的最终目标为原则，依据管理幅度、因事设岗、责权对等的原则，建立结构简单、分工明确、互相合作的管理机构和管理队伍。

仓储管理机构因仓储机构的属性不同，分为独立仓储企业的管理机构和附属仓储机构的管理机构。一般都设有内部行政管理机构、商务机构、库场管理、机械设备管理、安全保卫、财务及其他必要的机构。仓储内部大都实行直线职能管理制或事业部制的管理机构。

（3）开展仓储商务活动

仓储商务活动是仓储对外的经济联系，包括市场定位、市场营销、交易和合同关系、客户服务、争议处理等。仓储商务活动是经营仓储生存和发展的关键工作，是经营收入和仓储资源充分利用的保证。

（4）组织仓储生产

仓储生产包括物品入仓、堆存、出仓的作业，仓储物验收、理货交接和在仓储期间的保管照料、质量维护、安全防护等。仓储生产的组织遵循高效、低耗的原则，充分利用机械设备、先进的保管技术和高效的管理手段，实现仓储快进、快出，提高仓储利用率，降低成本，防止发生差、损、错事故，保持连续、稳定的生产。

（5）树立仓储企业形象

企业形象是指企业展现在社会公众面前的各种感性印象和总体评价的整合，包括企业及产品的知名度、社会的认可程度、美誉度、企业的忠诚度等方面。企业形象是企业的无形财富，良好的形象促进产品的销售，也为企业的发展提供良好的社会环境。作为产业服务的仓储业其企业形象所面向的对象主要是生产和流通经营者，其企业形象的建立主要通过服务质量、产品质量、诚信和友好合作获得，并通过一定的宣传手段在潜在客户中推广。在现代物流管理中,对服务质量的高度要求、对合作伙伴的充分信任促使作为物流业的仓储企业形象的建立极为必要,具有良好形象的仓储经营人才能在物流体系中占一席之地,适应现代物流的发展。

(6) 提高仓储管理水平

任何企业的管理都不可能一成不变,需要随着形势的发展不断发展,从而适应新的变化。仓储管理也要根据企业经营目的的改变和社会需求的变化而改变。管理也不可能一步到位,一开始就设计出一整套完善的管理制度实施于企业,这样不仅教条,而且不可执行。仓储管理要从简单管理到复杂管理、从直观管理到系统管理,在管理实践中不断补充、修正、完善,不断提高,实行动态的仓储管理。

(7) 提高仓储企业员工素质

员工的素质包括员工每个人的技术素质和精神素质。通过不断的、系统的培训和严格的考核,保证每个员工熟练掌握其应有的操作技能、管理技术和理论知识,且要求精益求精,跟上技术、知识的发展和保持不断更新;了解岗位的工作制度和操作规程;明确岗位所承担的责任。

案例

辽宁北方出版物配送中心图书仓储管理

辽宁北方出版物配送有限公司隶属于辽宁出版集团,以经营图书、音像制品、电子出版物为主,设计的配送能力每年将达到各种出版物的配送量15亿元以上,日均配送额达400万元以上;公司库房现有15万个货位,存储15万种商品,有效总面积为1.7万平方米,并可以根据业务的需求增大库房面积。

辽宁北方出版物配送有限公司先期在库房的管理工作中由于没有对库存的动态调整、动态盘点功能,经常出现库存账实不符现象、一品多位现象等,而且需要耗费大量的人力时间盘点库存,极大地制约了公司的配送能力。为了弥补上述功能不足,经过调研,公司决心引进北京南开戈德信息技术有限公司的企业移动解决方案,对库存进行实时监控及调整,最终实现高效的物流管理,解决包括库存整理、盘点管理、出库管理和入库管理在内的4大问题。

1. 库存整理

库存整理是图书物流中的基本活动,在库房中由于管理的需求,经常需要对库存中的一些品种进行整理、转移。在没有应用RF系统之前,进行库存整理非常烦琐。首先需要打印要转移的品种清单,然后进行实物的转移,最后还要应用台式机进行库存数据库的数据转移,使实物的转移与数据的转移同步,同时如果操作员遗忘了进行数据的转移,则转移走的这批数据就形成了死数据,导致账实不符。

采用了企业移动解决方案进行库存整理则不存在上述问题,由于其实时传输的特性,终端调整完毕之后,库存信息马上就得到了更新。系统可以支持商场货架、工具、固定资产及设备的反复排定和追踪管理;使实际现场的错误堆放或工具、货物的零散管理变得容易;使之有序、易于比较和修正现场与系统管理的信息差异;显示查询设备、产品的使用历史资料及商品、易损耗品的零用及耗费清单。

2. 盘点管理

像任何一个出版物物流一样，辽宁北方出版物配送有限公司也存在着盘点的问题。以往的盘点工作是集中静态盘点，在盘点期间公司要停止营业，而且需要大量的人力与时间，给公司造成了一定的经济损失。

采用了企业移动解决方案之后，由于 RF 系统的实时性和灵活性，使动态盘点成为可能。辽宁北方出版物配送有限公司就把集中盘点工作分散到日常的工作中进行。在库房管理工作中，该公司采用了库房的区域化管理，每个区域有专人负责，该负责人不仅负责库房的日常工作，还要对库房的库存准确率负责，所以使员工能自觉地对库存进行日常的盘点工作。

3. 出库管理

出库是配送公司的主要操作任务，出库包括销售出库及货源退货两个部分。在以前的出库操作中，需要先打印配货单据，由员工按照单据内容进行配货，配货完毕之后，需要回到控制台进行回告，如果实物与单据内容不符，则需要重新打印配货单，造成时间及耗材上的浪费。

南开戈德的企业移动解决方案的配货功能可以使员工实时地接收任务，在配货的过程中进行无纸化作业，配货完毕之后只需要打印一次单据，大大节省了时间。

4. 入库管理

入库操作包括新货到货入库及销退还架两部分。传统的入库操作很烦琐，并极易发生错误。首先员工要根据单据寻找该品种的货位，如果在单据产生之前该品种的货位发生了变化，但单据已经打出，员工按照单据货位进行回告就产生了一书多位的现象。员工在实物上架以后，如果没有及时回告，则在库存里没有该信息，如果时间很长没有回告，就造成了死书现象。

采用了南开戈德的企业移动解决方案之后，员工可以扫描该书的书号，系统在表中寻找该品种现对应的货位，并马上回告，增加库存信息。

辽宁北方出版物配送有限公司在引进该系统后，由于它的实时性特点，方便地实现了库存的动态管理，使员工可以很方便地对库存进行动态盘点，现在该公司的库存准确率达到了95%，公司计划使库存准确率达到98%。

现在的南开戈德企业移动解决方案在辽宁北方出版物配送有限公司只应用在库房管理工作中，并在实际应用过程中验证了它的实用性。所以，辽宁北方出版物配送公司在今后的工作中将继续完善该系统的应用，使之充分发挥作用。同时有计划地、深层次地推广企业移动解决方案在公司的应用。完成对收货、入库、出库、发货的全面管理。

（资料来源：仓储管理网　经作者整理）

3. 仓储管理的基本原则

（1）效率原则

仓储的效率原则表现在仓容利用率、货物周转率、进出库时间、装卸车时间等指标上，表现出"快进、快出、多储存、保管好"的高效率仓储。

（2）经济效益原则

厂商生产经营的目的是追求利润最大化，这是经济学的基本假设条件，也是社会现实的反映。利润是经济效益的表现。实现利润最大化就需要做到经营收入最大化和经营成本最小化。作为参与市场经济活动主体之一的仓储业，也应围绕着获得最大经济效益的目的进行组织和经营。

(3) 服务原则

仓储活动本身就是向社会提供服务产品。服务是贯穿于仓储过程中的一条主线，从仓储的定位、仓储的具体操作，到对储存货物的控制都围绕着服务进行。仓储管理就需要围绕着服务定位，如何提供服务、改善服务、提高服务质量开展的管理，包括直接的服务管理，以服务管理和以服务为原则的生产管理。

仓储的服务水平与仓储经营成本有着密切的相关性，两者互相对立，服务好、成本高，收费则高，仓储服务管理就是在降低成本和提高（保持）服务水平之间保持平衡。

仓储企业可以在不同时期选择以下不同的服务定位策略。

1）进入或者引起竞争时期：高服务、低价格且不惜增加仓储成本。
2）积极竞争时期：用较低的成本实现较高的仓储服务。
3）稳定竞争时期：提高服务水平维持成本不变。
4）已占有足够的市场份额处于垄断竞争（寡头）时期：服务水平不变，尽力降低成本。
5）退出阶段或完全垄断时期：大幅降低成本，但也降低服务水平。

4. 仓储合理化的标志

(1) 质量标志

保证被储存物的质量，是完成储存功能的根本要求。因为只有这样，物品的使用价值才能在通过物流之后得以最终实现。如果质量得不到保证，在储存中增加了多少时间或是得到了多少利润都无从谈起。所以，在仓储合理化的主要标志中，为首的应该是反映使用价值的质量。

(2) 数量标志

在保证被储存物质量功能实现的前提下，有一个合理的数量范围。存储数量过少，可能会导致储存客户有需求时无法及时供货，产生缺货成本（其中包括失销成本、延期交货成本、仓储企业声誉的损失等）；存储数量过大，又会产生过高的库存成本（仓库的设备及人工使用费、存货所占用的资金的机会成本、存货的失效、损坏和丢失费用等）。因此，要将存货的数量控制在一个合理的水平上。

(3) 时间标志

另外，还要寻求一个合理的储存时间，这是和数量有关的问题。储存量越大消耗速率越慢，则储存的时间必然长，相反则必然短。在具体衡量时往往用周转速度指标来反映时间标志，如周转天数、周转次数等。

在总时间一定的前提下，个别被储物的储存时间也能反映仓储管理的合理程度。如果一些物品被长期储存，成了呆料、废料（如生命周期短暂的电子产品的过时失效、食品的损坏），即使数量较少也会造成一定的损失。虽然数量不大，可能影响不了宏观周转指标，但也标志着储存存在不合理之处。

(4) 结构标志

结构标志是从被储物不同品种、不同规格的储存数量的比例关系上对储存合理性的判断。尤其是那些相关性很强的各种物资之间的比例关系尤其能反映出储存的数量结构是否合理。由于这些物资之间相关性很强,只要有一种物资耗尽,即使其他物资仍有一定数量,也会无法投入使用。所以,不合理的储存结构不仅影响某一种物资,而且是有扩展性的,严重时甚至影响整个储存系统的有效性。结构标志的重要性也可由此确定。

(5) 分布标志

分布标志是指不同地区储存的数量比例关系。储存是否合理,可以从储存量与当地需求的对比、储存量对需求的保障程度进行判断。

(6) 费用标志

费用标志包括仓租费、维护费、保管费、损失费以及资金占用利息支出等,都能从实际费用上判断出储存的合理与否。

5. 不合理仓储的表现形式

(1) 仓储组织和管理不合理

1) 储存时间过长。储存时间从两个方面影响储存功能要素的效果:一方面是经过一定的时间,被储存物品可以获得"时间效用";另一方面是随着储存时间的增加,有形及无形损耗的加大,是"时间效用"的一个逆因素。从"时间效用"角度来考察,储存一定时间,效用可能增大;也会出现效用增加减缓或降低。因而储存的总效果是确定储存最优时间的依据,一旦储存时间超过储存最优时间区域,被储存物品损耗加大,就会对物流系统的效益造成负面影响。

2) 储存数量过大。储存数量也主要从两方面影响储存的效果:一方面,储存以一定数量形成保证供应、保证生产、保证消费的能力;另一方面,储存的损失(存货的失效、损坏和丢失费用等)随着储存数量增加而基本上成比例地增加,储存数量越大,损失量也越大。如果管理力量不能也按比例增加的话,甚至还可能出现储存数量增加到一定程度,损失陡增的现象。因而可以肯定地说,超出一定限度的储存数量是有害而无益的。

3) 储存数量过低。储存数量过低会严重降低储存对供应、生产和消费的保证能力。但同时,储存数量过低,储存的各种损失也会越低。两者彼此消长的结果是,储存数量降到一定程度,由于保证能力的大幅度削弱会引起巨大损失,其损失远远超过由于减少储存量、防止库损、减少利息支出等带来的收益。所以,储存量过低,也是会大大损害总效果的不合理现象。

当然,如果能够做到降低储存数量而不降低保证能力的话,数量的降低则是绝对好的现象。在仓储管理中所追求的零库存,就是出于这个道理。所以这里的不合理储存所指的"数量过低"是有前提条件的,即保证能力由数量决定而不是由其他因素决定。

4) 储存条件不足或过剩。储存条件也从两方面影响储存的效果,这两方面利弊消长的结果,决定了储存条件只能在恰当范围内:条件不足或过分,都会使储存的总效益下降,因而是不合理的。

储存条件不足是指不能为储存物品提供良好的储存环境及必要的储存管理措施,往往造成被储存物品的损失或整个储存工作的混乱,使储存后的工作受到影响。储存条件不足主要表现在储存场所简陋,储存设施不足以及维护保养手段与措施不力,不足以保护被储存物品。储存条件过剩,指的是储存条件大大超过需要,从而使被储存物品负担过高的储存成本,使被储存物品的实际劳动投入大大高于社会平均必要劳动量,从而出现亏损。

5) 储存结构失衡。储存结构是被储存物品在品种、规格、储存位置等方面的比例关系。被储存物品的结构失衡主要表现在：①储存物品不同品种、规格的储存量失调；②储存物品不同品种、规格的储存期失调；③储存物品储存位置的失调。

(2) 物品在储存期间可能发生的质量变化

在储存期间，物资的质量变化主要是由以下因素引起的：

1）储存时间。物资在储存过程中，内部物质运动不断进行，这种变化是由量变到质变的过程，储存期越长，这种变化的聚集就越大，最终可能引起质量指标的变化。

2）储存环境。物资储存环境可能促进或减弱上述变化的趋势。不良的储存环境，可能大大加速质量从量变到质变的过程。

3）储存操作。储存过程中，要经常作业于被储存物品，这可能造成突发性碰撞、磨损、冲击、混合等，从而使质量迅速发生变化。

物品有可能在物理和机械方面发生些质量方面的变化。如物品在温度、湿度、压力的影响下，由于挥发、融化、熔融，其物理存在状态发生变化，从而改变或失去了物品原来的价值；由于仓库密封不善，或包装破损，造成物品的渗漏变化；一些物品吸附了有味气体或液体，从而失去或降低使用价值；物资在储存过程中受外力作用造成形体的破裂，如破、掉边、折角等。

物品还有可能在化学方面发生一些质量方面的变化，如分解与水解、水化、锈蚀、老化等。

粮食等物资还有可能受到外界生物的影响，发生霉变、发酵、腐败等生化变化，也会引起使用价值的严重变化。

此外，由于鼠类、害虫、蚁类等生物侵入，也会造成被存物的损失。

(3) 货物在储存期间可能发生的价值损失

1）呆滞损失。储存的时间过长，虽然原物资的使用价值并未变化，但随着时间的推移，社会的需要可能会发生变化，从而使该物资的效用降低，无法按原价值继续在社会上流通，形成长期聚集在储存领域的呆滞物资。这些物资最终要进行降低价格处理或报废处理，所形成的损失为呆滞损失。有许多呆滞物资同时也存在物理、化学和生化的变化，使损失叠加，问题更为严重。

2）时间价值损失。物资储存实际也是货币储存的一种形式。资金的时间价值决定，每存放一定时间，资金就按一定规律减值。所有被存物都必然占用资金，而资金的使用要付出一定的利息，储存时间越长、数额越大，利息支付就越多，或储存时间越长、数额越大，资金的机会投资损失就越大。这是储存时不可忽视的损失。

3）过高的储存成本。一是库存会引起仓库建设、仓库管理、仓库工作人员工资及福利等项费用开支。二是储存物资占用资金的利息以及这部分资金如果用于另外项目的机会损失。三是陈旧损坏与跌价损失。物资在作为库存期间可能发生各种物理、化学、生物、机械等损失，严重者会失去全部价值及使用价值。随着储存时间的增加，存货无时无刻不在发生陈旧，一旦错过有利销售期，就会不可避免地出现跌价损失。四是保险费支出。近年来为分担风险，我国已开始对储存物采取投保缴纳保险费的方法。保险费支出在有些国家、地区已达到很高比例。五是进货、验收、保管、发货、搬运等工作费用。上述各项费用支出都是降低企业效益的因素，再加上在企业全部运营中，储存占用达到40%~70%的高比例，在非常时期，有的企业库存竟然占用了全部流动资金，使企业无法正常运转。

不合理仓储的表现证实了仓储的确具有降低物流系统效益的有害性，这正说明了仓储管理的必要性。科学的仓储管理的研究，就是要在物流系统中充分发挥仓储的积极作用而扼制其消极作用，更好地为社会经济活动和物流过程服务。

复习思考题

一、选择题

1. 从整个物流过程看，仓储是保证这个过程正常运转的基础环节之一。仓储的价值主要体现在其具有的基本功能和（　　）两个方面。
   A. 增值服务功能　　　B. 保管功能　　　C. 销售功能　　　D. 生产功能

2. 用一句话来说明合理进行仓储组织的目标就是实现仓储活动的"快进、快出、多储存、保管好、（　　）"。
   A. 服务好　　　B. 费用省　　　C. 效率高　　　D. 能力强

3. 客户把商品存储在仓库中，然后可以凭借仓库开具的商品仓储凭证——仓单向银行申请贷款，银行根据存储商品的价值向客户提供一定比例的贷款，同时，由仓库代理监管商品，这种物流服务叫（　　）。
   A. 物质抵押　　　B. 物质保险　　　C. 仓单质押　　　D. 库存保险

4. 对仓库及仓库内的物质所进行的管理叫（　　）。
   A. 企业管理　　　B. 宏观管理　　　C 供应管理　　　D. 物流管理

二、问答题

1. 如何理解仓储作业的功能？
2. 仓储管理的任务有哪些？
3. 仓储管理的基本原则有哪些？
4. 不合理储存的表现形式有哪些？

三、案例分析题

根据下面的资料，谈谈你对仓储管理的看法。

南京某仓库的8部曲关键管理模式

第一部曲：追。仓储管理应具备资讯追溯能力，前伸至物流运输与供应商生产出货状况，与供应商生产排配及实际出货状况相衔接。同时，仓储管理必须考虑：离开供应商工厂出货的码头多少量？离开供应商外包仓库的码头多少量？第三方物流与第四方物流载具离开出发地多少量？第三方物流与第四方物流载具抵达目的地多少量？抵达公司工厂的码头多少量？抵达公司生产线边仓多少量？

第二部曲：收。仓库在收货时应采用条码或更先进的 RFID 扫描来确认进料状况，关键点包括：在供应商送货时，送货资料没有采购 VPO 号，仓库应及时找相关部门查明原因，确认此货物是否今日此时该收进；在清点物料时如有物料没有达到最小包装量的散数箱时，应开箱仔细清点，确认无误，方可收进；收货扫描确认时，如系统不接受，应及时找相关部门查明原因，确认此货物是否收进。

第三部曲：查。仓库应具备对货物的查验能力，对于甲级物资（只有几家供应商可供选择的有限竞争市场和垄断货源的独家供应市场的 A 类物料）特别管制，严控数量，独立仓库，24 小时保安监控；建立包材耗材免检制度，要求供应商对线边不良包材耗材无条件及时补货退换；对物料储存时限进行分析并设定不良物料处理时限。

第四部曲：储。物料进仓做到不落地或至少做到（储放在栈板上，可随时移动），每一种物料只能有一个散数箱或散数箱集中在一个栈板上，暂存时限自动警示，尽量做到储位管制，做到 No Pick List（工令备捡单），不能移动！

第五部曲：拣。拣料依据工令消耗顺序来做，能做到依灯号指示拣料则属上乘，拣料时最好做到自动扫描，及时变更库存信息告知中央调度补货。

第六部曲：发。仓库发料依据工令备拣单发料，工令、备料单与拣料单应三合一为佳，做到现场工令耗用一目了然，使用自动扫描系统配合信息传递运作。

第七部曲：盘。整理打盘始终遵循散板散箱散数原则。例如 1 种物料总数 103 个，是 10 箱（每箱 10 个）加 3 个零数，在盘点单上盘点数数方法应写成 10 箱 × 10 个 + 3 个 = 103 个。对于物料要进行分级分类，从而确定各类物料盘点时间，定期盘点可分为日盘/周盘/月盘；日盘点搭配 Move List（库存移动单）盘点；每月 1 日中午 12 点结账完成的目标要设定。

第八部曲：退。以整包装退换为处理原则，处理时限与处理数量应做到达到整包装即退或每周五下午 3 点整批退光，做到 Force Parts（线边仓自动补换货）制度取代 RMA（退料确认：Return Material Authorization）做法，与退货暂存区共享原则，要求供应商做免费包装箱供应。

（资料来源：仓储管理网　经作者整理）

项目 2

仓库与仓储设备

学习目标

1. 了解仓库的分类和用途。
2. 掌握仓储设备的功能。
3. 熟悉连续输送机械。

引导案例

上海联华生鲜食品仓储与加工配送中心

联华生鲜食品仓储与加工配送中心（以下简称"联华生鲜"）是我国国内目前设备最先进、规模最大的生鲜食品仓储与加工配送中心，总投资 6 000 万元，建筑面积 35 000 平方米，年生产能力 20 000 吨，其中肉制品 15 000 吨，生鲜盆菜、调理半成品 3 000 吨，西式熟食制品 2 000 吨，产品结构分为 15 大类约 1 200 种生鲜食品；在生产加工的同时，配送中心还从事水果、冷冻品以及南北货的配送业务。连锁经营的利润源重点在物流，物流系统好坏的评判标准主要有两点：物流服务水平和物流成本。联华生鲜在这两个方面都做得比较好。联华生鲜软件系统，由上海同振信息技术有限公司开发。

生鲜商品按其秤重包装属性可分为定量商品、秤重商品和散装商品；按物流类型分为储存型、中转型、加工型和直送型；按储存运输属性分为常温品、低温品和冷冻品；按商品的用途可分为原料、辅料、半成品、产成品和通常商品。生鲜商品大部分需要冷藏，所以其物流流转周期必须很短，以节约成本；生鲜商品保值期很短，客户对其色泽等要求很高，所以在物流过程中需要快速流转。两个评判标准通俗地归结起来就是"快"和"准确"。

（资料来源：仓储管理网　经作者整理）

思考题

仓储与加工配送中心的功能主要有哪些？

2.1 仓库的分类

学习资源：

做好仓库消防管理

2.1.1 按仓库功能分类

1. 储备仓库

该种仓库主要专门长期存放各种储备物资，以保证完成各项储备任务。储备仓库是政府为了防止自然灾害、战争及国民经济比例严重失调而设立的，一般储备的商品储存时间较长，对仓储条件、质量维护和安全保卫要求较高，如储备粮库。如图 2-1a～图 2-1d 所示。

图 2-1a 内蒙古呼伦贝尔市：国家储备粮库的现代化金属粮囤

图 2-1b 内蒙古呼伦贝尔市：一处现代化国家储备粮库的粮食烘干塔

图 2-1c 北京东郊粮库

图 2-1d 黑龙江同江：国家粮食储备库

2. 周转仓库

周转仓库主要的功能是物资周转，主要用于暂时存放待加工、待销售、待运输的物资。包括生产仓库、中转仓库、集配仓库、加工仓库等。如图2-2a～图2-2d所示。

图 2-2a　生产仓库

图 2-2b　中转仓库

图 2-2c　集配仓库

图 2-2d　加工仓库

2.1.2　按用途分类

1. 自用仓库

自用仓库是指企业主要从事内部物流业务的仓库。仓库的建设、物品的管理以及进出库均属本公司的管理范畴。建造此种仓库，要考虑到在固定成本和业务必要性与采用外包之间寻找平衡点。

企业自用仓库包括生产企业和流通企业的自用仓库。

生产企业自用仓库是为生产企业使用自有的仓库设施对生产使用的原材料（用原材料库）、生产的中间产品（用半成品仓库）、最终产品（用产成品库）实施储存保管的行为，其储存对象较为单一，以满足生产为原则。

流通企业自用仓库则是为流通企业以其拥有的仓储设施对其经营的商品进行仓储保管的行为。仓储对象种类较多，其目的是支持销售。企业自用仓储行为不具有独立性，仅仅是为企业的产品生产或商品经营活动服务，相对而言，规模小、数量多、专用性强，且专业化低，设备简单。

2. 营业仓库

营业仓库是按照相关管理条例的许可和企业经营需要，向其他一般企业提供保管服务的仓库。它是面向社会,以经营为手段,以获取利润为目的的。

营业仓库是指仓库经营者以其拥有的仓储设施,向社会提供商业性仓储服务的仓库。仓储经营者与存货人通过订立仓储合同的方式建立仓储关系,并且依据合同约定提供服务和收取仓储费。

3. 公共仓库

公共仓库是指国家或公共团体为了公共利益而建设的仓库。如车站货场仓库、港口码头仓库等。

4. 保税仓库

保税仓库是指根据关税法保管国外进口而交纳关税的进出口货物的仓库。此类仓库是经海关批准,并在海关的监管下,存放未办理关税手续而入境或过境货物的场所。设立这种仓库的地区称为保税区。

2.1.3 按保管形态分类

1. 普通仓库

一般是指具有常温保管、自然通风、无特殊功能的仓库(见图2-3a)。

2. 冷藏仓库

一般是指具有制冷设备,并有良好的保温隔热性能以保持较低温度的仓库,是专门用来储存冷冻物品的仓库。冷藏仓库是拥有冷藏装置,专门用来存储鲜鱼、鲜肉或其他食品的仓库(见图2-3b)。

3. 恒温仓库

一般是指具有保持一定温度和保湿功能的仓库。设有保温装置,尤其在北方适用,用来储存怕冻物品(见图2-3c)。

4. 危险品仓库

主要是指存放易燃性、易爆性、腐蚀性、有毒性和放射性等对人体或建筑物有一定危险的物资的仓库。它在库房结构及库内布局等方面有特殊的要求,同时必须远离工厂和居民区。一般设在远离城市的地区(见图2-3d)。

图2-3a 普通仓库

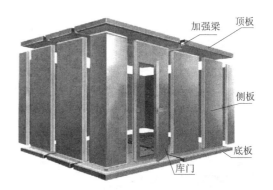

图2-3b 冷藏仓库

图2-3c 恒温仓库

图2-3d 危险品仓库

2.1.4 按结构和构造分类

1. 平房仓库

平房仓库是指仓库建筑物是平房,结构简单,有效高度一般不超过5~6米的仓库,造价便宜,可以广泛采用(见图2-4a)。

2. 多层仓库

仓库为两层以上的建筑物,是用钢筋混凝土建造的仓库。仓库楼层间依靠垂直运输机械联系,也可以用坡道相连,又称坡道仓库。建造多层仓库,可以扩大仓库实际面积,但是建造成本增加(见图2-4b)。

3. 立体仓库

此种仓库是一种常用的自动化仓库形式,一般由高层货架、巷道机、出入库搬运系统和管理控制系统四个部分组成(见图2-4c)。

4. 散装和灌式仓库

散装仓库和灌式仓库是指专门保管散粒状、粉状、液体等物资的容器式仓库(见图2-4d、图2-4e)。

图2-4a 平房仓库

图2-4b 多层仓库

图2-4c 立体仓库　　　　　　图2-4d 散装仓库　　　　　　图2-4e 罐装仓库

学习资源：

有效管控物料

2.2 自动化立体仓库

2.2.1 自动化立体仓库的构成

高层货架仓库简称高架仓库。一般是指采用几层、十几层乃至几十层高的货架储存单元货物，用相应的物料搬运设备进行货物入库和出库作业的仓库。由于这类仓库能充分利用空间储存货物，故常形象地将其称为"立体仓库"（见图2-5a～图2-5c）。

图2-5a 自动化立体仓库　　　图2-5b 自动化立体仓库　　　图2-5c 立体仓库

自动化立体仓库属于现代智能仓库，它是由土建、机械、电器和各类信息系统所组成的。

1. 机械设备

现代智能仓库的机械设备主要有托盘、货架、输送设备、搬运设备等。

（1）托盘

作为一种储存和装卸设备，托盘在现代智能仓库中作用非常重要。在现代智能仓库中必须是全托盘作业。

(2) 货架

将存放在托盘中的货物再放入立体的货架中,大大提高了仓容率,但对货架的要求也会提高。

(3) 输送设备

这是现代智能仓库中的辅助设备,具有把各种物流站衔接起来的作用,输送机有链式、皮带式、滑板式、轮式、悬挂式多种。

(4) 搬运设备

搬运设备是现代智能仓库中的重要设备,一般由电力驱动,通过自动或手动控制来实现货物的位置移动。常用的设备有升降机、搬运车、巷道式堆垛机、无轨插车、转臂起重机等,其中巷道式堆垛机是自动化仓库中最重要的设备。这种起重机是随着自动化仓库的出现而发展起来的专用设备,是由叉车和桥式起重机演变而来的。它的主要用途是在高层货架的巷道内来回穿梭运行,将货物从巷道口存入货格,或从货格中取出货物。

2. 电气与电子设备

现代智能仓库中的电气与电子设备主要指检验装置、信息识别装置、控制装置、通信设备、监控调度设备、计算机管理设备和大屏幕图像显示设备等。

1) 信息识别设备。完成对货物品名、类别、编号、数量、等级、生产者、目的地、货位地址的识别,通常采用磁条、条形码、光学字符等识别技术。

2) 检测设备。为了实现对现代化仓库的控制,并保证系统的安全运行,整个系统必须具有多种检测手段。通过对检测数据的判断和处理为系统决策提供最佳依据,使系统处于理想的工作状态。

3) 控制系统。是自动化仓库运行的关键,没有好的控制系统,系统运行的成本就会很高,而效率低下。因此仓库内的各种存取、运输、设备本身就必须配备控制装置。这些装置的种类很多,有开关、继电器、微处理器等。

4) 监控及调度设备。负责协调系统中各个部分的运行,通过监控系统的监视画面可以直观地看到各设备的运行情况。

5) 数据通信设备。现代智能仓库是一个复杂的自动化系统,它由众多的子系统组成。为了完成规定的任务,各系统之间、各个设备之间要进行大量的信息交换。信息传递的媒介有电缆、远红外光、光线、电磁波等。

3. 计算机控制系统

现代智能仓库是一个综合物资供应系统,也是集物资储存、运输、分配等功能于一体的集成自动化系统。它实现了货仓标准化、识别标准化、输送标准化、管理微机化和控制自动化。计算机管理和控制系统是仓库的指挥中心,随着科技的发展,计算机在这个领域发挥的作用会日益重要。

2.2.2 自动化立体仓库的基本功能

自动化立体仓库的功能一般包括自动收货、存货、取货、发货和信息查询等。

1. 收货

收货是指仓库从供应方接收各种产品、材料或半成品,收存入库的过程。收货时需要站台或场地提供运输车辆停靠，需要升降平台作为站台和载货车辆之间的过桥，需要装卸机械完成装卸作业。卸货时要检查货物的品质和数量以及货物的完好状态，确认完好后方能入库存放。一般的自动化仓库从货物卸载经查验进入自动系统的接货设备开始，将信息输入计算机，生成管理信息，由自动控制系统进行货物入库的自动操作。

2. 存货

存货指自动化系统将货物存放到规定的位置，一般是放在高层货架上。存货之前首先要确定存货的位置。某些情况下可以采取分区固定存放的原则，即按货物的种类、大小和包装形式来实行分区存放。随着移动货架和自动识别技术的发展，现在已经可以做到随意存放，这样既能提高仓库利用率，又可以节约存取时间。

3. 取货

取货是指自动化系统根据需求从库房取出所需货物。取货可以有不同的取货原则，通常采用的是先进先出的原则，即在出库时，先存入的货物先出，对某些自动化的仓库来说，必须能够随时存取任意货位的货物，这种存取货物要求搬运设备和地点能频繁更换。

4. 发货

发货是指取出的货物按照严格的要求发往用户。根据服务对象的不同，有的仓库只向单一用户发货，有的则需要向多个用户发货，发货时需要配货，即根据使用要求对货物进行配套供应。

5. 信息查询

信息查询是指能随时查询仓库的有关信息和伴随各种作业产生的信息报表单据。在自动化仓库中可以随时查询库存信息、作业信息以及其他相关信息，这种查询可以在仓库范围内进行，有的可以在其他部门或分厂进行。

2.2.3 自动化立体仓库的优越性

（1）提高空间利用率。
（2）便于形成先进的物流系统，提高企业生产管理水平。
（3）加快货物的存取节奏，减轻劳动强度，提高生产效率。
劳动强度的减轻具体包括：
①采用自动巷道堆垛机取代人工存放货物和人工取货。
②采用计算机管理系统对货物进行管理。
③确保库存作业的安全性，减少货损、货差。

2.3 仓储设备

2.3.1 搬运设备

1. 认识叉车

叉车由自行的轮胎和能垂直升降、前后倾斜的货叉、门架等组成。叉车主要用于仓库内货物的装载搬运，是一种既可做短距离水平运输，又可以堆垛和装卸卡车、铁路平板车的机械，在配备其他取物装置以后，还能用于散货和各种规格品种货物的装卸作业。

叉车的用途：

（1）根据构造的不同，可以分为正面式、侧面式和转柱叉车。

①正面式叉车

正面式叉车的特点是货叉朝向叉车的正前方。正面式叉车根据结构的不同可分为五种：手推液压叉车、平衡重式叉车、插腿式叉车、前移式叉车和四向行走叉车。

A. 手推液压叉车，是利用人力推拉运行的简易插腿式叉车，有手摇机械式、手动液压式和电动液压式三种。见图 2 - 6a ~ 图 2 - 6c。

此类叉车结构简单，使用方便，适用于狭窄的通道、场所的作业。

图 2 - 6a 手摇机械式叉车　　图 2 - 6b 手动液压式叉车　　图 2 - 6c 电动液压式叉车

B. 平衡重式叉车。此类叉车的货叉位于叉车的前部，为了防止翻车，在叉车的后部装有平衡重铁。此类叉车操作简单、机动性强、生产效率高、适应性强而应用最广泛。见图 2 - 7。

C. 插腿式叉车。此类叉车在工作时，都采用倒行方式。由于叉车在叉取货物时，支腿和货叉都必须插入货物底部，因此，要求叉起的货物底部一般要高出地面 200 毫米左右。见图 2 - 8。

D. 前移式叉车。结构与插腿式叉车类似，但取货或卸货时，门架可由液压系统推动，移到前轮之外；运行时，门架又缩回车体内。前轮的直径大约为 300 毫米，因此，要收回货叉，必须先将货物升起一定高度。见图 2 - 9。

E. 四向行走叉车。专门用于长大件货物作业的叉车。叉车既可向前、向后行驶，也可向左、向右行驶，能在原地对运行方向进行调整。叉车工作时所需的货架通道宽度很小。见图 2 - 10。

图 2 - 7 平衡重式叉车　　　　　　　图 2 - 8 插腿式叉车

图 2-9　前移式叉车　　　　　图 2-10　四向行走叉车

② 侧面式叉车

侧面式叉车的货叉在车身的侧面，是平板运输车和前移式叉车的结合。门架可以伸出取货，然后缩回车体内将货物放在平台上即可行走，适合于装卸运输钢管、型材、木材等细长货物的作业。见图 2-11。

③ 转柱式叉车

转柱式叉车的特点是转弯半径小，作业所需的货架通道窄，门架可实现正反转 90°。见图 2-12。

④ 转叉式叉车

这种叉车在货架通道内行驶时，需要轨道引导或用感应线自动导向，以免叉车与货架相碰。

图 2-11　侧面式叉车　　　　　图 2-12　转柱式叉车

（2）根据动力种类不同，分为电瓶叉车和内燃机叉车两大类。

电瓶叉车常用于室内、短距离和工作量较少的搬运作业；内燃机叉车常用于室外、长距离和工作量较大的搬运作业。

2. 认识输送机

输送机是连续搬运货物的机械，广泛应用于收货入库和出运货物作业，以及被用来作为拣选系统的基本设备。

根据用途和所处理货物形状的不同可分为带式输送机（见图 2-13）、辊子输送机（见图 2-14）、链式输送机（见图 2-15）、重力式辊子输送机（见图 2-16）、伸缩式辊子输送机（见图 2-17）、振动输送机（见图 2-18）、液体输送机等。

使用输送机可以降低搬运成本，提高劳动生产率。

图2-13 带式输送机

图2-14 辊子输送机

图2-15 链式输送机

图2-16 重力式辊子输送机

图2-17 伸缩式辊子输送机

图2-18 振动输送机

3. 认识起重机

起重机是指将货物吊起，在一定范围内做水平移动的机械。

起重机按其结构或形状可分为天车、悬臂起重机、集装箱起重机、巷道堆垛机或库内理货机、汽车起重机、龙门起重机等各种悬臂式起重机。

在仓库中使用的起重机主要有两种类型：桥式起重机（见图2-19）和悬臂式起重机（见图2-20）。桥式起重机的优点在于能高效、迅速举起重物。而悬臂式起重机能有效利用空间并实现自动化，所以在分配型仓库中利用较多，并与复杂的货架系统联合使用。

图2-19 桥式起重机
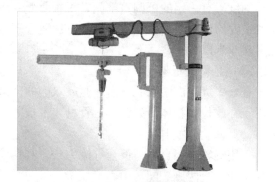
图2-20 悬臂式起重机

 经验之谈——吊车的"十不吊"

★ 超负荷或歪拉斜挂不吊。
★ 工作现场超过6级风或雷电天气不吊。

★高压输电线下不吊，氧气瓶、煤气罐等易爆炸性物品不吊。
★重物带棱角没有垫好的不吊。
★捆绑不牢或不符合安全规定要求的不吊。
★起重物上有浮物或有人时不吊。
★司机在酒后或精神不佳时不吊。
★作业现场视线不明或指挥信号不明时不吊。
★起重臂下或重物下有人时不吊。
★对埋在土里或冻结在地面上重量不明的物体，以及交错挤压在一起的物体不吊。

学习资源：

进行有效的仓库拣货管理

2.3.2 货架和托盘

1. 认识货架

货架是专门用来存放成件物品的保管设备。为提高仓库的利用率，扩大仓库的储存能力，现代化的仓库管理对货架有着多种要求，如满足机械化、自动化的要求等。随着物流量的增加，货架的种类应不同的功能要求，也呈现出多样化。

常见的有托盘货架、悬臂式货架、重力式货架、旋转式货架、阁楼式货架、移动货架等。

（1）托盘货架

托盘货架由支柱、横梁、托盘支撑架、连接构件等装配组成，货架及货位的高度、宽度、深度等有一定的可调整空间，可根据情况具体组合使用。适合"叉车+托盘"的组合作业，存储密度大，作业效率高。特别适合于品种中等、批量较大的物品的存储。货架高度通常在6米以下，3~5层为宜（见图2-21）。

（2）悬臂式货架

悬臂式货架由中间立柱向单侧或双侧伸出悬臂而成，层高可依据使用要求自由调节，一般用于存放长料物体，如钢材、管材、木板等。宜使用叉车或堆垛机作业（见图2-22）。

（3）重力式货架

采用辊轮式铝合金、钣金等流力条，利用货物自重，实现货物的先进先出。存取方便，适合于装配线两侧、配送中心等场所；可配电子标签实现货物的轻松管理（见图2-23）。

（4）旋转式货架

旋转式货架由两个直线段和两个曲线段的环形轨道组成，分水平旋转和垂直旋转两种，货架设有电力驱动装置，驱动部分可设于货架上部，也可设于货架底座内，由开关或用小型电子计算机操纵。存取货物时，把货物所在货格编号由控制盘按钮输入，该货格则以最近的距离自动旋转至拣货点停止。拣货路线短，拣货效率较高（见图2-24）。

旋转式货架储存密度大，货架间不设通道，空间利用率高；自动化程度较高，操作比较容易。由于操作人员位置固定，故可采用局部通风和照明来改善工作条件，且能节约能源。旋转式货架适合于货物轻小、价格较贵、安全性要求较高的物品储存。

（5）阁楼式货架

阁楼式货架是用货架做楼面支撑，可设计成多层楼层（通常2~3层），设置有电梯和货物提升电梯等，适用于库房较小，人工存取，储存量大的情况（见图2-25）。

（6）移动货架

移动货架是指在货架的底部安装有行走轮，可在地面轨道上移动的货架（见图2-26）。

移动货架结构密集，一般只设一个通道，是空间利用率最高的一种货架，分手动和电动两种类型，分别应用于轻中型移动式货架和重型移动式货架。

轻中型移动式货架，通道宽1米左右，导轨可嵌入地面或安装于地面之上，货架底座沿导轨运行，货架安装于底座之上，通过链轮传动系统使每排货架轻松、平稳移动，货物一般由人工进行存取。为使货架系统运行中不致倾倒，通常设有防倾倒装置。主要用于电子、轻工、印刷、图书等行业及其配送中心。

重型移动式货架的底座设有行走轮，沿轨道运行，底盘内安装有电动机及减速器、报警、传感装置等。系统一般设1~2个通道，通常宽3米左右，空间利用率极高。结构与轻中型移动式货架类似，区别在于重型移动式货架一定是电动式的，货物由叉车进行整托存取，主要用于一些仓库空间不是很大、要求最大限度地利用空间的场所，适用于机械制造等行业及其配送中心。

图2-21 托盘货架

图2-22 悬臂式货架

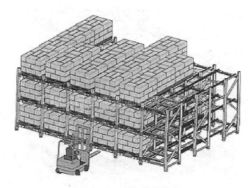

图2-23 重力式货架

图2-24 水平旋转式货架

图 2-25　阁楼式货架

图 2-26　移动货架

2. 认识托盘

托盘是用于集装、堆放、搬运和运输以及放置物品和制品的，是一个单元负荷的水平台装置。在平台上集装一定数量的单件物品，并按要求捆扎加固，组成一个运输单位，便于运输过程中使用机械进行装卸、搬运和堆存。这种台板有供叉车从下部插入并装台板托起的叉入口。以这种结构为基本结构的台板和在这种基本结构基础上形成的各种形式的集装器具统称托盘。托盘化运输对提高物流生产效率是非常重要的。

（1）托盘的种类

按结构可以分为平板托盘（见图 2-27）、箱式托盘（见图 2-28）、立柱式托盘（见图 2-29）、折叠式托盘（见图 2-30）。

图 2-27　平板托盘

图 2-28　箱式托盘

图 2-29　立柱式托盘

图 2-30　折叠式托盘

按材料可以分为塑料托盘、金属托盘、木制托盘、纸制托盘。

(2) 托盘规格

国际标准化组织规定有三种规格：1 000mm×80mm、1 200mm×800mm、1 200mm× 1 000mm。

(3) 使用和保管托盘应注意的问题

①正确使用托盘，应对码放在托盘上的货物作适当的包装组合、捆扎和裹包，便于利用机械装卸和运输，满足装卸、搬运和储存的要求。

a. 托盘的载重量：每个托盘的载重量应小于或等于2t。为了运输途中的安全，所载货物的中心高度不应超过托盘宽度的2/3。

b. 托盘货物的码放方式：根据货物的类型、托盘所载货物的质量和托盘的尺寸，合理确定货物在托盘上的码放方式。

②托盘的保管应注意的问题：

a. 木托盘防水性差，易受潮变形，不宜放置于室外。

b. 塑料托盘应码放整齐，防止机械损伤，避免阳光暴晒老化，缩短使用寿命。

c. 钢制托盘应注意防潮以免生锈，注意远离辐射的化工原料。

d. 复合材料托盘应防止机械性的碰伤。

e. 托盘在使用一段时间以后，因各种原因造成损坏，应该及时维修，以保持其使用寿命。对于可组合的托盘应及时更换受损部件，如木托盘的面板。对于整体损坏的要及时更新。

2.3.3 自动输送系统

1. 连续运输机

连续运输机是固定式或运移式起重运输机中的主要类型之一，其运输特点是形成装载点到装载点之间的连续物料流，靠连续物料流的整体运动来完成物流从装载点到卸载点的输送。在工业、农业、交通等各企业中，连续运输机是生产过程中组成有节奏的流水作业运输线不可缺少的部分。其中，带式输送机是连续运输机中使用最广泛的，带式输送机运行可靠，输送量大，输送距离长，维护简便，适用于冶金煤炭、机械电力、轻工、建材、粮食等各个部门。

(1) 连续输送机械的特点

连续输送机械是沿着一定的输送路线运输货物的机械，它和间歇动作的起重机械相比，具有以下特点：

1) 连续输送机的装料和卸料是在输送过程不停顿的情况下进行的，输送机一经启动，就以稳定的输送速度沿着一定路线输送物料，可以采取很高的输送速度，连续而高速的物料流使输送机可以获得很高的生产率。

2) 沿固定的路线输送货物，动作单一。故结构简单，便于实现自动控制。在同样生产率的条件下，由于载荷均匀、速度稳定，连续输送机一般功率较小，重量较轻，结构紧凑，造价较低，输送距离长。但当输送路线复杂时，会造成结构复杂；当输送路线变化时，需要重新布置输送机。

3) 通用性较差，每种机型只适用于一定类型的货种，一般不适于运输重量很大的单件物品或集装容器。

4）大多数连续输送机不能自行取货,因而需采用一定的供料设备。

（2）连续输送机的分类

连续输送机的形式、构造和工作原理都是多种多样的。由于生产发展的要求,新的机型正在不断增加。按照它所运货物的种类可分为输送件货的和输送散货的两种;按照输送机的传动特点可分为有挠性构件牵引的和无挠性构件牵引的两类。

有挠性牵引的输送机是利用挠性构件传递力和运动,并且依靠挠性牵引构件把物料运到各工序的部位上。在实际生产中,各生产工序的部件并不常处于一条直线上,而且位置有高、有低,这样要求输送机既能上下,又能拐弯改向,形成一条能在空间交叉的输送线。因此,有挠性牵引构件的输送机,得到广泛应用,在厂矿内及货楼的运输机械中占有很大比重。属于有挠性牵引构件的输送机有带式输送机（见图2-31）、链式输送机、斗式提升机（见图2-32）等。

无挠性牵引构件的输送机依靠工件机构直接推动物料移动。属于这类输送机的有轨道式输送机、气力输送机（见图2-33）、螺旋式输送机（见图2-34）等。

图2-31 带式输送机

图2-32 斗式提升机

图2-33 气力输送机

图2-34 螺旋式输送机

2. 自动导引车系统

(1) 自动导引车系统的组成

自动导引车系统（Automatic Guided Vehicle System，AGVS）是以自动导向的无人驾驶搬运小车为主体，由导向系统、自动寄送系统、数据传输系统、管理系统、安全保护装置及周边设备等组成。世界上第一台自动导引搬运车出现在美国，是由美国的 Barret 电子公司于20世纪50年代开发成功的，随后在欧洲、日本，自动导引搬运车技术得到了发展。在我国，自动导引搬运车的应用较晚，但近几年也得到了很快的发展。

自动导引车系统的运用是一个复杂的高技术系统工程。一般的，每一个 AGVS，都会包括多台 AGV 设备。AGVS 的正常运行，其安全防护系统的构成涉及的因素很多，较为复杂。

1) 自动导向车（AGV）

自动导向车是无人驾驶的、能自动导向运行的搬运车辆，大多采用蓄电池供电和直流电动机驱动（见图2-35）。我国国家标准规定自动导向车是能够自动行驶到指定地点的无轨搬运车辆，是一种能在某一位置自动进行货物的装载，自动行走到另一位置，自动完成货物卸载的全自动物料搬运设备。自动导向车的承载量一般为 50~5 000kg，最大承载量已达到 100t。

图2-35 自动导向车

2) 导向系统

导向系统分为外导式导向系统和自导式导向系统。

外导式导向系统是在车辆的运行路线上设置导向信息媒体，如导线、磁带、色带等。由车上的导向传感器接收线路媒体的导向信息，信息经实时处理后控制车辆沿正确路线行驶。其中应用最多的是电磁导向和光学导向两种。

自导式导向系统是在车辆上预先设定运行线路的坐标信息，在车辆运行时，实时地测出实际的车辆位置坐标，再将二者进行比较后控制车辆的导向运行。

3) 寄送系统

寄送系统包括认址、定位两部分。

自动导向车系统中，在车辆停靠地址处设置传感标志，如磁铁、色标等。自动导向车就以相对认址或绝对认址的方式来接收标志信号，使车辆完成认址停靠。

车辆在地址处的定位可以分为一次定位和二次定位。车辆提前减速，在目的地地址处制动停车,是车辆的一次定位。车辆的一次认址定位的停车精度可达5mm,二次定位是高精度定位,采用机械方式,其定位精度可达±1mm。

4)数据传输系统

自动导向车系统中,在地面设施之间一般采用有线传输方式。而在流动车辆和地面固定设施之间,有时必须采用无线传输方式。数据感应传输的原理是,沿车辆运行的路线(或在通信段点处)安装数据传输导线(或线圈),以55~95kHz频率载波方式传输需要的数据,再由车辆上的调制解调器将数据感应器接收到的信号转换成可以识别的位置信号,完成车辆与地面设施之间的控制对话。

(2) 自动导向车的特点

自动导向车是现代自动化物流系统中的关键设备之一,它具有以下特点:

1)自动导向车能够自动跟踪路径行驶,自动完成货物的运送工作,整机的自动化程度高。

2)自动导向车能够自动识别停车装卸工位,智能化程度高。

3)自动导向车在自动行驶过程中,能够自动识别障碍物,遇障后能够自动停车,行驶安全性高。

4)自动导向车能够和中央控制系统之间进行无线通信,随时接收控制中心的调度指令,灵活完成各种搬运工作。自动导向车能够向控制中心反馈自身工作状态的信号,便于系统的监控和调度。

5)自动导向车的引导柔性好,其引导路线可以随着工艺路线灵活调整,调整的时间短,费用低。

(3) 自动导向车的分类

1)按照导向方式不同分为:固定路径导向和自由路径导向。

2)按照运行的方向不同分为:向前运行、前后运行和万向运行。

3)按照移载方式不同分为:侧叉式移载、叉车式移载、辊道输送机式移载、链式输送机移载、升降台移载和机械手移载等。

4)按照充电方式不同可分为:交换电池式和自动充电式。

5)按照转向方式不同可分为:前轮转向、差速转向和独立多轮转向。

(4) 自动导向车系统的控制

AGVS的控制和管理一般分为三级:计划管理级、过程处理级和作业执行级。该系统采用模块化层次结构。所谓模块化层次结构就是按功能划分不同层次的功能模块,在层次间采用标准化接口协调管理,在每个层次之中也作同样的处理。

(5) 自动导向车的主要参数

1)承载量、牵引质量。额定承载量是指自动导向搬运车、自动导向叉车在正常使用时可搬运货物的最大质量。牵引质量是指自动导向牵引车在平坦道路上行驶时能牵引的最大质量。牵引质量中不包括被牵引的拖挂车质量。

2)自重。自重是指自动导向搬运车与电池加起来的总重量。

3)车体尺寸。车体尺寸是指自动导向车的长、宽、高的外形尺寸。该外形尺寸应该适应搬运物品的尺寸、通道宽度以及移载动作的要求。

4)运行速度。运行速度是指车辆正常行驶时的速度。它是确定车辆作业周期或搬运效率的重要参数。

5）认址精度。认址精度是指一次定位的认址精度，即车辆到达目的地址处并准备自动移载时的驻车精度。它是确定移载方式的重要参数。

6）最小弯道半径。最小弯道半径是指满足车辆在运行过程中转弯时弯道的最小曲率半径，它是确定车辆弯道运行所需空间的重要参数。

7）蓄电池容量和电压。蓄电池容量是指在作业期间进行正常作业时车辆能够从蓄电池获得的能源供应量。电池电压有两种规格，分别为24V和48V。

8）运行速度。运行速度是指自动导向车在额定载重量下行驶的最大速度。

9）工作周期。工作周期是指自动导向车完成一次工作循环所需的时间。

2.3.4 自动分拣系统

自动分拣系统一般由控制装置、分类装置、输送装置及分拣道口组成。

控制装置的作用是识别、接收和处理分拣信号，根据分拣信号的要求指示分类装置，按商品品种、按商品送达地点或按货主的类别对商品进行自动分类。这些分拣需求可以通过不同方式，如可通过条形码扫描、色码扫描、键盘输入、重量检测、语音识别、高度检测及形状识别等方式，输入到分拣控制系统中去，根据对这些分拣信号的判断，来决定某一种商品该进入哪一个分拣道口。

分类装置的作用是根据控制装置发出的分拣指示，当具有相同分拣信号的商品经过该装置时，该装置动作，使其改变在输送装置上的运行方向进入其他输送机或进入分拣道口。分类装置的种类很多，一般有推出式、浮出式、倾斜式和分支式几种，不同的装置对分拣货物的包装材料、包装重量、包装物底面的平滑程度等有不同的要求。

输送装置的主要组成部分是传送带或输送机，其主要作用是使待分拣商品鱼贯通过控制装置、分类装置，并输送至装置的两侧，一般要连接若干分拣道口，使分好类的商品滑下主输送机（或主传送带）以便进行后续作业。

分拣道口是已分拣商品脱离主输送机（或主传送带）进入集货区域的通道，一般由钢带、皮带、滚筒等组成滑道，使商品从主输送装置滑向集货站台，在那里由工作人员将该道口的所有商品集中后或是入库储存，或是组配装车并进行配送作业。

以上四部分装置通过计算机网络联结在一起，配合人工控制及相应的人工处理环节构成一个完整的自动分拣系统。

1. 自动分拣系统的主要优点

（1）自动分拣系统的普遍优点

在自动分拣系统中，分拣信号的输入方法大致有下列六种：①键盘输入。②声音识别输入。③条形码和激光扫描器输入。④光学文字读取装置（OCR）输入。⑤主计算机输入。⑥无线射频识别（RFID）输入。这样的输入方式能给分拣系统带来以下优点：

1）能连续、大批量地分拣货物。由于采用大量生产中使用的流水线自动作业方式，自动分拣系统不受气候、时间、人的体力等的限制，可以连续运行，同时由于自动分拣系统单位时间分拣件数多，因此自动分拣系统的分拣能力可以连续运行100个小时以上，每小时可分拣7 000件包装商品，如用人工则每小时只能分拣150件左右，同时分拣人员也不能在这种劳动强度下连续工作8小时。

2）分拣误差率极低。自动分拣系统的分拣误差率大小主要取决于所输入分拣信息的准确性大小，这又取决于分拣信息的输入机制，如果采用人工键盘或语音识别方式输入，则误差率在3%以上；如采用条形码扫描输入，除非条形码的印刷本身有差错，否则不会出错。因此，目前自动分拣系统主要采用条形码技术来识别货物。

3）分拣作业基本实现无人化。国外建立自动分拣系统的目的之一就是减少人员的使用，减轻员工的劳动强度，提高人员的利用效率，因此自动分拣系统能最大限度地减少人员的使用，基本做到无人化。分拣作业本身并不需要使用人员，人员的使用仅局限于以下工作：

①送货车辆抵达自动分拣线的进货端时，由人工接货。
②由人工控制分拣系统的运行。
③分拣线末端由人工将分拣出来的货物进行集载、装车。
④分拣系统的经营、管理与维护。

如美国一公司配送中心面积为10万平方米左右，每天可分拣近40万件商品，仅使用400名左右员工，这其中部分人员都在从事上述1）、3）、4）项工作，自动分拣线做到了无人化作业。

（2）自动分拣系统的分类及其特点

1）堆块式分拣系统

堆块式分拣系统（见图2－36）由链板式输送机和具有独特形状的滑块在链板间左右滑动进行商品分拣的推块等组成。堆块式分拣系统是由堆块式分拣机、供件机、分流机、信息采集系统、控制系统、网络系统等组成的。可适用于不同大小、重量、形状的各种商品；分拣时轻柔、准确；可向左、右两侧分拣，占地空间小；分拣时所需商品间隙小，分拣能力高达18 000个/时；机身长，最长达110米，出口多。

图2－36 堆块式分拣系统

2）交叉带式分拣系统

由主驱动带式输送机和载有小型带式输送机的台车（简称"小车"）连接在一起，当"小车"移动到所规定的分拣位置时，转动皮带，完成把商品分拣送出的任务。因为主驱动带式输送机与"小车"上的带式输送机呈交叉状，故称交叉带式分拣机（见图2－37）。适用于分拣各类小件商品，如食品、化妆品、衣物等。分拣出口多，可左右两侧分拣。分拣能力一般达6 000~7 700个/时。大型交叉带式分拣系统一般应用于机场行李分拣和安检系统。

根据作业现场的具体情况可分为水平循环式或直行循环式。

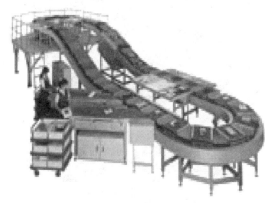

图 2-37　交叉带式分拣系统

3）斜导轮式分拣机

当转动着的斜导轮在平行排列的主窄幅皮带间隙中浮上、下降时，完成对商品的分拣。该种分拣机对商品冲击力小，分拣轻柔；分拣快速、准确；适应各类商品，只要是硬纸箱、塑料箱等平底面商品即可；分拣出口数量多。见图 2-38。

图 2-38　斜导轮式分拣机

4）轨道台车式分拣机

被分拣的物品放置在沿轨道运行的小车托盘上，当到达分拣口时，台车托盘倾斜 30°，物品被分拣到指定的目的地。可三维立体布局，适应作业工程需要。可靠耐用，易维修保养。适用于大批量产品的分拣，如报纸捆、米袋等。见图 2-39。

图 2-39　轨道台车式分拣机

5)摇臂式分拣机

被分拣的物品放置在钢带式或链板式输送机上,当到达分拣口时,摇臂转动,物品沿摇臂杆斜面滑到指定的目的地。结构简单,价格较低。见图2-40。

图2-40 摇臂式分拣机

6)垂直式拣选系统

垂直式拣选系统(又称折板式垂直连续升降输送系统,见图2-41)是不同楼层间平面输送系统的连接装置。根据用途和结构的不同,有从某楼层分拣输送至某楼层;从某楼层分拣输送至不同的各楼层;从某楼层分拣输送至某楼层的不同出口方向等。

图2-41 垂直式拣选系统

(3)自动分拣系统的适用条件

第二次世界大战以后,自动分拣系统逐渐开始在西方发达国家投入使用,成为发达国家先进的物流中心、配送中心或流通中心所必需的设施条件之一,但因其要求使用者必须具备一定的技术经济条件,因此,在发达国家,物流中心、配送中心或流通中心不使用自动分拣系统的情况也很普遍。

2. 自动控制系统

自动控制系统控制堆垛机和各种搬运输送设备的运行、货物的存入与拣出,是自动化立体仓库的"指挥部"和"神经中枢"。自动化立体仓库的控制形式有手动自动控制、随机自动控制、远距离控制和计算机全自动控制四种形式。计算机全自动控制又分为脱机、联机和实时联机三种形式。随着电子技术的发展,电子计算机在仓库控制中日益发挥重要作用。

3. 集中控制系统

集中控制系统由多台计算机分别控制生产过程中多个控制回路,同时又可集中获取数据、集中管理和集中控制的自动控制系统。仓库区集中控制系统采用工控机和PLC作为核心,同时仓库区集中控制系统配以流量、温度、液位、压力等传感器,从而使仓库区集中控制系统实现了多路液体的动态计量和对储存库区的集中监控及管理。

4. 分布式控制系统

分布式控制系统采用微处理机分别控制各个回路,而用中小型工业控制计算机或高性能的微处理机实施上一级的控制。各回路之间和上下级之间通过高速数据通道交换信息。分布式控制系统具有数据获取、直接数字控制、人机交互以及监视和管理等功能。分布式控制系统是在计算机监督控制系统、直接数字控制系统和计算机多级控制系统的基础上发展起来的,是生产过程中的一种比较完善的控制与管理系统。在分布式控制系统中,按地区把微处理机安装在测量装置与控制执行机构附近,将控制功能尽可能分散,管理功能相对集中。这种分散化的控制方式能改善控制的可靠性,不会由于计算机的故障而使整个系统失去控制。当管理级发生故障时,过程控制级(控制回路)仍具有独立控制能力,个别控制回路发生故障时也不致影响全局。与计算机多级控制系统相比,分布式控制系统在结构上更加灵活、布局更为合理和成本更低。

案例分析

蒙牛乳业自动化立体仓库

内蒙古蒙牛乳业泰安有限公司乳制品自动化立体仓库,是蒙牛乳业公司委托太原刚玉物流工程有限公司设计制造的第三座自动化立体仓库。该库后端与泰安公司乳制品生产线相衔接,与出库区相连接,库内主要存放成品纯鲜奶和成品瓶酸奶。库区面积8 323平方米,货架最大高度21米,托盘尺寸1 200×1 000毫米,库内货位总数19 632个。其中,常温区货位数14 964个;低温区货位数4 668个。入库能力150盘/时,出库能力300盘/时。出入库采用联机自动。

1. 工艺流程及库区布置

根据用户存储温度的不同要求,该库划分为常温和低温两个区域。常温区保存鲜奶成品,低温区配置制冷设备,恒温4℃,存储瓶酸奶。按照生产—存储—配送的工艺及奶制品的工艺要求,经方案模拟仿真优化,最终确定库区划分为入库区、储存区、托盘(外调)回流区、出库区、维修区和计算机管理控制室6个区域。

入库区由66台链式输送机、3台双工位高速梭车组成。负责将生产线码垛区完成的整盘货物转入各入库口。双工位穿梭车则负责生产线端输送机输出的货物向各巷道入库口的分配、转动及空托盘回送。

储存区包括高层货架和17台巷道堆垛机。高层货架采用双托盘货位,完成货物的存储功能。巷道堆垛机则按照指令完成从入库输送机到目标地取货、搬运、存货及从目标货位到出货输送机的取货、搬运、出货任务。

托盘(外调)回流区分别设在常温储存区和低温储存区内部,由12台出库口输送机、

14台入库口输送机、巷道堆垛机和货架组成。分别完成空托盘回收、存储、回送,外调货物入库,剩余产品、退库产品入库、回送等工作。

出库区设置在出库口外端,分为货物暂存区和装车区,由34台出库输送机、叉车和运输车辆组成。叉车司机通过电子看板、RF终端扫描叉车来完成装车作业,反馈发送信息。

维修区设在穿梭车轨道外一侧,在某台空梭车更换配件或处理故障时,其他穿梭车仍旧可以正常工作。

计算机控制室设在二楼,用于出入库登记、管理和联机控制。

2. 设备选型及配置

（1）货架

1）主要使用要求和条件托盘单元载重能力:850/400千克（常温区/低温区）;存储单元体积:1 000（运行方向）毫米×1 200（沿货叉方向）毫米×1 470（货高含托盘）毫米;库区尺寸9 884（平方米）,库区建筑为撕开屋顶,最高点23米。

2）根据使用要求和条件,结合刚玉公司的设计经验,经力学计算和有限元分析优化,确定采用具有异形截面、自重轻、刚性好、材料利用率高、表面处理容易,安装、运输方便的双货位横梁式组合货架。其中,货架总高度分别为:21 000毫米、19 350毫米、17 700毫米、16 050毫米、14 400毫米和12 750毫米。货架规模:常温区有14 964个;低温区有4 668个。

3）货架主材。

主柱:常温区选用刚玉公司自选轧制的126型异型材,低温区采用120型异型材。横梁:常温区选用刚玉公司自轧制异型材,55BB区采用5BB型异型材。天、地轨:地轨采用30千克/米钢轨;天轨采用16#工字钢。

4）采用的标准、规范。

JB/T 5323—1991立体仓库焊接式钢结构货架技术条件;JB/T 9018—1999有轨巷道式高层货架仓库设计规范;CECS 23:90钢货架结构设计规范和Q/140100GYCC001—1999货架用异型钢材。

5）基础及土建要求。

仓库地面平整度允许偏差±10毫米;在最大载荷下,货架区域基础地坪的沉降变形应小于1/1 000。

6）空间。

货架北部有400毫米空间:200毫米安装背拉杆,200毫米安装消防管道。

（2）有轨巷道堆垛机

1）主要技术参数。

堆垛机高度:21 000毫米、19 350毫米、17 700毫米、16 050毫米、14 400毫米和12 750毫米;堆垛机额定载重量:850/400千克;载货台宽度:1 200毫米;结构形式:双立柱;运行速度:5~100米/分（变频调速）;起升速度:4~40米/分（变频调速）;货叉速度:3~30米/分（变频调速）;停准精度:超升、运行≤±10毫米,货叉≤±5毫米;控制方式:联机自动、单机自动、手动;通信方式:远红外通信;供电方式:安全滑触线供电;供电容量:20kW,三相四线制380v、50Hz。

2）设备配置。

巷道堆垛超重机主要由多发结构、超升机构、货叉取货机构、载货台、断绳安全保护装置、限速装置、过载与松绳保护装置以及电器控制装置等组成。

驱动装置：采用德国德马格公司产品，性能优良、体积小、噪声低、维护保养方便。变频调整：驱动单元采用变频调速，可满足堆垛机出入库平衡操作和高速运行，具有起动性能好、调速范围宽、速度变化平衡、运行稳定并有完善的过压、过流保护功能。堆垛机控制系统：选用分解式控制，控制单元采用模块式结构，当某个模块发生故障时，在几分钟内便可更换备用模块，使系统重新投入工作。案例保护装置：堆垛机超升松绳和过载、断绳安全保护装置；载货台上、下极限位装置；运行及超升强制换速形状和紧急限位器；货叉伸缩机械限位挡块；货位虚实探测、货物高度及歪斜控制；电器联锁装置；各运行端部极限设缓冲器；堆垛机设作业报警电铃和警示灯。

3）控制方式。

手动控制：由操作人员，通过操作板的按钮和万能转换形状，直接操作机械运行，包括水平运行、载货台升降、货叉伸缩三种动作。

单机自动：单机自动控制是操作人员在出入库端通过堆垛机电控柜上的操作板，输入入（出）库指令，堆垛机将自动完成入（出）库作业，并返回入（出）库端待令。

在线全自动控制：操作人员在计算机中心控制室，通过操作终端输入入（出）库任务或入（出）库指令，计算机与堆垛机通过远红外通信连接将入（出）库指令下达到堆垛机，再由堆垛机自动完成入（出）库作业。

(3) 输送机

1）主要技术参数。

额定载荷：850/400 千克（含托盘）；输送货物规格：1 200 毫米×1 000 毫米×1 470 毫米（含托盘）；输送速度：12.4 米/分。

2）设备配置。

整个输送系统由 2 套 PLC 控制系统控制，与上位监控机相连，接收监控机发出的作业命令，返回命令的执行情况和子系统的状态等。

(4) 双工位穿梭车

主要技术参数：

额定载荷：1 300 千克；接送货物规格：1 200 毫米×1 000 毫米×1 470 毫米（含托盘）；拆最大空托盘数：8 个；空托盘最大高度：1 400 毫米；运行速度：5～160 米/分（变频调速）；输送速度：12.4 米/分。

(5) 计算机管理与控制系统

依据蒙牛泰安立库招标的具体需求，考虑企业长远目标及业务发展需求，针对立库的业务实际和管理模式，为本项目定制了一套适合用户需求的仓储物流管理系统。

主要包括仓储物流信息管理系统和仓储物流控制与监控系统两部分。仓储物流信息管理系统实现上层战略信息流、中层管理信息流的管理；自动化立体仓库控制与监控系统实现下层信息流与物流作业的管理。

1）仓储物流信息管理系统。

①入库管理。实现入库信息采集、入库信息维护、脱机入库、条形码管理、入库交接班管理、入库作业管理、入库单查询等。

②出库管理。实现出库单据管理、出库货位分配、脱机出库、发货确认、出库交接班管

理、出库作业管理。

③库存管理。对货物、库区、货位等进行管理，实现仓库调拨、仓库盘点、存货调价、库存变动、托盘管理、在库物品管理、库存物流断档分析、积压分析、质保期预警、库存报表、可出库报表等功能。

④系统管理。实现对系统基础资料的管理，主要包括系统初始设置、系统安全管理、基础资料管理、物料管理模块、业务资料等模块。

⑤配送管理。实现车辆管理、派车、装车、运费结算等功能。

⑥质量控制。实现出入库物品、库存物品的质量控制管理。包括抽检管理、复检管理、质量查询、质量控制等。

⑦批次管理。实现入库批次数字化、库存批次查询、出库发货批次追踪。

⑧配送装车辅助。通过电子看板、RF 终端提示来指导叉车进行物流作业。

⑨RF 信息管理系统。通过 RF 实现入库信息采集、出库发货数据采集、盘点数据采集等。

2）仓储物流控制监控系统。

自动化立体仓库控制与监控系统是实现仓储作业自动化、智能化的核心系统，它负责管理高度仓储物流信息系统的作业队列，并把作业队列解析为自动化仓储设备的指令队列，根据设备的运行状况指挥协调设备的运行。同时，本系统以动态仿真人机交互界面监控自动化仓储设备的运行状况。

系统包括作业管理、作业高度、作业跟踪、自动联机入库、设备监控、设备组态、设备管理等几个功能模块。

3. 结论

自动化立体仓库项目于 2015 年 9 月通过正式验收，各项技术参数和性能指标均达到设计要求，经过试运行及投产运行，全库设备运行稳定，得到用户的良好评价。

本项目小结

本项目主要介绍了仓库的分类、自动化立体库和仓库设备。仓储功能的发挥离不开合理、高效的作业设备。随着计算机管理系统的发展，自动化立体仓库的仓储技术与生产过程结成了有机的整体，仓库成立企业采购信息的集结点，成了企业生产的保障，成为企业现代化和流通现代化的重要组成部分。计算机技术和网络技术的高速发展，使仓库的发展进入了智能储运阶段。

复习思考题

一、选择题

1.（ ）主要的功能是物资周转，主要用于暂时存放待加工、待销售、待运输的物资。包括生产仓库、中转仓库、集配仓库、加工仓库等。

　　A. 周转仓库　　　　　B. 储备仓库　　　　　C. 临时仓库　　　　　D. 高架仓库

2. 连续输送机械中使用最广泛的是（ ）。

　　A. 带式输送机　　　　B. 螺旋式输送机　　　C. 气力输送机　　　　D. 链式输送机

3. 下面属于自动分拣系统中分拣信号的输入方式的是（ ）。

A. 无线射频识别输入　　　　　　　　B. 光学文字读取装置输入
C. 条形码和激光扫描器输入　　　　　D. 声音识别输入

二、问答题

1. 什么叫储备仓库？
2. 自动化立体仓库的优越性有哪些？
3. 在自动分拣系统中，分拣信号的输入方法主要有哪些？
4. 自动导向车系统是由哪几部分组成的？自动导向车系统的控制包括哪些内容？
5. DCS（分散控制系统）具有哪些特点？

三、案例分析题

塔捷特商店的仓储与配送管理

塔捷特商店（Target Stores）十分热心于在零售业推行快速反应。塔捷特在美国有500多家大型商店，每年还保持大约15%的数量增长。塔捷特商店经营服装、家庭用品、电器、卫生、美容品以及日常消费品。塔捷特是一个折扣商，与凯马特、奥尔玛和西尔斯等商店竞争。

塔捷特经营的全部商品都有条码，并且所有交易中的POS数据被采集。每日数据于当晚经由卫星通信传输到总部，某种商品的每日销售与库存数据和参与快速反应的重要供应商共享，塔捷特不允许完全地自动补货，但向供应商保证每周订货。因为供应商了解整个企业的库存目标、现有存货和实际销售数据，所以很容易把握订货数量，并利用这些信息制订自己的生产与分销计划。

每周一次的订货确定后，供应商在一周内将产品送至塔捷特的6个配送中心。一旦货到配送中心，塔捷特的管理部门再考虑到下一周的销售情况后，向每个商店配送。所以，商店每周接受每个品类的补充送货，相对于供应商而言，是两周为一个周期。

在这个系统，塔捷特首要的目的不是减少商店总的库存，相反，塔捷特的营销理念是消费者喜欢，也希望商店是"丰富"的，即顾客想要的每个品类均能在商店找到且随手可得。因此，商店的所有存货应该陈列出来，而不是放在顾客看不见的库房里。货架设计要使顾客能轻易看到所供商品的丰富。现货可获得性的标准定得相当高，塔捷特希望达到95%的现有率。在这里，"现有"意味着"设计最大库存量的至少40%是在货架上"。根据这个标准，传统的缺货百分比实际上为零。为支持此标准，塔捷特依靠快速反应方法，提高补充送货的"合适度"。补充供应体系的目标是补充每个品类可能100%地接近货架设计容量，而不产生多余的存货，否则，需要额外的存储场地。商店是不愿意这部分后备库存出现的，因为它们没有陈列，所以不直接创造效益，且由于频繁搬运货物进出储存场所，既增加费用，又极易丢失、损坏或被盗。

塔捷特发现其快速反应系统取得了显著成效，成为企业取得成功的一个重要因素。在体系中的重要供应商也从订货的稳定性以及销售与库存数据共享带来的那些订货的可预见性增加上获益。塔捷特的利益从供应商、配送中心、商店的较高商品可获得性中得到。由于频繁地补货，配送中心的周期订货量较低，因为预测期缩短，安全库存较低。当然，这些会带来较高的运输成本,增加数据系统费用。通过在配送中心的库存成本节约和系统带来的补充订货的"合适度"提高,大大节省了商店的货物处理费用,这可以补偿那些增加的成本。此外,系统运转所需的销售数据对有效的商品经营极为有用,与供应商的密切联系使得价格下降并节约其他采购费用。总之,塔捷特致力于其快速反应系统,并积极扩展系统至更多更重要的供应商,以实现在所有大销量的品类上100%的快速反应目标。

项目 3

仓库的规划

学习目标

1. 掌握仓库选址的各种影响因素。
2. 掌握仓库作业区域的规划。
3. 了解仓库主管及仓管员的岗位职责。

技能目标

1. 学会仓库选址的决策分析方法。
2. 学会仓库选址的基本条件。

引导案例

上海某制造公司仓储作业流程

上海某制造公司是一家中日合资企业,主要采用日本技术,生产适合超市使用的制冷设备,员工600人,现年销售额4亿元,每年以30%的速度递增。该公司从成立之日起,就与一些大客户保持密切联系,像上海华联、沃尔玛、家乐福等每开一家分店都会从该公司订购大量的产品。

每周一该公司采购员通过公司的计算机生产管理系统打印零部件需求订单,然后将订单传递给供应商,供应商按订单安排生产、发货,外供应商通过铁路、公路、航空将零部件发到当地中转站,再由公司派车提货;本地供应商将零部件直接送到公司的仓库,零部件仓库保管人员负责验收零部件、上架,录入计算机仓库管理系统,仓库人员根据生产计划,一般提前两天按计算机计算的领料单,备好零部件,提前半天送到生产线,在每周二至每周五期间,采购人员处理因生产计划调整,而追加订货或调整交货期与供应商沟通、协调。

成品从生产线下线后,在包装区域内包装、贴上标签,进入成品库,成品库保管人员验收、入库,并录入计算机管理系统,发货人员根据计划科转来的客户订单,安排发货车辆,按订单的数量、交货日期准备发货。

该公司为了保证生产继续进行,储存了约14 000种零部件,零部件库房面积约6 600平方米,库房高度8米,货架区货架高3层,有效高度是2.5米,人工上架,散货区使用液压手动叉车摆放和移动托盘,只能放单层托盘,有效高度为15米,零部件库存金额约4 500万元,保管员16人,每天处理2 000个零部件,人均月工资1 800元,取暖、空调、照明等费用每年约30万元。在零部件仓库拣货时,保管员推着平板车或扛着手动液压叉车,把零部件从货架上搬下来,取出所需数量,再把余下的零部件放回架子上。

(资料来源:http://www.chinawuliu.com.cn/oth/content 中国物流与采购网 经作者整理)

思考题
企业的生产与仓储有哪些业务联系?

3.1 仓库的选址

仓库的选址和规划直接影响仓储货物的质量、安全以及仓库将来的运作成本、发展潜力,是仓库运作的先决因素。

学习资源:

仓库作业 SOP 管理

3.1.1 仓库选址的原则

仓库的选址过程应同时遵守适应性原则、协调性原则、经济性原则和战略性原则。

1. 适应性原则

仓库的选址须与国家,以及省市的经济发展方针、政策相适应,与我国物流资源分布和需求分布相适应,与国民经济和社会发展相适应。

2. 协调性原则

仓库的选址应将国家的物流网络作为一个大系统来考虑,在地域分布、物流作业生产力、技术水平等方面互相协调。

3. 经济性原则

仓库的选址定在市区、近郊区或远郊区,其未来物流活动辅助设施的建设规模及建设费用,以及运费等物流费用是不同的,选址时应以总费用最低作为仓库选址的经济性原则。

4. 战略性原则

仓库的选址,应具有战略眼光。一是要考虑全局;二是要考虑长远。局部要服从全局,目前利益要服从长远利益,既要考虑目前的实际需要,又要考虑日后发展的可能。

3.1.2 仓库选址的基本条件

当企业决定建立仓库后,面临的第一个问题就是仓库的选址问题。进行仓库选址首先要确定仓库所在的区域,其次要确定仓库的具体位置。在选定区域时,要使建立的仓库在仓储运作、服务、经济、战略远景等方面具有合理性。一旦决定了仓库所在的大致位置,接下来就需要确定仓库的具体地点了,此时要考虑仓库建设和运营的各种成本以及具体影响仓库正常运营的各种因素。下面列出了影响仓库选址的一些常见因素。

1. 物品因素

储存物品的特性不仅直接影响仓库的形态,而且与仓库地点的选择有极大的联系。如主要用于存储大宗物资,进行进出口业务的仓库,其选址应在港口边,它不仅能利用廉价的水运资源,又可直接配合散装船的装卸,缩短作业的时间。

2. 经济因素

(1) 宏观经济政策

在进行选址决策时,要充分考虑当地政府的政策、法规等因素,仓库规划建设必须与国家以及省市的经济发展方针、政策相适应。如有些地区的政府为了促进当地经济的发展,对物流业采取比较积极的态度,鼓励在特定区域进行仓库的建设,并在税收、土地、资本等方面提供比较优惠的政策。

(2) 建设和运营成本

在进行选址决策时,成本的核算也是非常重要的一项。仓库的建设和运营成本不仅包括建筑及购置设备方面的成本,还包括土地成本、运输成本、人工成本、原材料供应方面成本等。

1) 建筑及购置设备的成本。不同的仓库其建筑物结构、建筑物的大小、建筑物使用的材料、仓库内配备的设备各不相同,此方面的花费自然不同。

2) 土地成本。不同的仓库选址方案,在对土地的征用位置、土地的征用大小等方面的要求是不相同的,从而导致不同的成本开支。仓库选址过程中,应尽量避免占用农业用地和环保用地。仓库的选址还要为将来仓库的发展留出余地和空间。

3) 运输成本。通过合理选址,使运输距离最短,尽量减少运输过程的中间环节,可以使运输成本最低,服务最好。

4) 人工成本。仓库作业活动需要大量具有各种技能、素质的人才:技术密集型的仓库使用的人才素质要求较高,数量相对较少;手工密集型的仓库对工人的素质要求相对较低,但数量要求较多。不同地区的各种素质人才分布量存在不平衡,同时不同地区的劳资水平也可能不尽相同,因此人工成本是仓库选址决策中必须考虑的问题之一。

5) 原材料成本。企业对原材料供应的要求一般都比较严格,将仓库地址定位在原材料供应商附近,不仅能够保证原材料的安全供应,而且能够降低运输费用,减少时间延迟,获得较低的采购价格。

3. 环境因素

(1) 地理因素

1) 地质条件。仓库应建在地质坚实、干燥、平坦的地点,其地基应具有较高的承载力。仓库必须避免建筑在有不良地质现象或地质构造不稳定的地段。

2) 水文及水文地质条件。在沿江河地区选择建筑仓库时,要调查和掌握有关的水文资料,特别是汛期洪水最高水位等情况,防止洪水侵害。同时要考虑地下水位的情况,水位过高的地方不宜建筑仓库。另外,还要考虑排水情况。

3)气候条件。仓库的选址还应考虑当地的自然气候条件,如空气的湿度、盐分、降雨量、风向、风力、瞬时风力等。

(2)配套设施

1)交通运输条件。仓库的设置地点应具有良好的交通运输条件,仓库应靠近水陆空交通运输线,对于大型仓库还应考虑铺设铁路专用线或建设专用水运码头;道路的顺畅、平稳可降低仓库的运作成本,同时有助于吸引更多的客户。

2)水电供应条件。仓库应选择靠近水源、电源的地方(尽量靠近工业用电线路),以保证方便和可靠的水电供应。仓库内的水源,主要供生活和消防用水,因此要了解和掌握仓库供水系统以及周围用水单位的情况,调查用水高峰期间消防用水保障程度,以防紧急情况下供水不足。如某棉纺公司原计划在A地建设仓库,后来经过调查发现A地每天在上午6:30—8:30,晚上17:00—19:00由于供水沿线的用水总需求量非常巨大,水压无法达到消防要求,最终放弃了在A地建设仓库的计划。

3)其他配套设施

其他配套设施如通信、能源等方面的基础设施越完善,对仓库的选址越有利。

(3)环境安全

仓库选址要考虑安全条件。仓库应与周围其他单位、居民区保持一定的安全距离。为了方便消防,周围建筑物和道路必须保证交通通畅。另外,还要分析相邻单位的生产性质与排污状况,以避免储存物品遭到不必要的侵蚀和污染。

4. 竞争因素

(1)竞争对手因素

竞争对手的仓库选址对企业的选址工作也有一定影响。对竞争对手的竞争策略,与竞争对手的实力对比,与竞争对手的差异等,都会影响到企业的选址工作。

(2)服务水平

为了能够更好地服务客户,提高对客户需求的反应速度,许多企业都会将仓库建立在服务区域的附近。一般来说,仓库越接近市场,其运输成本就会越低,同时越接近市场的土地可能相对昂贵,两者之间的取舍必须加以评估。

(3)市场需求性

当发现某一地区的仓储市场颇佳,即使是其他条件略差,仍然值得认真考虑。反之,即使其他仓库选址因素均具备,若不具有市场需求性时,该地点也不宜作为仓库设置地点。

(4)企业的实力

企业的人力、物力、财力也是影响仓库选址和建设的关键因素。

学习资源:

仓库如何选址

3.1.3 仓库选址决策分析方法

针对仓库选址的方案进行分析评价,以确定最优方案,是仓库选址决策的关键步骤。一一般来说,仓库选址的决策方法可采用定性的方法、定性与定量相结合的方法和定量的方法。

1. 定性的方法

定性的方法是指公司的关键领导、物流高管或相关专家根据自身经验选定仓库建设地点的方法。此方法看似不十分科学,决策过于随意,其实也有一定的道理,因为其在选址决策时无形地已将公司的战略或竞争要求、仓库所要达到的服务水平,结合拟定选址地点的经济状况、环境状况、配套设施建设情况考虑进去。但是由于人的经验有一定局限性,不一定能真实地理解实际情况,因此,定性的方法现实当中主要运用于确定仓库的大致区域或用于一些小型仓库的选址决策。

2. 定性和定量相结合的方法

为了弥补定性法仓库选址的不足,有人将定性的方法和定量的方法相结合进行选址决策。

(1) 单项指标评价分析法

单项指标评价分析是指多个选址方案中的某些指标基本相同,只有某项主要指标不同时,可以比较该项指标的优劣情况而取舍方案。围绕仓库选址问题的主要评价指标为服务水平和成本因素。当方案达到的服务水平相似,而成本相差较大时,则根据成本的大小来判断方案的优劣;当方案的成本相近,而服务水平相差较大时,则根据服务水平的高低来判断方案的优劣。单项指标评价方法适用于要求具体、目的明确的选址方案,常见的按市场营销定位的仓库、按生产制造定位的仓库和以迅速配送为目标的仓库多用此法选址。

(2) 综合指标评价分析法

现实当中,影响仓库选址的因素众多,且极为复杂,很难找到除了某项主要指标不同而其他各项指标相近的两个方案,单项指标评价分析无法适用,故一般采用综合指标评价分析法。

综合指标评价分析法首先将影响仓库选址的众多因素罗列出来,然后对各个因素的重要性打分,即对各个影响因素分配权重(通常满分为 10 分,最低分大于 0 分),再将各因素按分值的高低由高到低排列,以此法确定哪些是影响仓库选址的关键因素,哪些是次要因素。当时间和精力不允许时,我们可主要分析排在前几位的关键影响因素,而忽略次要因素。然后,我们对各选址方案按关键影响因素——评价,评价等级的含义及评分如表 3-1 所示。

表 3-1 要素评价等级、含义及分值

评价等级	含义	分值
优	近于完美	5
良	特别好	4
中	达到主要效果	3
尚可	效果一般	2
差	效果欠佳	1

最后,将各方案中每一影响因素的得分值乘以该影响因素的权重,将其加总后得出每一方案的分值,然后选择分值最大的选址方案。

例如:某企业根据实际情况找出其仓库选址的关键影响因素依次为物流服务水平、交通运输条件、备选仓库地点的地质条件、土地成本以及当地的宏观经济政策,并分别为其赋予了权重5、4、3、2、1，备选方案Ⅰ对以上5个因素的评价等级分别为优、良、中、良、良，其分别对应的分值为5、4、3、4、4，用各因素的权重乘以其方案评价分值得出加权分值，分别为25、16、9、8、4，最后将其加总得出方案Ⅰ的总得分为62；同理可得到方案Ⅱ和方案Ⅲ的总得分，分别为64、65；所以，最优的选址方案为方案Ⅲ，如表3-2所示。

表3-2 仓库选址综合指标评价分析表

序号	评价因素	评价因素权重	备选方案Ⅰ			备选方案Ⅱ			备选方案Ⅲ		
			评价等级	评价分值	加权分值	评价等级	评价分值	加权分值	评价等级	评价分值	加权分值
1	物流服务水平	5	优	5	25	良	4	20	良	4	20
2	交通运输条件	4	良	4	16	优	5	20	良	4	16
3	地质条件	3	中	3	9	良	4	12	优	5	15
4	土地成本	2	良	4	8	良	4	8	优	5	10
5	宏观经济政策	1	良	4	4	良	4	4	良	4	4
	总分				62			64			65

3. 定量的方法

单项指标评价分析法和综合指标评价分析法虽然较定性的方法看似更科学，但其仍含有许多主观成分，如对选址的关键影响因素的选定、分配权重，以及对每方案中各关键影响因素的评分，都会因人而异。为了避免人的主观因素的影响，仓库选址问题引入了数学分析，即定量分析法。常见的定量分析选址的方法有重心法、网格法、数值分析法、图表技术、近似法等。定量分析法通常计算复杂，多使用计算机完成。

3.2 仓库的布局与规划

3.2.1 仓库的布局

仓库货区布局包括仓库内库房、料棚、货场、收发料区等的具体位置和存储物品的规划，以及库房、料棚，货场内的货垛、货架、通道、作业区、设备等的合理规划、配置和安排。仓库货区合理布置对提高物资保管质量、加速物资收发、提高仓库作业效率、降低仓储费用等具有重要意义。

1. 仓库布局条件

一个合理的仓库布局应满足以下条件：

（1）适应仓储作业过程的要求，有利于仓储业务的顺利进行。合理布置企业的入库检查区、存货区、理货区、备货区以及辅助作业区，使物流流向单一，防止各项作业间发生冲突，方便日常盘点和收发，同时使装卸搬运次数最少，货物在仓库中的移动距离最短。

（2）有利于节省投资。充分利用现有的资源和外部条件，根据设计规划任务和库存物品的性质选择配置设备，以便最大限度发挥其效能。如仓库储存的物资为中、小件物品，就没有必要设置大型的龙门吊车,否则将浪费资金和仓库储存空间。

(3) 最大限度地利用仓库空间。仓库空间是指仓库内的立体空间,既要考虑仓库的平面面积,又要考虑仓库储货的垂直高度。因此,充分利用仓库的空间,不但应合理地安排货垛、通道、垛间距、收发货区,充分利用仓库的平面面积,同时应合理地使用货架,充分利用仓库的垂直空间。

(4) 有利于充分利用仓库设施和机械设备。尤其是仓库中固定的设施和机械,必须事先考虑好各种使用情况,放在最能充分使用的位置。

(5) 有利于保证仓库的安全和职工的健康。仓库应严格按照"建筑设计防火规范"的规定建设,并且作业环境的安全卫生标准也要符合国家的有关规定。

2. 仓库布局的基本原则

(1) 根据货物特性分区储存,将性质相近的物品集中存放。
(2) 将单位体积大、单位质量大的物品存放在货架底层,并且靠近储存区和作业通道。
(3) 将周转率大的物品放在储库装卸搬运最便捷的位置,一般靠近门口。
(4) 将同一供应商或同一客户的物品集中存放,以便于进行分拣及配货作业。

3.2.2 仓库作业区域的规划

1. 仓库的整体规划

(1) 仓库作业功能区域的划分

一个功能齐全的仓库通常包括以下区域:

1) 收、发货区

收货区是收货、验货、卸货、搬运的场所。在此区工作人员须完成接收货物的任务和货物入库之前的准备工作,用于临时存放商品之用,如入库登记和验货操作等。它的主要设施有卸货站台、验货场区和卸货工具。

发货区是工作人员将组配好的货物装车外运的作业场所。发货区和收货区的设备相似,所不同的是,进货区位于整个作业区的首端,而发货区位于整个作业区的末端。当收货和发货作业互相干扰甚小时,收货区和发货区也可以共用,称为收发货区,一般设在作业区的中间。

收发货区的位置应靠近库门和运输通道。对靠近铁路专用线的仓库,收货区应设在专用线的一侧,发货区设在靠近公路的一侧。如果铁路专用线进入仓库,收货区应设在专用线的两侧。

2) 储存区

储存区是仓库的主要作业区域,用于长时间、大批量存放货物。储存区通常建有多个库房、料棚或货场。库房、料棚或货场中有时也再次划分成小型的收货区、储存区、理货区、发货区等。

3) 理货区

理货区是进行拣货和配货作业的场所。

4) 加工区

加工区是进行必要的生产性和流通性加工的场所。流通加工是物流环节中货物增值最快的环节。现代的仓库越来越多地设置了加工区,用于货物的分装、包装、贴标签等作业活动。

5）退货区

退货区是仓库在收到退货良品、次品或者废品后进行处理的作业场所。由于配送中商品破损、变质或污染而被验出，或者由于错误的配送，或者由于店铺平衡库存的需要、营销的需要等因素，具有配送功能的仓库常常收到退货，这些物品往往要等厂商送货时，退还给厂商，因此应专门划出一块区域，用于临时存放这些物品。

6）废物区

废物区是对废弃包装物、破碎货物、变质货物、加工残屑等废料进行清理或回收复用的场所。

7）设备存放及维护区

设备存放及维护区是仓库中用来存放叉车、托盘等设备及其维护（充电、充气等）工具的场所。

8）办公区

办公区是指挥和协调仓库作业营运的区域，是员工处理行政工作与管理业务的场所，信息处理、业务洽谈、订单处理以及指令发布都是在办公区进行的。办公区可设在库房内也可设在库房外。总体来看，管库人员的办公室设在库内特别是单独隔成房间是不合理的，既不经济又不安全。

9）辅助服务区

辅助服务区是为员工提供饮食、休息、盥洗、接待、娱乐等各项服务的区域。

(2) 仓库作业区域的整体规划

现代仓库已由传统的储备型仓库转变为以收发作业为主的流通型仓库。现代仓库一般储存区面积占总面积的40%~50%，通道面积占总面积的8%~12%，收、发货区占总面积的10%~15%，理货、加工区占总积的10%~15%，退货及废物区占总面积的5%~10%。

按照仓库内作业功能的不同，根据各项作业的流程，仓库（或库房）的作业平面可以规划为如图3-1所示。

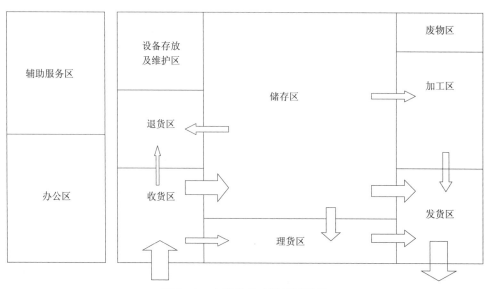

图3-1 仓库作业功能区域示意

仓库内道路的布局，应根据商品流向的要求，结合地形、面积、各个库房建筑物、货场的位置来决定道路的走向和形式。汽车道主要用于起重搬运机械设备的调动以及防火安全，同时也要考虑保证仓库和行政区、生活区之间的畅通。仓库道路分为主干道、次干道、人行道和消防道等。主干道应采用双车道，宽度在 6~7m；次干道为 3~3.5m 的单车道；消防通道的宽度不得少于 6m。另外，仓库内若有铁路专线，库内铁路线最好是贯通式，一般应顺着库长方向铺设，并应使岔线的直线长度达到最大限度，其股数应根据货场和库房宽度及货运量来决定。

2. 存储区域的规划

对于储存区，又可根据实际需要，按照储存物资的自然属性分区（如体积、重量、吸湿性、易燃易爆性、氧化性等），可分为金属材料储存区、非金属材料储存区、机电产品储存区、木材区等；按照储存物资的用途分区，可分为通用物资储存区和专用物资储存区；按照储存物资使用方向分区，可分为生产资料储存区和生活资料储存区等。一般情况下多按照物资的自然属性划分储存区。

某种商品储存在什么地方，应综合考虑各方面的因素，如商品的理化性质、加工程度、本身价值、用途和作用、批量大小、单位重量和体积，其中理化性质是主要依据。此外，商品在库保管时间的长短、仓库所在地的地理气候条件、储存商品的季节等，也是必须考虑的因素。

（1）库房、料棚和货场的选择

一个储存区通常拥有几栋库房、料棚或货场。库房有钢结构、钢筋混凝土结构、砖石结构等，其防护条件最好；料棚次之，仅能防止雨雪渗透；货场（露天堆场）的防护条件最差。各类物资能否被合理地分配到库房、料棚或货场，对提高保管质量、便利仓库作业和降低保管费用有直接的影响。

一般来说，若风吹、日晒、雨淋及温湿度变化对物资无显著影响，则此类物资可放在露天货场，如生铁锭、钢轨、原木、大型钢材、大型粗制配件、水泥管等；对于受日晒、雨淋易变质损坏，而温湿度对其影响不大者，可置于料棚保管，此类物资如中型钢材、钢轨配件、优质木材、耐火砖、电缆等；对受雨雪侵袭、风吹日晒及温度的影响易造成损害的物资，应存入普通库房，此类物资如优质钢材、金属制品、机械设备、车辆配件、水泥、化工原料等；对于受风吹、日晒、雨淋及温湿度变化的影响容易损坏的物资，特别是对温度变化比较敏感的物品，应存入保温库房，此类物资如精密仪器仪表、电子元器件、高精度量具等；对于易燃易爆或有毒有害及放射性的物品，应存入专用库房，此类物资如汽油、炸药、液化气体、毒性物资、放射性物质等。

（2）多层仓库楼层的分配

在建筑层数选择方面，单层仓库和多层仓库各有其优缺点。从装卸货物效率的角度考虑，最好选择单层仓库，但由于土地紧张和地价的限制，一般采用多层仓库。多层仓库多为 3~5 层，各层的保管条件和作业条件不同，应合理分配各层用途。

1）楼库的底层

由于底层库房具有地面承载能力强（平均每平方米负荷为 2.5~3t），楼层净空较高（通常为 5.5~7m），两侧和两面均可设库门和站台，收发作业方便的优点，因此，底层库房常用来储存大批量、单位重量大、体积大、收发作业频繁的物品；但是，由于底层库房又具有地坪易反潮、易受库边道路灰尘的影响等缺点，因此只能储存要求一般保管条件的商品。底层库房常储存的物品如金属材料、金属制品等。

2）楼库的中间层

中间层库房相对底层库房来说比较干燥，采光和通风良好，受外界温湿度的影响小，保管条件较好；但是，由于楼板承载能力有限（二层平均每平方米负荷为 2.0~2.5t，三层以上平均每平方米负荷为 1.5~2.0t），楼层净空也较底层库房低（二层通常为 5~6m，三层以上通常为 5~5.5m），同时，由于增加了垂直方向的搬运，收发作业不方便。因此，中间层适合存放体积较小、重量较轻、要求保管条件比较高的商品，如电工器材、仪器仪表、医药等。

3）楼库的最顶层

楼库的最顶层条件与中间层基本一致，但对保管和作业更为不利。楼库的最顶层由于直接受日光照射，受温度的影响更大，冬凉夏热，而且由于楼层更高，收发作业更加不方便。因此，最顶层适合存放收发不太频繁、要求一般保管条件的轻体商品，如纤维制品、塑料制品等。

(3) 库房内部的平面规划

库房内可使用面积可分为保管面积和非保管面积。保管面积是指库内料架和料垛所占的面积，其他的则为非保管面积。非保管面积主要包括通道、墙间距、收发料区、仓库人员的办公区等。库房内部规划的主要目的是在保证作业要求的情况下尽量扩大库房内的保管面积。由于库房内的收发料区相对较小，仓库人员的办公区现在多设在库房外面，现主要对其储存区进行规划。

1）货垛、货架的布置

常见的货垛、货架平面布置形式有垂直布置和倾斜布置两种。货垛、货架的垂直式布置和倾斜式布置各有其特点。

①垂直式布置是指货垛（或货架）的长度方向与库墙及通道互相垂直。垂直布置可分为横列式布置、纵列式布置、纵横式布置。

横列式布置指货垛（或货架）的长度方向与库房的长度方向互相垂直。如图 3-2a 所示。

横列式布置方式的优点是：主通道（运输通道）长且宽，副通道（作业通道）短，整齐美观，便于机械化作业，有利于对商品的盘点、维护保养及存取作业；通风和自然采光良好。其缺点是：主通道占用面积多，仓库面积利用率较低，尤其在土地使用费用日益见涨的今天，资源浪费较多。

纵列式布置指货垛（或货架）的长度方向与库房的长度方向互相平行。如图 3-2b 所示。纵列式布置的优缺点与横列式正好相反，其优点为运输通道较短，占用面积少，仓库面积利用率较高；缺点是作业通道较长，物资存取不方便，通风采光不良。因此，可根据库存物品的不同在库时间和进出频率安排货位：在库时间短、进出频繁的物品可放置在主通道两侧；在库时间长、进出不频繁的物品可放置在里侧。

纵横式布置指同一保管场所内，横列式布置和纵列式布置兼而有之，是两种方式的结合，兼有两种布置方式的特点。纵横式布置如图 3-2c 所示。

②倾斜式布置是指料垛（或货架）与主通道之间不是互相垂直，而是有一定的夹角（30°、45°或60°）。倾斜式布置可分为料垛倾斜式和通道倾斜式布置。

料垛倾斜式布置指料垛的长度方向与库墙和运输通道之间成一锐角，如图 3-3a 所示。

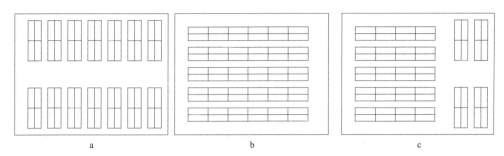

图 3-2 货垛垂直式布置
a. 横列式布置 b. 纵列式布置 c. 纵横式布置

这种布置方式最大的优点是便于利用叉车配合托盘进行作业,能缩小叉车的回转角度,提高装卸搬运效率。而最大的缺点是仓库中有不少死角,仓库面积不能充分利用。

通道倾斜式布置指通道与库墙成一锐角,而料垛垂直于库墙排列,如图 3-3b 所示。通道倾斜式布置不仅同样便于利用叉车配合托盘进行作业,能缩小叉车的回转角度,提高装卸搬运效率,而且避免了仓库中的死角,充分利用了仓库面积。

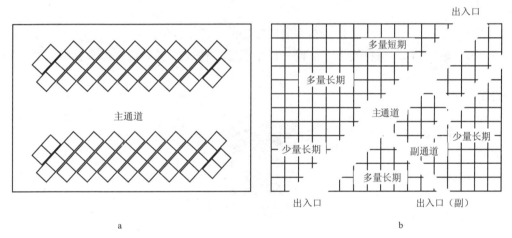

图 3-3 货垛倾斜式布置
a. 料垛倾斜式布置 b. 通道倾斜式布置

综上所述,各种平面布置形式因其自身的特点,适用范围各有不同。总的来说,垂直式布置采用最广,尤其是横列式垂直布置。倾斜式布置有一定的优点,但只有在一定的条件下方可采用,有很大的局限性,仅适用于单一品种、大批量、集装单元堆垛(如使用托盘)、就地码垛和利用叉车作业的场合,在一般的综合仓库不宜采用。究竟选用哪种布置方式最为有利,要视库房面积的大小、库房的长宽比、料架的规格尺寸、物品的堆码方式、收发作业方式和机械化程度等具体情况而定。

2)通道

库房内的通道,分为运输通道(主通道)、作业通道(副通道)和检查通道。

运输通道供装卸搬运设备在库内行走,其宽度主要取决于装卸搬运设备(如叉车)的外形尺寸和单元装载(如托盘)的大小。运输通道的宽度一般为 1.5~3m。当库内安装有桥式起重机时,运输通道的宽度可为 1.5m 或更小。

作业通道是供作业人员存取搬运货物的行走通道。一般情况下，作业通道应能够允许手推车的顺利进出，作业通道的宽度应为1m左右。

检查通道是供仓库管理人员检查库存货物的数量及质量时行走的通道。其宽度只要能使检查人员自由通过即可，一般为0.5m左右。

3）墙间距

为了减少库存商品受到库外温湿度的影响，料垛、料架都应与库墙保持一定的距离，不允许料垛、料架直接靠墙堆码和摆放。墙间距的宽度一般为0.5m左右。墙间距同时也可作为检查通道或作业通道。墙间距兼作作业通道时，可以使库内通道形成网络，方便作业，此时其宽度需增加一倍，约为1m。

（4）库房内部的竖向规划

竖向布置潜力很大，在不增加库房面积的情况下，向空间要货位可扩大储存能力、节约建筑投资。竖向布置可采用下列方式：

1）就地堆垛。借助物品的外部轮廓或包装进行码垛。

2）使用料架。将物品直接或装入料箱、托盘后存入料架。

3）托盘、集装箱堆码。将物品装入集装箱或码放在托盘上，然后把集装箱或托盘进行堆码。

4）空中悬挂。将某些物品悬挂在库墙或库房的上部结构上。

5）采用架上平台。在料架上方铺设一层承载板，构成二层平台，可直接堆放物品或摆放料架。

学习资源：

做好仓储规划

3.3　仓库人员的工作职责和岗位素质要求

3.3.1　仓库的部门规划和岗位设置

一个功能完备的仓库通常需要各种人员，但主要可归为四类：管理人员、库房作业人员、辅助作业人员、其他辅助人员。管理人员如仓库主管、仓库经理、财务人员等；库房作业人员主要指库内物品管理人员（仓管员或保管员、记账员等）；辅助作业人员指仓库内各种设备设施维修人员（如叉车、托盘等维修人员，电工等）、操作人员（如叉车司机、吊车司机等）；其他辅助人员指为员工提供饮食、休息、盥洗、接待、娱乐等各项服务之人员。

设备设施维修人员、设备设施操作人员可单独设立维修班、司机班等进行管理；其他辅助人员亦可单独设立机构如仓库后勤部门进行管理；而对于库房的管理，一般来说，有两种模式：①按库房划分，比如说主料库、辅料库、包装库、成品库等，根据工作量的大小一个岗位可只管一个库房，也可管几个库房，仓管员对自己所管的库房负责，收料、发料、记账由仓管员一人完成,财务对收发存进行复核,并对其定期和不定期进行盘点。②仓管员只管实物,软件中的录入出、入库等单据由记账员完成。但后一种易造成职责不清,多人管理,最后谁也不对结果负责。为了避免职责不分造成多人管理,常见的改进方式为:首先按库房划分,比如说主料库、辅料库、包装库、成品库等,根据工作量的大小,一个岗位可只管一个库房,也可管几个库房,仓管员对自己所管的仓库负责(只管实物)。此时收料、发料虽然仍由仓管员完成,但仓管员必须要有记账员开的单据才能收发货,并且要及时登记货卡。其次,软件中的录入出、入库等单据(收料、发料的开单)由记账员完成,并每天应对货卡和账上数字进行核对,并定期和不定期进行盘点。财务对收发存月报表进行复核,并对其定期和不定期进行盘点。仓库的部门规划和岗位设置如图3-4所示。

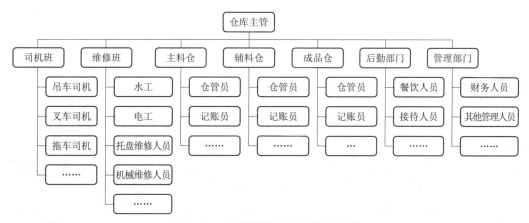

图3-4 仓库的部门规划和岗位设置

3.3.2 仓库主管的岗位职责和岗位素质要求

由于仓库的性质不同,仓库主管的岗位职责和岗位素质要求会有所不同,但也有很多相同之处。

1. 仓库主管的岗位职责

①刻苦钻研业务知识,合理优化仓库工作方法及流程,控制仓库运作成本。全面了解仓库存储的产品,统筹分析,对库区的工作做出相应的调整,达到有效管理仓库的目的;对仓库进行分区管理,各类物品要分区放置,摆放整齐,做好标识,井然有序;参与公司宏观管理制度和策略的制定。

②全面掌握仓库物资库存情况。把库存量及时通告各使用部门,并根据市场情况提出申请采购建议,随时填写采购单,以保证标准库存量,保证生产需要;根据物资的出库情况(或商场销售进度、生产进度等)以及业务部的采购计划进度,做好各种物资的申购、验收,保管及发放业务的组织管理工作,确保产品正常进出库房以及产品的完整性。

③安排仓库日常工作。每日为仓库各项工作分配员工,确保仓库日常工作有序进行;对仓管人员工作进行现场督导;督促仓管员做好各类台账,对产品进仓、验货等整理登记入账工作(做到准确无误),以便统计和核查;督促和配合仓管员定期对仓库产品盘点清查,发现账、物不符时,找出原因予以调账或上报公司领导处理。

④制定仓库管理制度,以及人力资源计划。按照公司的发展规划拟定部门人员编制,报公司批准;定期对仓库员工进行工作培训;制定仓库管理制度,检查员工的考勤和工作态

度，检查员工执行工作程序与标准的情况，并根据相关制度对下属人员进行考核、奖惩；签发仓库各级文件和单据。

⑤配合公司其他部门开展工作，做好横向沟通。及时与业务部沟通厂方到货情况，并组织人员做好接货准备；及时与业务部、仓管员核对产品出入库记录，对物品的出入库要及时验收、登记账簿，做到账物相符，发现问题及时向上级反馈；与业务部及生产部门沟通确认例外事情。

⑥加强管理，搞好仓库安全（防火、防盗、防破坏）工作，以及防盗报警器的设防工作；对于仓库的常规及紧急事务做出及时处理；接受并完成上级交代的其他工作任务。

⑦每周做好工作总结报告，如实反映工作情况和工作中遇到的问题，积极提出合理化建议；对贬值、不完整和不合格产品向公司提出处理意见。

⑧以身作则，用正确的工作方法、积极负责的态度处理仓库日常工作；关心、爱护、团结下属员工，解决下属员工的困难和问题；发扬团队精神，发挥团队力量，带领下属员工做好仓库的工作。

2. 仓库主管的岗位素质要求

①学习物流管理/库存管理等相关专业知识，具备相关的行业知识和业务敏锐性。
②具备良好的身体素质及抗压能力，能胜任繁重的脑力劳动。
③熟悉电脑操作，了解信息化理论，能熟练使用办公软件；对财务账目有深刻的理解与认识，能及时发现日常账目与报表中的问题；具有良好的外语运用能力。
④有较强的组织管理能力、解决问题能力，熟悉仓储业务，能组织仓库的各项作业。
⑤有一定经营管理经验，掌握现代仓库经营管理方法，能以系统的观念整合仓储经营业务，具有一定的开拓精神，能不断地开拓仓储经营业务。
⑥具有较强的经营决策能力，处事稳健，有良好的控制力。
⑦善于沟通，协调能力强。
⑧了解现代人力资源管理知识，能激发员工的工作热情和团队精神。

3.3.3 仓管员的岗位职责和岗位素质要求

虽然仓库的性质各不相同，但仓管员岗位职责和岗位素质要求大体相同。

1. 仓管员的岗位职责

①热爱本职工作，遵守公司各项规章制度。
②负责管理仓库存放商品（包括商品进仓和出仓），对仓库内商品的数量、质量以及产品是否完整负责；爱护商品和仓库一切物品。要及时做好物资的入库验收、保管保养和出库发运工作；严格遵守各项手续制度，做好收有据、发有凭、及时准确登记销账，手续完备，账物相符，把好收、发、管三关，使商品进仓和出仓准确无误；发现有破坏商品（包括外包装）现象要及时止损，并报告上级主管处理，坚持公司规章制度及原则，保护仓库一切物品。
③熟悉仓库的结构、布局、技术定额；熟悉仓库规划；熟悉堆码、苫垫技术，掌握堆垛作业要求；在库容使用上做到妥善地安排货位，合理高效地利用，堆垛整齐、稳固，间距合理，方便作业、清数、保管、检查、收发。仓管员有管理搬运工人工作的责任和权力，发现其有不正确的操作行为，要及时制止、纠正后才可继续工作。

④熟悉仓储物资的特性、保管要求，能有针对性地进行保管，防止货物损坏，提高仓储质量；熟练地填写表账、制作单证，妥善处理各种单证业务；了解仓储合同的义务约定，完整地履行义务；妥善处理风、雨、热、冻等自然灾害对仓储物资的影响，防止和减少损失。

⑤重视仓储成本管理，不断降低仓储成本。妥善保管好剩料、废旧包装，收集和处理好的脚货，做好回收工作；用具、苫垫、货板等妥善保管、细心使用，以延长其使用寿命；重视研究物资仓储技术，提高仓储选利用率，降低仓储物耗损率，提高仓储的经济效益；做好日常盘点和月末盘点工作，随时了解仓库的储备情况，有无储备不足或超储积压、呆滞和不需要现象的发生，并即时上报。

⑥加强业务学习和训练，熟练地掌握计量、衡量、测试用具和仪器的使用；掌握分管物资的货物特性、质量标准、保管知识、作业要求和工艺流程；及时掌握仓库管理的新技术、新工艺，适应仓储自动化、现代化、信息化的发展，不断提高仓储的管理水平；了解仓库设备和设施的性能和要求，督促设备维护和维修；根据实际工作状况，积极提出经营和管理的合理化建议。

⑦严格按照仓库安全管理的规章制度，每日清洁清扫库内地面卫生以及商品包装上的卫生，时刻保持警惕，做好防火、防盗、防破坏、防虫鼠害等安全保卫工作，防止各种灾害和人身伤亡事故，确保人身、物资、设备的安全。

⑧服从上级领导的工作安排（如遇工作忙，要加班或延长工作时间，仓管人员要无条件服从主管安排），积极配合仓库主管和搬运工人完成各项工作任务。

⑨仓管人员要妥善保管好原始凭证、账本以及各类文件，要保守商业秘密，不得擅自将有关文件带出公司。

2. 仓管员的岗位素质要求

仓管员的素质要求如下：
①具有敬业精神，热爱本职工作。
②具备良好的身体素质和抗压能力，能胜任繁重的体力劳动。
③熟悉电脑操作，熟悉办公软件，能使用仓库管理信息系统，对财务账目有一定的了解与认识并能及时处理日常账目与报表。
④了解现代仓储管理基础知识，熟悉仓库管理业务程序，熟悉了解并执行6S管理的基本内容。
⑤了解现代商品学的基础知识并能运用到仓库管理工作中。
⑥熟练掌握本岗位工作的各项业务操作要求和管理规定。
⑦良好的工作协调能力，善于协调各种工作关系；具有团队精神，善于沟通，发挥团队协作的作用。

3.3.4 其他人员的岗位职责

仓库中除仓库主管和仓管员外，还有一些其他人员，他们对仓库的日常运作同样具有不可或缺的作用，其主要岗位职责及素质要求侧重点也各不相同。现主要以开单员和搬运工的岗位职责为例进行分析。

1. 开单员岗位职责

①热爱本职工作，遵守上下班制度、公司各项规章制度。

②字迹工整、无涂改，认真、仔细、准确无误地开具仓库所有单据（进仓、出仓、调拨以及退货单）。

③妥善保管各类单据。每日开具的各类单据存根联、记账联必须分类连号存放，以便查找单据。

④各类单据不能私自涂改。

⑤各类需作废单据，开单员必须在单据上写明原因并申报仓库主管签名确认方可作废，且连号存底。

⑥负责每月仓库盘点的对账工作。对账结束后将差异明细注明原因并及时向仓库主管汇报。

⑦服从上级领导的工作安排（如遇工作忙，要调动或加班，开单员要无条件服从主管安排），积极配合仓库主管和仓管员、搬运工人完成各项工作任务。

2. 搬运工岗位职责

①热爱本职工作，遵守公司各项规章制度，爱护商品和仓库一切物品。

②努力学习业务知识（产品的型号、摆放位置、单据操作等），不断提高自己。

③搬运工人负责搬运（摆放）商品。对所搬运（摆放）商品的数量、质量负责。有监督仓管员是否按单收、发商品的权力。

④搬运工人要遵守劳动纪律，服从仓管员的指挥，执行仓管员的工作指令，在规定的时间内完成规定的工作。

⑤搬运（摆放）工作要实行正确的搬运（摆放）方式，严禁野蛮操作。

⑥严禁破坏。大件商品搬运（摆放）必须由两人或两人以上操作。商品严禁拖地操作，商品从高处下放，要用搬放方式操作，严禁乱丢、乱放商品。严禁用商品作垫台下丢商品。要根据商品的各种搬运（摆放）要求，严格执行各种搬运（摆放）方式。商品一般都有搬运（摆放）方式指示。

⑦要根据仓库、场地的安排，整齐规范摆放商品。

⑧搞好工作场所的清洁卫生。做好仓库的防火、防盗窃、防破坏工作。

⑨敢于向坏人坏事做斗争，发现有人破坏、盗窃，要及时制止，并上报上级领导进行处理。打击一切坏人坏事。

本项目小结

本项目详细介绍了仓库的不同分类方式（尤其是按建筑物的结构形式分类），各自的适用范围，仓库选址的影响因素（物品因素、经济因素、环境因素、竞争因素），仓库选址的方法（定性的方法、定性定量相结合的方法、定量的方法），以及仓库整体及作业区域的规划（平面规划、垂直规划），最后还介绍了仓库各岗位人员的职责和所需的素质要求（仓库主管、仓管员、开单员、搬运工等）。通过学习本项目，有利于大家系统地掌握仓库的前期规划工作。

复习思考题

一、选择题

1. 仓库的选址，应具有战略眼光，一是要考虑（　　），二是要考虑长远。

A. 全局　　　　　　B. 交通　　　　　　C. 协调　　　　　　D. 经济

2. 一般来说，仓库越接近市场，其运输成本就会越低，同时越接近市场的土地可能（　　），两者之间的取舍必须加以评估。
　　A. 相对便宜　　　　　B. 相对昂贵　　　　　C. 可能升值　　　　　D. 交通便利
3. 对于受日晒、雨淋易变质损坏，而温湿度对其影响不大的物品，考虑其仓储成本，最好置于（　　）保管。
　　A. 料棚　　　　　　　B. 露天货场　　　　　C. 普通库房　　　　　D. 专用库房
4. 库房内，宽度一般为1.5～3m的通道通常为（　　）。
　　A. 运输通道　　　　　B. 作业通道　　　　　C. 检查通道　　　　　D. 副通道

二、问答题

1. 仓库选址的原则有哪些？
2. 影响仓库选址的常见因素有哪些？
3. 库房、料棚和货场的选择原则是什么？
4. 多层仓库楼层的分配原则是什么？
5. 货垛、货架的布置有垂直布置（横向垂直布置、纵向垂直布置）及倾斜布置，其优缺点各是什么？

三、案例分析题

根据下面的案例，请总结一下美国仓库选址问题中都考虑了哪些影响因素。

美国仓库选址问题

　　任何一个仓库在规划建设初期都会将如何快速有效地送达货物作为考虑因素之一。货物的目的地大多是人口聚集地，因此库址相对于大都市的远近，在运输成本和操作效率上所反映出的相关性就十分显著。通过对大量家用产品流向的研究，我们发现了一些人口流动的情况。2008年，相对于迁出率来说，平均迁入率最高的州是北卡罗来纳州。2008年的美国联合货车线路人口流动模型研究显示，在北卡罗来纳州所有的流动人口中，有61.8%的人口为迁入者，而迁出者只有32.2%。该研究将迁入率达到或超过55%的州定义为"高迁入"州，同样的方式也可以定义"高迁出"州。当某个州的移动人口没有被划分到这两个范围之内时，该州可以被认为是一个人口流动平衡的州。在2003年的研究中，北卡罗来纳州和南卡罗来纳州的迁入率均为62.3%，而且在该年57.2%的人群涌向了佛罗里达州，56.2%的人群涌向了阿肯色州，55.5%的人涌向了卡罗来纳州。

　　流动研究为我们揭示了一些人口动向的情况，迁移数量却显示了一个稍微不同的情形。美国2008年流动人口最多的州包括加利福尼亚州（49 965人），其中有54.7%迁出了该州；在佛罗里达州约34 128人的流动人口中，有59.9%为迁入人口，是一个纯粹意义上的迁入州；紧跟其后的是得克萨斯州，33 763的流动人口中有52.6%为迁入人口；与此形成对比的是，高达61.8%的迁入率的北卡罗来纳州的迁入人口基数仅为15 569，阿拉巴马州61%的人口基数为5 259。一位聪明的消费者向我们解释了这其中的原因：如果你从事的行业需要顾客自己包装商品，则意味着你处于竞争优势。但是无论你是直接为消费者提供服务还是进行商品的搬运和装配操作，这些人口的流向反映出了劳动力的变化，间接地表明了劳动力市场的变化。

选址咨询人员为客户在寻找合适的物流咨询人员方面提供帮助。拥有充足的技术型员工是未来仓库建设运营不可或缺的一部分，因此在《国家检索大全》的东南区专栏中，列举了该区所有大中型城市附近的物流设施（运输和配送）和物流行业劳动力的基本情况。迈阿密州是美国物流服务最集中的地方，拥有第六大物流劳动力资源。但是在选址问题上仅仅考虑了两个影响因素——迈阿密州的公路情况以及亚特兰大的影响。在迈阿密州用卡车运输货物是非常方便的。但是，相对于公路的密度、拥挤和安全性来说，该州的城市大都处于非常差的水平。

选址问题还需要考虑其他因素，首先要确定该地点建立的是工厂还是配送中心。在不同的城市中，运输涉及的问题相对固定。如果你通过铁路车载货物和卡车来接收货物，那么铁路和公路将是主要的考虑因素；如果你接收货物仅为一卡车或者还没有一卡车的容量，作为包裹运输又嫌太重，或者要求特定的到达时间时，空运就成为我们依赖的方式，这种情况下我们的考虑重点又不同了。

还需要考虑成本问题。Boyd Company 的 Jack Boyd 先生作为一位资深咨询顾问，对《今日物流》评出的美国 50 大物流服务友好城市做了大量有关仓储业发展的实践调查，并且提供了一份关于这 50 所顶级城市内仓储配送中心运营成本比较分析的报告。如常人所料，建设一所仓储或配送中心所花费用最低的前 10 个城市均集中在东南部地区，而成本高昂的地区是东部和西部地区。在 50 所城市里，纽约的建设费用是最高的。为了构造成本模型，Boyd 假定一个占地 350 000 平方尺和有 150 名配套劳动力的仓库，通过公路为全国市场运输货物。工人的种类从秘书到叉车司机一共约 16 种，这就构成了运作一个配送中心的基本薪水账册，Boyd 在其研究中将该方法运用到这 50 个城市中，并做出了适当的比较。其他的基本成本还包括能源、供热、空气条件，以及运输成本。建筑物比较包括分期贷款成本和财产所得税。如果采用租赁模式的话，就包括上述各种设施设备的代用品租赁成本。Boyd 谈到大部分本地的顾客都选择建造相应的设施设备而不是租赁，同时，所采用的设施也逐渐变少而不是增多。另外一个有趣的现象是越来越多的非仓储功能正逐渐出现在配送中心，包括从资金结算、薪水册到呼叫中心和客服中心。成本因素也是形成这种趋势的原因之一。同时公司发现他们可以将很多管理职能从办公室转移到生产一线。简单地比较一下，仓库内每平方英尺的费用为 5 美元，而在写字楼里，同样的面积需要 20 美元。"将来，仓库里的员工岗位设置会越来越像信息和技术集中的公司"，Boyd 解释道，在一个现代化的仓库里，你不仅会见到叉车司机，也会发现软件工程师和原本入驻公司总部的其他合作企业的驻司代表。"大量的人员需求和技术需求使这里的员工成本分析成为决定仓库选址的因素之一。"然而，仓库的最基本功能仍旧是运输和接收货物。为了突出这一点，Boyd 在其模型中假定了一个外运成本，来区别各类始发—终到类型。Boyd 的外运模型包括了作为目的地的 10 个城市，这些城市都具有"可以很好地服务于整个美国范围内的消费者市场"。在计算过程中，根本的假设前提是一卡车的容量是 30 000 lbs，按照每英里 1.46 美元通过私人的陆路运输公司来运输。在模型中，纽约、迈阿密、洛杉矶、圣地亚哥、奥克兰和旧金山仍然是运输成本最高的城市。同样的，大陆中心城市，例如堪萨斯、圣路易斯甚至孟斐斯在全国范围内的运输成本方面有着强劲的优势。那么，被《今日物流》评为最友好的物流城市之一的 Cleveland 和 Ohio，它们的情况又是怎样的呢？在 Boyd 的建筑物、租赁、外运成本的模型中，它们一下子就滑落到 20 名左右的位置。与此相反，在国家地址选择名录里排名第 29 的加里、印第安纳在 Boyd 的所有三个计算模型中飞升至前 10 名。

现在，大部分公司比较倾向于将仓库的位置选择在距离市场中心或者离市场较近的地方，以平衡成本和快捷之间的矛盾。而这在诸如墨尔本和伯明翰这样的低成本市场附近是不会因为设施而导致成本增加的，但是当他们在衡量纽约、亚特兰大和其他主要市场的交通拥挤所带来的附加影响的时候，发现只能在 Lehigh 山谷、佩恩或者亚特兰大的乔治亚州进行选择了。

安全性对于最终决定来说变得越来越重要，Boyd 强调，"9·11"事件对选址问题也有影响，当然，这并不是害怕还会有恐怖袭击发生，而是说如何降低潜在的破坏事件发生的概率，例如高速公路或者其他地下设施。很多建筑工地的选择都是在该地区重要的基础设施或大型工厂设施结束后才做出的。

项目 4

出入库管理

学习目标

1. 了解影响入库作业的因素和入库的基本作业程序。
2. 掌握入库过程中问题的处理。
3. 掌握出库过程中问题的处理。

技能目标

1. 掌握出入库中应做好哪些准备工作。
2. 掌握商品验收的基本标准。

引导案例

青岛啤酒集团现代仓储管理

青岛啤酒集团（以下简称青啤集团）引入现代物流管理方式，加快产成品走向市场的速度，同时使库存占用资金、仓储费用及周转运输在一年多的时间里降低了 3 900 万元。青啤集团的物流管理体系是被逼出来的。

从开票、批条子的计划调拨，到在全国建立代理经销商制，是青啤集团为适应市场竞争的一次重大调整。但其在运作中却发现，由代理商控制市场局面，在市场上倒来倒去的做法，自己只能被牵着鼻子走，加上目前市场的信誉度较差，使青啤集团在组织生产和销售时遇到了很大困难。

在青啤集团以"新鲜度管理"为中心的物流管理系统启动时，当时青岛啤酒的产量不过 30 多万吨，但库存就高达 3 万吨，限产处理积压，按市场需求组织生产成为当时的主要任务。青啤集团将"让青岛人民喝上当周酒，让全国人民喝上当月酒"作为目标，先后派出两批业务骨干到国外考察、学习，提出了优化产成品物流渠道的具体做法和规划方案，这项以消费者为中心，以市场为导向，以实现"新鲜度管理"为载体，以提高供应链运行效率为目标的物流管理改革，建立起了集团与各销售点物流、信息流和资金流全部由计算机网络管理的智能化配送体系。

青啤集团首先成立了仓储调度中心，对全国市场区域的仓储活动进行重新规划，对产品的仓储、转库实行统一管理和控制。由提供单一的仓储服务，到对产成品的市场区域分部、流通时间等全面的调整、平衡和控制，仓储调度成为销售过程中降低成本、增加效益的重要一环。以原运输公司为基础，青啤集团注册成立了具有独立法人资格的物流有限公司，引进现代物流理念和技术，并完全按照市场机制运作。作为提供运输服务的"卖方"，物流公司能够确保按规定要求，以最短的时间、最少的环节和最经济的运送方式，将产品送至目的地。

同时，青啤集团应用建立在Internet信息传输基础上的ERP系统，筹建了青岛啤酒集团技术中心，将物流、信息流、资金流全面统一在计算机网络的智能化管理之下，建立起各分公司与总公司之间的快速信息通道，及时掌握各地最新的市场库存、货物和资金流动情况，为制定市场策略提供准确的依据，并且简化了业务运行程序，提高了销售系统运作效率，增强了企业的应变能力。同时青啤集团还对运输仓储过程的各个环节进行了重新整合和优化，以减少运输周转次数、压缩库存、缩短产品仓储和周转时间等。

（资料来源：http://www.chinawuliu.com.cn/oth/content 中国物流与采购网 经作者整理）

思考题

青啤集团应如何实现"让青岛人民喝上当周酒，让全国人民喝上当月酒"？

4.1　入库作业组织

入库作业组织是指仓储部门按照存货方的要求合理组织人力、物力等资源，按照入库作业程序，认真履行入库作业各环节的职责，及时完成入库任务的工作过程。

仓储作业是指以存储、保管活动为中心，从仓库接收物品入库开始，到按需要把物品全部完好地发送出去的全过程。仓储作业过程主要由入库、在库、出库三个阶段组成，按其作业顺序，还可以细分为接车、卸车、检验、交接入库、保管保养、拣出与集中、装车、发运等作业环节。各个作业环节既相互联系，又相互制约。

仓储作业的目标是实现仓储活动的"多、快、好、省"。即多储存、快进快出、保管好和费用省。

入库是仓储工作的第一步，标志着仓储工作的正式开始。入库作业的水平高低直接影响着整个仓储作业的效率与效益。物品入库的基本要求是：保证入库物品数量准确，质量符合要求，包装完好无损，手续完备清楚，入库迅速。

学习资源：

如何进行入库作业管理

4.1.1　影响入库作业的因素

在进行入库作业组织时，必须搞清楚影响入库作业的主要因素，并对这些因素进行分析。这些因素主要包括以下几方面：

1. 货品供应商及货物运输方式

仓储企业所涉及的供应商数量、供应商的送货方式、送货时间等因素直接影响到入库作业的组织和计划，因此，在设计进货作业时，主要应掌握以下五方面的数据：

①每天的供货商数量（平均数量及高峰数量）；
②送货的车型及车辆台数；
③每台车的平均卸货时间；
④货物到达的高峰时间；
⑤中转运输接运方式。

2. 商品种类、特性与数量

不同种类的商品具有不同的特性，因此需要不同的作业方式与之配合，另外，到货数量的大小也对组织入库作业产生直接影响，在进行具体分析时，应重点掌握以下内容：

①每天平均的到货品种数和最多的到货品种数；
②商品单元的尺寸及重量；
③商品的包装形态；
④商品的保存期限；
⑤商品的特性，是一般性商品还是危险性商品；
⑥装卸及搬运方式。

3. 入库作业的组织管理情况

根据入库作业要求，合理设计作业岗位，确定各岗位所需的设备器材种类及数量，根据作业量大小合理确定各岗位的人员数量，另外各岗位必须安排合适的人选。整个组织管理活动应以作业内容为中心，充分考虑各环节的衔接与配套问题，合理设计基本作业流程，与此同时要考虑与后续作业的配合方式。

4.1.2 入库的基本作业程序

1. 入库作业

入库是仓储工作的第一步，标志着仓储工作的正式开始，入库业务的水平高低直接影响着整个仓储作业的效率与效益，因此，提高入库业务管理水平十分重要，入库业务的工作内容主要包括货物的入库准备、入库手续、入库验收、理货以及装卸搬运合理化的管理。

（1）货物入库前的准备工作

货物入库前的准备工作就是仓储管理者根据仓储合同或者入库单，及时对即将入库的货物进行接运，装卸，安排储位以及相关作业人力、物力的活动，其主要目的是保证货物按时入库，保证入库工作的顺利进行。

1）入库前的货物接运工作

货物入库接运是入库业务流程的第一道作业环节，也是仓库与外部发生的经济联系。它的主要任务是及时而准确地向运输部门提取入库货物，要求手续清楚，责任分明，为仓库验收工作创造有利条件。

做好货物接运业务管理的主要意义在于，防止把在运输过程中或运输之前已经发生的货物损害和各种差错带入仓库，减少或避免经济损失，为验收或保管保养创造良好的条件。

下面介绍不同入库货物接运时应注意的事项。

①车站、码头接货。

知货：提货人员对所提取商品应了解其品名、型号、特性和一般保管知识以及装卸搬运注意事项等。在提货前应做好接运货物准备工作，例如装卸运输工具，腾出存放商品场地等。提货人员在到货前，应主动了解到货时间和交货情况，根据到货多少，组织装卸人员、机具和车辆，按时前往提货。

验货：提货时应根据运单以及有关资料详细核对品名、规格及数量，并要注意商品外观，查看包装、封存是否完好，有无玷污、受潮、水渍等异状。若有疑点或不符，应当场要求运输部门检查。对短缺、损坏情况，凡属运输部门责任的，应做出商务记录，属于其他方面责任的，需承运人证明并做出相应记录，并由承运人签字。注意记录事项和实际情况要相符。

运输：在短途运输中，要做到不混不乱，避免碰坏损失。危险品应按照危险品搬运规定办理。

②专用线接车。接到专用线的到货通知后，应立即确定卸货货位，力求缩短场内搬运距离；组织好卸车所需要的机械、人员以及有关资料，做好卸车准备。

车皮到达后，引导对位，进行检查。查看车皮封闭情况是否良好（即卡车、车窗、铅封、苫布等有无异状）；根据运单和有关资料核对到货品名、规格、标志和清点件数，检查包装是否损坏或有无散包；检查是否有进水、受潮或其他损坏现象。在检查中如发现异常情况，应请铁路部门派人员复查，做出普通或商务记录。记录内容与实际内容相符，以便减少交涉。

卸车时要注意为商品验收和入库保管提供便利条件，分清车号、品名和规格，不混不乱。保证包装完好，不碰坏、不碰伤，更不得自行打开包装。应根据商品的性质合理堆放，避免混淆。卸车后在商品上标明车号和卸车日期。

编制卸货记录。记明卸车货位规格、数量，连同有关证件和资料，尽快向保管员交代清楚，办好内部交接手续。

③仓库自行接货。仓库接受货主委托直接到供货单位提货时，应将这种接货与货主出货验收工作结合起来同时进行。仓库应根据提货通知，了解所提供货物的性能、规格、数量，准备好提货所需的机械、工具、人员，配备保管员在供方当场检验质量、清点数量，并做好验收记录，接货与验收合并一次完成。

④库内接货。存货单位或供货单位将商品直接运送到仓库储存时，应由保管员或验收人员直接与送货人员办理交接手续，当面验收并做好记录。若有差错，应填写记录，由送货人员签字证明，据此向有关部门提出索赔。

2）入库前的具体准备事项

①熟悉入库货物。仓储管理人员一定要认真查阅入库货物资料，必要时应向货主查询。掌握入库货物的品名、规格、数量、包装状态、单件体积、到库确切时间、货物堆放期、货物的物理化学特性、保管的特殊要求等。只有了解了以上内容，才能准确和妥善地进行库场的安排、准备。

②掌握仓库库场情况。了解在货物入库期间、保管期间仓库的库存、设备、人员的变动情况，目的是方便以后安排工作。必要时对仓库进行清查、整弹、归位，以便腾出仓容，对

于必须使用重型操作设备的货物，一定要确保可使用设备的货位。

③制订仓储计划。仓库业务部门根据货物情况、仓库情况以及设备情况，制订出仓储计划，并将任务下达到各相应的作业单位、管理部门。

④妥善安排货位。仓库管理人员根据入库货物的性能、数量、类别，结合仓库分区分类保管的要求，核算货位大小，根据货位使用原则，妥善安排货位、验收场地，确定堆垛方法、苫垫方案等。

⑤合理组织人力。根据货物入库的数量和时间，安排好货物验收入库人员、搬运堆码人员以及货物入库工作流程，确定各个工作环节所需要的人员和设备。

⑥做好货位准备。仓库保管人员应及时进行货位准备，彻底清洁货位，清除残留物，清理排水管道，必要时进行消毒除虫、铺地。详细检查照明、通风等设备。

⑦准备好苫垫材料、作业用具。在货物入库前，根据所确定的苫垫方案，准备相应的材料，并组织苫垫铺设作业。对作业所需要的用具，准备妥当，以便能及时使用。

⑧验收准备。仓库理货人员根据货物情况和仓库管理制度，确定验收方法。准备好验收时点数、称量、测试、开箱装箱、丈量、移动照明等各项工作所需的工具。

⑨装卸搬运工艺设定。根据货物、货位、设备条件、人员等情况，合理科学地制定卸车搬运工艺，保证作业效率。

⑩文件单证准备。仓库保管人员对货物入库所需的各种报表、单证、记录簿，如入库记录、理货检查单、料卡、残损单等预填妥善，以便使用。

由于仓库不同、货物不同以及业务性质不同，入库准备工作会有所差别，因此需要根据具体情况和仓库制度做好充分准备。

（2）入库验收工作

1）商品入库验收

①验收准备。验收准备是货物入库验收的第一道程序，包括货位、验收设备和工具及人员的准备，要做好以下五个方面的准备工作：

a. 整理并熟悉各项验收凭证、资料和有关验收要求。

b. 准备所需的计量器具、卡量工具和检测仪器仪表等，要准确可靠。

c. 落实入库货物的存放地点，选择合理的堆码垛型和保管方法。

d. 准备所需的苫垫堆码物料、装卸机械、操作器具和担任验收作业的人力。如为特殊性货物，还须配备相应的防护用品，采取必要的应急防范措施，以防万一。

e. 进口货物或存货单位要求对货物进行质量检验时，要预先通知商检部门或检验部门到库进行检验或质量检测。

商检工作是一项技术要求高、组织严密的工作，关系到整个仓储业务能否顺利进行，必须做到及时、准确、严格、经济。

②核对验收单证。核对单证按下列三个方面的内容进行：

a. 审核验收依据，包括业务主管部门或货主提供的入库通知单。

b. 核对供货单位提供的验收凭证，包括质量保证书、装箱单、磅码单、说明书和保修卡及合格证等。

c. 核对承运单位提供的运输单证，包括提货通知单和货物残损情况的货运记录、普通记录和公路运输交接单等。在整理、核实、查对以上凭证时，如果发现证件不齐或不符等情况,要与货主、供货单位、承运单位和有关业务部门及时联系解决。

③确定抽验比例。抽验比例应首先以合同规定为准,合同没有规定时,确定抽验的比例一般应考虑以下因素:

a. 商品价值。商品价值高的,抽验比例大;反之则小。有些价值特别大的商品应全验。

b. 商品的性质。商品性质不稳定的或质量易变化的,验收比例大;反之则小。

c. 气候条件。在雨季或梅雨季节,怕潮商品抽验比例大;在冬季,怕冻商品抽验比例大;反之则小。

d. 运输方式和运输工具。对采用容易影响商品质量的运输方式和运输工具运送的商品,抽验比例大;反之则小。

e. 厂商信誉。信誉好的抽验比例小;反之则大。

f. 生产技术。生产技术水平高或流水线生产的商品,产品质量较稳定,抽验比例小;反之则大。

g. 储存时间。储存时间长的商品,抽验比例大;反之则小。

商品验收是验收人员按照验收业务流程,核对凭证等规定的程序和手续,对入库商品进行数量和质量检验的经济技术活动的总称。

④实物验收。实物验收是物资验收业务管理的核心,核对资料、证件都符合后,应尽快验收实物。仓库一般负责物资外观质量和数量的验收。对于有些入库物资需要进行内在质量和性能检验的,仓库应积极配合检验部门,提供方便,做好此项工作。

2)实物验收

实物验收包括内在质量、外观质量、数量、重量和精度验收。当商品入库交接后,应将商品置于待检区域,仓库管理员及时进行外观质量、数量、重量及精度等验收,并进行质量送检。

①外观质量验收。外观质量验收的方法主要采用看、听、摸和嗅等各种感官检验方法。外观质量验收的内容,包括外观包装完好情况、外观质量缺陷、外观质量受损情况和受潮、霉变、锈蚀情况等。

②数量验收。数量验收有如下方法:

a. 点件法。对商品逐件清点,一般适用于散装的或非定量包装的商品。

b. 抽验法。按一定比例开箱点件,适合批量大、定量包装的商品。

c. 检斤换算法。通过重量过磅换算该商品的数量,适合商品标准和包装标准的情况。

③重量验收。重量验收有如下方法:

a. 检斤验收法。适合非定量包装的、无码单的商品。

b. 抄码复衡抽验法。适用于定量包装并附有码单的商品。

c. 除皮核实法。核对结果未超过允许差率,即可依其数值计算净重。

d. 理论换算法。适合定尺长度的金属材料、塑料管材等。

e. 整车复衡法。适合散装的块状、粒状或粉状的商品。

另外常用的还有平均扣除皮重法、约定重量法等。

④精度验收。精度验收包括仪器仪表精度和金属材料尺寸精度检验两个方面。

(3)入库手续的办理

商品检验合格,即应办理入库手续,进行登账、立卡、建档,这是商品验收入库的最后环节。经过验收合格的物资,由仓库验收员整理有关资料证书,交给保管机构,并做出交代,可以正式入库保管。物资一经入库,必须办理登账、立卡、建档等一系列入库手续。

1) 登账

商品入库登账,要建立详细说明库存商品进、出和结存的保管明细账,用以记录库存商品的动态,并为对账提供主要依据。登账应遵循以下规则:

①登账必须以正式合法的凭证为依据,如入库单、出库单等。

②一律使用蓝、黑墨水笔登账,用红墨水笔冲账。当发现登账错误时,不得刮擦、挖补、涂抹或用其他药水更改字迹,应在错处画一红线,表示注销,然后在其上方填上正确的文字或数字,并在更改处加盖更改者的印章,红线画过后的原来字迹必须仍可辨认。

③记账应连续、完整,依日期顺序,不能隔行、跳页,账页应依次编号,年末结存后转入新账,旧账页入档妥为保管。

④记账时,其数字书写应占空格的2/3空间,便于改错。

2) 立卡

每次物资入库码垛时,即应按入库单所列内容填写卡片,发货时应按出库凭证随发随销货卡上的数字,以防事后漏记。卡片式样根据物资存放地点不同而不同,存放在库房内的物资一般挂纸卡或塑料卡。存放在露天的物资,为防止卡片丢失或损坏,通常装在塑料袋中或放在特制的盒子里,然后再挂在垛位上,也可用油漆写在铁牌上。

3) 建档

①商品档案应一物一档。存档资料包括以下内容:

a. 商品出厂时的各种凭证和技术资料,如商品技术证明、合格证、装箱单、发货明细表等。

b. 商品运输单据、普通记录或货运记录、公路运输交接单等。

c. 商品验收的入库通知单、验收记录、磅码单、技术检验报告。

d. 商品入库保管期间的检查、保养、损益、变动等情况的记录。

e. 库内外温度、湿度记载及对商品的影响情况。

f. 商品出库凭证。

②商品档案应统一编号,妥善保管。商品档案部分资料的保管期限,根据实际情况酌定。其中有些资料如库区气候资料、商品储存保管的试验资料,应长期保留。

2. 商品入库的基本作业程序

(1) 编制商品入库作业计划,按计划组织入库作业

商品入库作业计划是根据仓储保管合同和商品供货合同来编制商品入库数量和入库时间进度的计划。它的主要内容包括入库商品的品名、种类、规格、数量、入库日期、所需仓容、仓储保管条件等。仓库计划工作人员再对各入库作业计划进行分析,编制出具体的入库工作进度计划,并定期同业务部门联系,做好入库计划的进一步落实工作,随时做好商品入库的准备工作。

(2) 入库前的具体准备工作

做好入库前的准备工作是保证商品准确迅速入库的重要环节,也是防止出现差错、缩短入库时间的有效措施。入库前的准备工作,主要包括以下几项内容:

1）安排仓容

根据入库商品的品种、数量、储存时间，结合商品的堆码要求核算货位面积，确定存放的具体位置，以及进行必要的腾仓、打扫、消毒和准备验收场地等辅助工作。

2）组织人力

按照商品的入库时间和到货数量，做好相关作业人员（如搬运、检验、堆码人员等）的工作安排，保证货物到达后，人员及时到位。

3）机械设备及计量检验器具准备

根据入库商品的种类、包装及数量等情况，确定检验、计量、装卸搬运的方法。合理配备好商品检验和计量器具及装卸搬运、堆码设备以及必要的防护用品。

4）苫垫用品准备

根据入库商品的性质、数量及保管场所等条件，确定商品的堆码和苫垫形式，通过精确计算预先备足所需的苫垫物料，做到商品堆放与商品苫垫同时完成，以确保商品安全，并避免重复劳动。

(3) 核对凭证

商品到库后，仓库收货人员首先要检查商品入库凭证，然后根据入库凭证开列的收货单位和商品名称与送交的商品内容及标记进行核对。如核对无误，再进行下一道工序。

(4) 初步检查验收

初步检查验收主要是对到货情况进行粗略的检查，其工作内容主要包括数量检查和包装检查。数量检查的方法有两种：一是逐件点数计总；二是集中堆码点数。无论采用哪种方法，都必须做到精确无误。在数量检查的同时，对每件商品的包装要进行仔细的查看，查看包装有无破损、水湿、渗漏、污染等异常情况。出现异常情况时，可打开包装进行详细检查，查看内部商品有无短缺、破损或变质等情况。

(5) 办理交接手续

入库商品经过以上几道工序之后，就可以与送货人员办理交接手续。如果在以上工序中无异常情况出现，收货人员在送货回单上盖章表示商品收讫。如发现有异常情况，必须在送货单上详细注明并由进货人员签字，或由送货人员出具差错、异常情况记录等书面材料，作为事后处理的依据。

(6) 商品验收

在办完商品交接手续之后，仓库对入库的商品还要做进一步的验收工作。对商品验收的基本要求是"及时、准确"。即要求在规定的时间内，准确地对商品的数量、质量、包装进行细致的验收工作，这是做到储存商品准确无误和确保商品质量的重要措施。

如果仓库或业务检验部门在规定的时间内没有提出商品残损、短少以及质量不合格等问题时，存货方则认为所供应的商品数量、质量均符合合同要求，双方责任已清，不再负责赔偿损失。因此，仓储企业必须在规定的时间内，准确无误地完成验收工作，对入库商品数量、质量等情况进行确认。

(7) 入库信息处理，办理商品入库手续

经验收确认后的商品，应及时填写验收记录表，并将有关入库信息及时准确地录到入库管理信息系统中，更新库存商品的有关数据。商品信息处理的目的在于为后续作业提供管理和控制的依据。因此，入库信息的处理必须及时、准确、全面。商品的入库信息通常包括以下内容：

①商品的一般信息。如商品名称、规格、型号；包装单位、包装尺寸、包装容器及单位重量等；

②商品的原始条码、内部编码、进货入库单据号码；

③商品的储位指派；

④商品入库数量、入库时间、生产日期、质量状况、商品单价等；

⑤供货商信息，包括供货商名称、编号、合同号等；

⑥入库单据的生成与打印。

入库信息处理完毕，按照打印出的入库单据按入库程序办理入库的具体业务。与此同时，将商品入库单据的其余各联，迅速反馈到业务部门，作为正式的库存凭证。

4.2　商品验收

4.2.1　商品验收的基本条件

1. 商品验收的基本要求

商品验收是根据合同或标准的规定要求，对标的物品的品质、数量、包装等进行检查、验收的总称。商品在入库以前必须进行商品检验工作。商品验收工作的时间性、技术性、准确性要求很高。

搞好商品验收具有十分重要的意义，首先它为商品的储存保管工作打下良好的基础；其次，对生产企业起到监督和促进作用。另外，验收记录是索赔、退货、换货的主要依据。所以，在商品验收时，必须做到"认真、及时、准确"。

2. 验收入库作业

验收入库作业是仓储作业的开始，货物到达仓库之后，仓库人员首先应检查随货物同时到达的货单。按照货单开列的收货单位、货物名称、规格、数量以及交货日期等项内容，与货物的各项标志逐项进行核对。确认无误后，办理入库交接手续。

（1）货物接运

1）概述

由于货物到达仓库的形式不一，除了少部分由供货单位直接运到仓库交货外，大部分要经过铁路、公路、海运、空运等多种运输方式。凡经过交通运输部门转运的货物，均需要经过仓库接运后，才能进行入库验收。因此，货物的接运是货物入库业务流程的第一道作业环节，也是货物仓库直接与外部发生的经济联系。

2）做好货物接运工作的意义

货物接运的主要任务是及时而准确地向交通运输部门提取入库货物，保证手续清楚，责任分明，为仓库验收工作创造有利条件。因为接运工作是仓库业务活动的开始，是货物入库和保管的前提，所以接运工作的好坏直接影响货物的验收和入库后的保管保养。因此，做好货物接运工作的主要意义在于，防止把在运输过程中或运输之前已经发生的货物损害和各种差错带入仓库，减少或避免经济损失，为验收和保管保养创造良好的条件。

（2）货物验收

货物的验收工作，实际上包括"品质的检验"和"数量的点收"双重任务。验收工作的进行，有两种不同的情形：第一种情形是先行点收数量，后通知负责检验单位办理检验工作；第二种情形是先由检验部门检验品质，认为完全合格后，通知仓储部门，办理收货手续，填写收货单。

1）货物验收的作用

所有到库的货物，必须在入库前进行验收，只有在验收合格后才能正式入库。货物验收的作用体现在以下几点。

①验收是做好货物保管保养的前提。

货物的验收工作是做好货物保管保养和使用的前提。货物经过长途运输、多次装卸搬运后，包装容易损坏、污损，没有包装的货物更容易发生变化。这些情况都将影响到货物保管。所以，只有在货物入库时，将货物实际状况搞清楚，数量上是否与供货单位附来的凭证相符，才能分区分类进行堆码存放，才能针对货物的实际情况，采取相应的措施对货物进行保管保养。

②验收记录是仓库提出退货、换货和索赔的法律依据。

货物验收过程中，若发现货物数量不足，或发现规格不符，或质量不合格时，仓库检验人员做出详细的验收记录，由业务主管部门向供货单位提出退货、换货或向承运责任方提出索赔等要求。倘若货物入库时没有进行严格的验收，或没有相应的验收记录，而在保管过程中，甚至在发货时才发现问题，就会出现责任不明，带来不必要的经济损失。所以，货物只有经过严格的检验，在分清了货物入库前供货单位及各个流转运输环节的责任后，才能将符合合同规定、符合企业生产需要的货物入库。

③验收单是支付货款的重要依据。

当接收到供应商供应的货物后，应及时按照采购合同规定付给对方相应的货款，在众多付款文件中，验收单是付给对方货款的重要依据。因为验收单上注明了接收合格货物的具体品名、规格、数量、金额等相关信息。可见，把好货物验收关是十分重要的，任何疏忽大意，都会造成保管工作的混乱，给国家、企业带来经济损失。

2）货物验收的标准

货物要能达到公司的各项预定验收标准才准许入库，在验收货物时，基本上可根据下列几项标准进行检验。

①采购合约或订购单所规定的条件。

②以谈判时对方提供的合格样品为标准。

③国家相关产品的品质标准。

3）货物验收的方法

有了验收标准后即可着手验收，大致可将货物验收分为两方面来进行。

①数量检验。

数量检验是保证物资数量准确不可缺少的重要步骤，一般在质量验收之前，由仓库保管职能机构组织进行。按货物性质和包装情况，数量检验分为3种形式，即计件、检斤和求积。

计件是按件数供货或以件数为计量单位的货物，在数量验收时，清点总件数。一般情况下，计件货物应全部逐一点清，固定包装物的小件货物，如果包装完好，打开包装对保管不利。国内货物只检查外包装，不拆包检查；进口货物按合同或惯例办理。

检斤是按重量供货或以重量为计量单位的货物,在数量验收时,进行称重。金属材料、某些化工产品、散装货物多半是检斤验收。对于进口货物,原则上应全部检斤,但如果订货合同规定按理论换算重量交货,则按合同规定办理。所有检斤的货物,都应填写磅码单。

检尺求积是对体积为计量单位的货物,例如,木材、竹材、砂石等,均为先检尺,后求体积所做的数量验收。凡是经过数量检验的货物,都应该填写磅码单。

②质量检验。

质量检验包括外观检验、尺寸检验、机械物理性能检验和化学成分检验4种检验。仓库一般只作外观检验和尺寸精度检验,后两种检验如果有必要,则由仓库技术管理职能机构取样,委托专门检验机构检验。

4)货物验收方式

①全验。

在进行数量和外观验收时一般要求全验。在质量验收时,当批量小、规格复杂、包装不整齐或要求严格验收时可以采用全验。全验需要大量的人力、物力和时间,但是可以保证验收的质量。

②抽验。

在批量大、规格和包装整齐、存货单位的信誉较高,或验收条件有限的情况下,通常用抽验的方式。随着货物质量和储运管理水平的提高以及数理统计方法的发展,为抽验提供了物质条件和理论依据。

货物验收方式和有关程序应该由存货方和保管方共同协商,并通过协议在合同中加以明确规定。

(3)货物入库

1)选择货位的原则

仓库货位选择,一方面是为了提高仓库平面和空间利用率;另一方面是为了提高货物保管质量,方便进出库作业,从而降低货物的仓储作业成本。

①根据货物的种类、特点选择货位。

货位选择首先应该考虑货物的种类及特点,并按照区、列、层、格的划分,对货物进行管理,实时掌握每一货格的状况。货位尺寸与货物包装尺寸匹配,货位的容量与数量接近。

②根据先进先出的原则选择货位。

"先进先出"是仓储保管的重要原则,能避免货物超期变质。在货位安排时要避免后进货物围堵先进的货物。入库安排时就要考虑出库。

③根据出入库频率原则选择货位。

选择货位时,考虑出入库频率高的货物使用方便作业的货位,如靠近主通道的货物,对于有持续入库或者持续出库的货物,应安排在靠近出口的货位,方便出入。流动性差的货物,可以离入口较远。同样道理,存期短的货物安排在出入口附近。

④根据相同客户货物邻近原则选择货位。

为了便于统一、集中管理,更便于按客户订单分拣、备货,可以将同一品种货物放置于同一区域。

⑤根据相同货物邻近的原则选择货位。

将同一品种货物放置于同一区域,相邻货位。这样,方便仓库作业人员查找、出库。

⑥根据避免污染原则选择货位。

选择货位时要考虑相近货物的情况，防止与相近货物相忌而互相影响，影响货物品质。如茶叶、香皂、烟这样易影响其他产品品质的货物，储存时应注意。

⑦根据方便操作的原则选择货位。

选择货位也要考虑到便于装卸搬运，有利于安全和卫生。如属于体积笨重，应离装卸搬运作业区最近，以减少搬运作业量或者可以直接用装卸设备进行堆垛作业。使用货架时，重货放在货架下层，需要人力搬运的重货，存放在腰部高度的货位。

⑧根据作业分布均匀的原则选择货位。

选择货位时，应尽可能避免仓库内或者同条作业线路上多项作业同时进行，避免相互妨碍。

2）货位使用方式

仓库货位的使用一般有 3 种方式，如下所述。

①固定货位。

每一项货物都有固定的货位，使用时要严格区分，绝不能混用、串用。由于每项货物都有固定的货位，拣货人员容易熟悉货物储存货位，方便拣选管理。但是固定货位储量是根据每项货物的最大在库量设计的，因此，平时的使用效率就较低。主要适用于厂库空间大，多品种少批量货物的储存。

②随机货位。

货物任意存放在有空的货位，不加分类。随机货位有利于提高仓容利用率，但是仓库内显得混乱，货物的出入库管理及盘点工作的进行难度较高，不便于查找。同时，具有相互影响特性的货物可能相邻储存，造成损失。对于周转极快的专业流通仓库，货物保管时间极短，大都采用这种方式。随机货位储存，在计算机配合管理下，能实现充分利用仓容，方便查找。

③分类随机货位。

每一类货物都有固定存放的储区，但在同一区内的货位采用随机使用的方式。这种方式有利于货物保管，也较方便查找货物，仓容利用率可以提高。大多数储存仓库都使用这种方式。

3）货物入库交接和登记

入库货物经过点数、查验之后，可以安排入库堆码或上架，表示仓库接收此货物。货物保管责任转到仓库，因此，仓库应与进货人或承运人办理交接和登记。

①交接手续。

交接手续是指仓库对收到的货物向送货人进行的确认，表示已接收货物。办理完交接手续，意味着划清了运输、送货部门和仓库的责任。

②登账。

货物检查中，仓库根据查验情况制作入库单。详细记录入库货物的实际情况。对短少、破损等情况作说明。货物入库后，仓库应将货物的名称、规格、数量、累计数或结存数、存货人或提货人、批次、金额等详细信息作记录。

③立卡。

货物入库或上架后，将货物名称、规格、数量或出入状态等内容填在料卡上，称为立卡。料卡又称为货卡或货垛牌。由专人专责，直接挂在物品垛位上或货架下方。

④建档。

建档是将物品接收作业全过程的有关资料、证件进行整理、核对。主要目的在于便于货物管理和保持客户联系，同时也是解决争议的凭据，也方便工作人员不断总结和积累仓库保管经验。

4.2.2 商品验收的依据和基本内容

1. 商品验收的依据

商品验收的依据主要是货主的入库通知单、订货合同、调拨通知单或采购计划，在这些资料中，最主要的依据是货主的入库通知单，对于无合同、无计划的到货，应及时通知货主查询，经批准后，才能办理入库手续。货主应及时将订货合同、到货计划送交仓库。仓库接到货主的入库通知单等资料后，应按照资料的要求及有关规定认真核对，如内容不完备、不明确或者有错误时，应及时通知或退回货主补齐。

2. 商品验收的基本内容

商品验收的基本内容包括数量验收、质量验收和包装验收。

商品数量验收是在初步验收的基础上作进一步的商品数量验收，即所谓的细数验收。验收的方法，对于计重商品一般采用过磅检斤的方法验收；对于计件商品，一般都采取抽检的方式。

采用抽检方式时，为比较准确地反映入库商品的实际情况，应科学地确定验收比率。验收比率是一批商品中抽检商品的数量占全部被验商品数量的比例。

商品质量验收是检验商品质量指标是否符合规定。仓储部门按照有关质量标准，检查入库商品的质量是否符合要求。质量验收有感官检验法和仪器检验法两种方式。感官检验法是依靠验收人员丰富的商品知识和实践经验，通过视、听、味、触、嗅觉来判断商品质量。它的优点是简便易行，不需要任何设备，或者只需要一些简单的工具就能迅速做出质量判断。这种方式的缺点是检验效果有一定的局限性，很难精确地测定出商品质量的数据指标。仪器检验法是利用各种仪器设备，对商品的规格、成分、技术要求标准等进行物理、化学和生物的分析、测定。它的优点是检验的准确度高，但需要投入比较昂贵的仪器设备。

商品包装验收，通常是在初步检查验收时进行的，主要是查看包装有无水湿、油污、破损等情况。其次是查看包装是否符合有关标准要求，包括选用的材料、规格、制作工艺、标志、打包方式等。另外对包装材料的干湿度也要检验，因为包装的干湿程度，表明包装材料中含水量的多少，对商品的内在质量会产生一定的影响。对包装物干湿度的检查，可利用测湿仪进行测定。当需要开箱拆包检验时，一般应有两人以上在场同时操作，以明确责任。

仓库在商品验收过程中，如发现商品数量与入库凭证不符，质量不符合规定，包装出现异常情况时，必须做详细记录，同时将有问题的商品另行堆放，并采取必要的措施，防止损失继续扩大，并立即通知业务部门或邀请有关单位现场察看，以便及时做出处理。

3. 抽样检验介绍

商品验收有全检和抽检两种基本方式。所谓全检是指对于批量小、规格尺寸和包装不整齐以及要求严格验收的商品，必须对所有商品全部进行检验的一种方式。它需要消耗较多的人力、物力和时间，但是可以保证验收质量。所谓抽样检验，就是借助数理统计方法，从一批商品中，随机地抽取部分商品进行检验，根据这部分商品的质量情况，判断该批商品的质量状况，从而决定该批商品质量是否合格的一种商品检验方式。一般情况下，对于批量较大、规格尺寸和包装质量完好、商品质量信誉较高以及验收条件有限的情况下，特别是进行商品的理化性能检验时常采用这种方式。

4.2.3 入库过程中发现问题的处理

在商品入库过程中，常见的问题及处理方法如下。

1. 数量不符

如果经验收后发现商品的实际数量与凭证上所列的数量不一致时，应由收货人在凭证上做好详细记录，按实际数量签收，并及时通知送货人和发货方。

2. 质量问题

在与铁路、交通运输部门初步验收时发现质量问题，应会同承运方清查点验，并由承运方编制商务记录或出具证明书，作为索赔的依据。如确认责任不在承运方，也应做出记录。由承运者签字，以便作为向供货方联系处理的依据。在拆包进一步验收时发现的质量问题，应将有问题的商品单独堆放，并在入库单上分别签收，同时通知供货方，以划清责任。

3. 包装问题

在清点大件时发现包装有水渍、沾污、损坏、变形等情况时，应进一步检查内部数量和质量，并由送货人开具包装异状记录，或在进货单上注明，同时，通知保管员单独堆放，以便处理。

4. 单货不符或单证不全问题

这类问题又可分为以下几种情况：

（1）商品串库

商品串库是指应该送往甲库的商品误送到乙库。当初步检查时发现串库现象，应立即拒收；如是在验收细数中发现的串库商品，应及时通知进货人办理退货手续，同时更正单据。

（2）有货无单

有货无单是指货物先到达而有关凭证还未到达。对此应暂时安排场所存放，及时联系，待单证到齐后再验收入库。

（3）有单无货

存货单位先将单证提前送到仓库，但经过一段时间后，尚没见到货，应及时查明原因，将单证退回注销。

（4）货未到齐

往往由于运输方式的原因，同一批商品不能同时到达。对此，应分单签收。

4.3 商品出库

学习资源：

制定作业订单管理流程

4.3.1 出库准备

为了做好货物出库工作，必须事先做好相应的准备，按照一定的作业流程和管理规章组织货物出库。货物出库要求仓库准确、及时、安全、保质保量地发放货物，出库货物的包装也要完整牢固、标志正确、符合运输管理部门和客户单位的要求。做好货物出库管理的各项工作，对完善和改进仓库的经营管理，降低仓库作业成本，实现仓库管理的价值，提高客户服务质量等具有重要的作用。货物出库业务，是仓库根据业务部门或者客户单位（货主单位）开出的提货单、调拨单等货物出库凭证，按照货物出库凭证所列的货物名称、编号、型号、规格、数量、承运单位等各个具体的项目，组织货物出库的一系列工作的总称。货物出库意味着货物在储存阶段的终止，因此货物出库管理是仓库作业的最后一个环节。货物出库也使仓库的工作与运输、配送单位，与货物的使用单位直接发生了业务联系。在任何情况下，仓库都不能够擅自动用或者外借库存的货物。

在实践工作中，仓库工作人员要坚决杜绝凭口头、凭信誉、凭白条发货，否则极易发生差错事故甚至法律纠纷。遇到抢险救灾等紧急情况，发生非常规的货物出库，也要符合仓库的有关管理规定。业务部门或者客户单位开出的提货单、调拨单等货物出库凭证，其格式会不尽相同。但是，无论采用什么格式，都必须是符合财务和业务管理制度要求的具有法律效力的凭证。通常，仓库与业务部门在货物出库管理规定中，或者与客户单位在仓储管理合同中，要明确规定有效的出库凭证格式等内容。

以下分别是某生产厂家内部业务部门向仓库开出的物资调拨单格式（如表 4 – 1 所示）和某家电企业向仓储企业开出的提货单格式（如表 4 – 2 所示）：

表 4 – 1 物资调拨单

开单日期： 年 月 日　　　　　　　　　　　　　　　　　　调拨单号：
调拨期限： 年 月 日
领用单位：　　　　　　　　　　　　　　　　　　　　　　　取料仓库：

序号	物资编号	名称	规格	型号	单位	数量	重量	备注

批准：　　　　　　记账：　　　　　　　　　　领用：　　　　　　　　　　制单：

表 4 – 2 提货单

提货单位：　　　　　　联系方式：　　　　　　　　　　　　　提货单号：
提货仓库：　　　　　　仓库地址：
提货方式：　　　　　　结算方式：　　　　　　　　　　　　　开单日期： 年 月 日

序号	货物编号	名称	规格	型号	单位	数量	重量	单价	总价	备注

续表

序号	货物编号	名称	规格	型号单位	数量	重量	单价	总价	备注

主管：　　　　　　　财务：　　　　　　　提货人：　　　　　　　制单：

4.3.2　货物出库的基本要求

1. 货物出库概述

货物出货发运是货物储运阶段的终止，也是仓库作业的最后一个环节。是仓库根据业务部门或存货单位开出的货物出库凭证（提货单、调拨单），从对出库凭证审核开始，进行拣货、分货、发货检查、包装，直到把货物点交给要货单位或发运部门的一系列作业过程。

（1）货物出库的基本要求

货物出库时要做到"三不""三核""五检查"的基本要求。"三不"就是"未接单据不登账，未经审单不备货，未经复核不出库"；"三核"即在发货时要"核对凭证，核对账卡，核对实物"；"五检查"即对单据和实物要进行品名检查、规格检查、包装检查、件数检查和重量检查。

具体来讲，货物出库要严格执行出库业务程序，依据正式的出库凭证进行，准确及时地将货主所需货物送达，使客户满意。

2. 货物出库的依据

货物出库的主要依据是有关单位开具的正式出库凭证。出库凭证的具体格式可以不同，但不论采用哪种格式，都必须是符合财务制度要求且具有法律效力的凭证。

货物出库必须符合有关规定和要求，对货物出库业务的基本要求如下：

（1）凭证出库

出库业务必须依据正式的出库凭证进行，任何非正式的凭证均视为无效凭证，不能作为出库的依据。

（2）严格执行出库业务程序

出库业务程序是保证出库工作顺利进行的基本保证，为防止出现工作失误，在进行出库作业时，必须严格履行规定的出库业务工作程序，使出库业务有序进行。

（3）准确

所谓准确，是指按照商品出库凭证所列的商品编号、品名、规格、等级、单位、数量等，做到准确无误地出库。一般情况下，由于仓库储存品种较多，发货时间比较集中，业务比较繁忙，为做到出库商品准确无误，必须加强复核工作，要从审核出库凭证开始直到把商品交接为止，每一环节都要进行复核。

（4）及时

所谓及时，是指当接到出库凭证以后，按规定的交货日期及时组织商品出库。办理出库手续，应在明确经济责任的前提下，力求手续简便，提高发货效率。为此，一方面要求作业人员具有较高的业务素质，全面掌握商品的流向动态，合理地组织出库业务；另一方面，还要加强与业务单位的联系，提前做好出库准备，以达到迅速及时地完成出库业务。

> **相关链接**
>
> **某企业物资出库的规定**
>
> 1. 物资出库必须准确
>
> 准确是衡量工作质量的一个重要标志,没有准确,就没有质量;没有准确,出库工作就变得毫无意义。所谓准确,就是按照出库凭证所列的物资编号、品名、规格、质量、等级、单位数量等,准确无误地进行点交,做到单货相符,避免差错。
>
> 2. 物资出库必须及时
>
> 发货及时是保证生产建设和人民需要的重要条件。因此,发货时在手续健全的前提下,力求简便,加快速度,及时组织好物资出库作业。
>
> 3. 物资出库必须安全
>
> 所谓出库安全,就是在出库搬运点交时注意安全操作,防止物资震坏、摔伤、破损、变形,以保证物资出库时的质量完好。
>
> 4. 物资出库的原则
>
> (1) 先进先出。为避免物资长期在库存放而超过其储存期限或增加自然损耗,因此必须坚持"先进先出、后进后出"的原则。
>
> (2) 凭证发货。物资"收有据、出有凭"是物资收发的重要原则,所谓凭证发货就是指出库必须凭正式单据和手续,非正式凭证或白条一律不予发放(国家或上级指令的、紧急抢险救灾物资除外)。
>
> 5. 物资出库方式
>
> (1) 自提:提货单位持出库凭证(提货单)自行到仓库提货,保管员根据提货单上所列的名称、规格、数量当面点交给提货人员。
>
> (2) 送货:仓库受提货单位委托,将其所需物资,按提货单所列内容运送到使用单位,并在使用单位当场点交。
>
> (3) 代运:仓库受外埠用户委托,按单将货配齐后通过铁路、水运、航空、邮寄等方式,将货发至用户所在地的车站、码头、邮局提货。此种出库形式的交接,是与铁路、水运等运输部门进行的,仓库按规定程序办理完托运手续并取得运输部门的承运凭证,将应发货物全部点交承运部门后,责任才开始转移。

4.3.3 货物出库的方式

1. 出库方式

(1) 送货

仓库根据客户订单需求,组织人力、物力将货物备齐,送到客户所需地点的一种出库方式。送货具有"预先付货、按车排货、发货等车"的特点。这样仓储部门可以预先安排作业,缩短发货时间。

(2) 自提

自提是由货主单位凭有效出库凭证,自备运输工具到仓库提取货物的一种方式。

(3) 过户

过户就是一种就地划拨的形式，货物虽未出库，但是货物的所有权已从原存货户转移到新存货户。仓库必须根据原存货单位开出的正式过户凭证，才予办理过户手续。

(4) 移库

移库就是货物存放地点的变动。某些货物由于业务上的需要，或由于货物特性的原因要更换储存场所，从一个仓库转移至另一个仓库储存时，必须根据有关部门开具的货物移库单来组织货物出库。

(2) 货物出库作业的流程

由于各种类型的仓库具体储存的货物种类不同，经营方式不同，货物出库的程序也不尽相同，但就其出库的操作内容来讲，一般的出库业务程序包括核单备货—复核—包装—点交—登账—清理等过程。

(1) 核单备货

发放货物必须有正式的出库凭证，严禁无单或白条发料。保管员接到出库凭证后，应仔细核对，审核出库凭证的合法性、真实性、有效期限及货物品名、型号、规格、单价、数量、收货单位等信息。

核对完凭证，开始备货工作，做到迅速、准确。备货后要及时变动货卡余额数量，填写实发数量和日期等。

(2) 复核

为了防止差错，备货后应立即进行复核。复核内容主要包括：品种数量是否准确、货物质量是否完好、配套是否齐全、技术证件是否齐备、外观质量和包装是否完好等。除此之外，在发货作业的各道环节上，都贯穿着复核工作。例如，理货员核对单货，门卫凭票放行，财务核对单账等，这些分散的复核形式，起到分头把关的作用，都十分有助于提高仓库发货业务的工作质量。

(3) 包装

出库的货物如果没有符合运输方式所要求的包装，应进行包装。根据货物外形特点，选用适宜包装材料，其重量和尺寸，应便于装卸和搬运。出库货物包装，要求干燥、牢固，如有破损、潮湿、捆扎松散等不能保障货物在运输途中安全的，应负责加固整理，做到破包破箱不出门。此外，各类包装容器，如外包装上有水湿、油迹、污损等，均不许出库。另外，在包装中，严禁互相影响或性能互相融合的货物混合包装。包装后，要写明收货单位、到站、发货号、本批总件数、发货单位等，也可以将装箱明细贴在箱外。

(4) 点交

货物经复核后，将货物和单据当面点交给提货人，办清交接手续。

(5) 登账

点交后，保管员应在出库单上填写实发数、发货日期等内容，并签名。然后将出库单连同有关证件资料，及时交货主，以使货主办理货款结算。保管员把留存的一联出库凭证交实物明细账登记人员登记做账。同时将已空出的货位标注在货位图上，以便安排货物。

(6) 清理

清理工作包括清理财务和清理货场。

清理财务是指货物发出后要清理单据、核对账目，出现盘亏的要办理盈亏手续，确保账、卡、物三相符。清理后的单据、资料、货物档案要装订保存和归档备查。清理货场包括清理库存货物、库房、场地、设备和工具等。

在整个出库业务流程中，复核和点交是两个最为关键的环节。复核是防止差错的重要和必不可少的措施，而点交则是划清仓库和提货方两者责任的必要手段。

3. 货物出库常发生问题的处理

货物出库过程中出现的问题有很多，应分别对待并及时处理。

（1）出库凭证问题处理

1）出库凭证有假冒、复制、涂改等情况，或者情况不清楚有疑点，应及时与仓库保卫部门及与出具出库单的单位或部门联系，妥善处理。

2）出库凭证有效期超过提货期限，客户前来提取货物，必须先办理手续，按规定缴足逾期的仓储保管费用，然后方可发货，绝不能无有效凭证发货。

3）提货时，客户发现规格开错，保管员不得自行调换规格发货，必须通过制票员重新开票方可发货。

4）如顾客遗失提货凭证时，必须由客户单位出具证明，到仓储部门制票员处挂失，原制票员签字作为旁证，然后到仓库出库业务员处挂失；如果挂失时，货已被提走，仓储部门不负任何责任，但有义务协助解决；如果货物还没有被提走，经业务员查实后，凭上述证明，做好挂失登记，将原凭证作废，缓期发货。

（2）串发货和错发货问题处理

所谓串发和错发货，主要是指在发货人员对货物种类、规格不很熟悉的情况下，或者由于工作中的疏漏，把错误规格、数量的货物发出库的情况。收到客户投诉，发现串发货或错发货后，应及时逐步排查，查明情况及时解决。

（3）包装问题处理

包装问题一般指在发货过程中，因货物包装破损，造成货物渗漏、裸露等问题。因要求仓储部门在发货时，凡原包装经挤压、装卸搬运不慎造成的破损、污损都需重新整理或更换包装，才能出库。所以出现此类客户投诉，一般造成的原因是在运输途中，因碰撞、挤压或装卸搬运造成，与运输部门协商，由运输部门（物流公司）解决此问题。

（4）漏记和错记账问题处理

漏记账是指在货物出库作业中，由于没有及时核销货物明细账造成账面数量多于或少于实存数的现象。错记账是指在货物出库后核销明细账时没有按实际发货出库的货物名称、数量等登记，从而造成账物不相符的情况。不论是漏记还是错记，一经发现，除及时向有关领导如实汇报情况外，同时还应根据原始出库凭证查找原因调整账目，使之与实际存货相符。

（5）退货问题处理

凡属产品内在质量问题，客户要求退货和换货时，应由质检部门出具质量检查证明、试验记录等书面文件，经货物主管部门同意后，方可以退货或换货。同时，按照退货处理流程进行处理。

4.4 商品出库的基本程序和出库作业

4.4.1 商品出库的基本程序

由于各种类型的仓库具体储存的商品种类不同,经营方式不同,商品出库的程序也不尽相同,但就其出库的操作内容来讲,一般的出库业务程序主要包括出库凭证审验、出库信息处理、拣货、分货、出货检查、包装、货物交接、发货后的处理等。

1. 出库凭证审核

仓储业务部门接到商品出库凭证时,首先要对出库凭证进行仔细的审核工作。审核的主要内容如下:

(1) 审核出库凭证的合法性和真实性;
(2) 核对商品的品名、型号、规格、单价、数量等有无错误;
(3) 核对收货单位、到站、银行账号等是否齐全和准确。

如发现出库凭证有问题,需经原开证单位进行更正并加盖公章后,才能安排发货业务。但在特殊情况(如救灾、抢险等)下,可经领导批准先发货,事后及时补办手续。

2. 出库信息处理

出库凭证审核无误后,将出库凭证信息进行处理,采用人工处理方式时,记账员将出库凭证上的信息按照规定的手续登记入账,同时在出库凭证上批注出库商品的货位编号,并及时核对发货后的结存数量。当采用计算机进行库存管理时,将出库凭证的信息录入计算机后,由出库业务系统自动进行信息处理,并打印生成相应的拣货信息(拣货单等凭证),作为拣货作业的依据。

3. 拣货

拣货作业就是依据客户的订货要求或仓储配送中心的送货计划,尽可能迅速、准确地将商品从其储位或其他区域拣取出来的作业过程。

(1) 拣货信息的传递

拣货信息是拣货作业的依据,它最终来源于客户的订单。拣货信息既可以通过手工单据来传递,也可以通过其他电子设备和自动拣货控制系统进行传输。

(2) 拣货方式

按照拣货过程自动化程度的不同,拣货分为人工拣货、机械拣货、半自动拣货和自动拣货四种方式。

4. 分货

分货也称为配货,拣货作业完成后,根据订单或配送路线等不同的组合方式对货品进行分类。需要流通加工的商品,先按流通加工方式分类,再按进货要求分类,这种作业称为分货作业。

分货作业方式可分为人工分货和自动分类机分货两种方式。

5. 出货检查

为保证出库商品不出差错,配货后应立即进行出货检查。出库检查是防止发货差错的关键。采用人工拣货和分货作业方式时，每经一个作业环节，必须仔细检查，按照"动碰复核"的原则，既要复核单货是否相符，又要复核货位结存量来验证出库量是否正确。发货前由专职或兼职复核员按出库凭证对出库商品的品名、规格、单位、数量等仔细地进行复验，核查无误后，由复核人员在出库凭证上签字，方可包装或交付装运。在包装、装运过程中要再次进行复核。

6. 包装

出库商品有的可以直接装运出库，有的还需要经过包装待运环节。特别是发往外地的商品，为了适应安全运输的要求，往往需要进行重新组装，或加固包装等作业。凡是由仓库分装、改装或拼装的商品，装箱人员要填制装箱单，标明箱内所装商品的名称、型号、规格、数量以及装箱日期等，并由装箱人员签字或盖章后放入箱内供收货单位查对。

7. 货物交接

出库商品无论是要货单位自提，还是交付运输部门发运，发货人员必须向收货人或运输人员按单逐件交接清楚，划清责任。在得到接货人员的认可后，在出库凭证上加盖"商品付讫"印戳，同时给接货人员填发出门证，门卫按出门证核检无误后方可放行。

8. 发货后的处理

商品交接以后应及时进行发货后的处理工作。人工处理过程由发货业务员在出库凭证上填写"实发数""发货日期"等项内容，并签名，然后将出库凭证其中的一联及有关证件资料，及时送交货主单位，以便货主办理货款结算事宜。根据留存的一联出库凭证登记实物储存明细账。做到随发随记，日清月结，账面余额与实际库存和卡片相符。出库凭证应该当日清理，定期装订成册，妥善保存，以备查用。采用微机管理系统，应及时将出库信息输入管理系统，系统自动更新数据。

学习资源：

如何进行出库作业管理

4.4.2 出库作业

1. 保管作业

（1）堆码

由于仓库一般实行按区分类的库位管理制度，因而仓库管理员应当按照物品的存储特性和入库单上指定的货区及库位进行综合的考虑和堆码，做到既能充分利用仓库的库位空间，又能满足物品保管的要求。第一，要尽量利用库位空间，较多采用立体储存的方式。第二，仓库通道与堆垛之间要保持适当的宽度和距离，以提高物品装卸的效率。第三，要根据物品的不同收发批量、包装外形、性质和盘点方法的要求，利用不同的堆码工具，采取不同的堆码形式。危险品和非危险品、性质相互抵触的物品应该分开堆码，不得混淆。第四，不要轻易地改变物品存储的位置，一般应按照先进先出的原则。第五，在库位不紧张的情况下，在堆码时应尽量避免造成覆盖和拥挤。

（2）养护

仓库管理员应当经常或定期对仓储物品进行检查和养护，对于易变质或存储环境比较特殊的物品，应当经常进行检查和养护，检查工作的主要目的是尽早发现潜在的问题，养护工作主要是以预防为主。在仓库管理过程中，根据需要保持适当的温度、湿度，采取适当防护措施，预防破损、腐烂或失窃等，确保存储物品的安全。

（3）盘点

对于仓库中贵重的和易变质的物品，盘点的次数越多越好。其余的物品应当定期进行盘点（例如每年盘点一次或两次）。盘点时应当做好记录与仓库账务核对，如果出现问题，应当尽快查出原因，及时处理。

案例分析

传统钢材仓储业要敢于创新

上海复闽仓储有限公司是一个传统型的仓储企业，为钢贸企业提供钢材存储服务，然而，这里的经营理念却与众不同，"传统型仓储，现代物流理念"，正是上海复闽仓储有限公司与其他同行最大的不同之处，也正是这一现代物流理念，给传统型仓储公司注入了活力和动力，赢得广大钢材贸易商的青睐和好评。

仓储作为传统物流，重要的组成部分和现代物流增值服务的平台，将随着社会经济的发展而发生巨大变革，并在变革中获得更多的发展机会。上海复闽仓储有限公司正是以现代物流的理念，对传统型仓储进行改革。其坚持24小时不间断服务，根据客户需求提供库存报告、水路、陆路货运代理等增值服务业务，向客户承诺"一小时内提货完成"；始终贯彻"出库为先，入库置后"的方针，宁愿牺牲公司的效益也要确保客户的提货速度。

这一切正是上海复闽仓储有限公司经营决策层将现代物流理念引入传统型仓储企业所带来的效应。它印证了董事长王耀国的话："传统型企业也要有创新、有突破，才是企业成功的必然。"

上海复闽仓储有限公司的实践告诉人们，传统型仓储企业一旦引入了现代物流理念，坚持创新，它必然赢得广大钢材贸易商。这会让钢贸公司感到放心，在客户的满意过程中不断发掘企业的效益增长点。

钢材流通业中的现代物流，发展前景十分广阔，潜在的市场极其巨大。目前，我国大约有16万家物流服务公司，行业产值超过390亿元。2010年中国物流行业的产值达到12 000亿元。然而，我国居高不下的货物运输成本需引起高度重视。我国的货物运输成本比西方发达国家高出3倍。物流费用占货品总成本的比例高达30%。在信息流、资金流和物流成为一个国家参与全球化竞争的重要战略因素的情况下，落后的物流水平已成为我国企业发展的"瓶颈"之一。无疑，这是放在传统型仓储企业的一个重大课题。而复闽仓储有限公司的王董事长及其决策层早已意识到了这一问题，而且率先引入了现代物流理念，探索出一条传统型企业向现代物流业管理转变的创新之路。

时下，王董事长和他的复闽仓储一班人正在思索下一步的发展模式。

（1）专业物流与共同配送形成规模的专业物流企业，探索一种追求合理化配送的配送形式，提高物流效率、降低物流成本。

（2）形成以信息技术为核心，以信息技术、运输技术、配送技术、装卸搬运技术、自动化仓储技术、库存控制技术、包装技术等专业技术为支撑的现代化物流装备技术格局。

（3）通过互联网加强企业内部、企业与供应商、企业与消费者、企业与政府部门的沟通、协调及合作。人们相信，上海复闽仓储有限公司运用现代物流的理念，经过新一轮的创新和变革，明天的复闽仓储将以全新的面貌，为钢材贸易商提供更好、更大的增值服务，成为钢材经营者的放心仓储。

王耀国提出，传统型仓储要按照现代的物流模式来办，在管理上，要与时俱进。于是，王董事长亲自抓现代化物流管理，对进货、出货、收费、账目周转等仓储全过程实施电脑化管理，自主开发具有复闽特色的储存软件。公司从订合同、调度作业、货物装卸、入库验证、盘点保管到货库验证，都有一整套规章制度。复闽仓储还建立了便捷安全的库存信息处理系统和资金管理系统，做到面向市场，随机应变，在第一时间为客户提供信息。

"发货快，卸货快，以发货为先"，"一小时内提货完成"，这是复闽仓储向客户提出的承诺，也是传统型仓储公司的现代物流理念。用王董事长的话说："要安全地保管好客户的财产，要用最短的时间将货物交至客户的手中，最大限度地优化和平衡库存。"这正是复闽仓储和现代物流理念的核心。

"只有让客户不定期在复闽存储钢材感到放心，才能吸引客户，巩固客户，扩大经营。"王董事长就是这样告诫自己的员工的，复闽仓储的员工也正是以现代物流的理念经营传统型钢材仓储企业。

一次，中国五矿公司委托复闽仓储堆放 3 000 吨带钢，要求堆放高度不得超过 3 叠，否则会因堆得太高而使卷筒变形，影响带钢的质量。在仓储量日趋增加、场地有限的情况下，复闽仓储运用一套科学合理的堆存方法，结果这批 3 000 吨带钢的堆放高度提高了，而没有一卷带钢卷筒变形，确保了客户的利益。

那天，客户到复闽仓储进行现场验收，看到场地上堆放得整齐有序的一卷卷带钢后，对复闽仓储的现代物流管理颇为赞赏。

正是复闽仓储按照现代物流理念经营，赢得了众多钢厂和钢材流通企业的青睐，复闽仓储现在拥有一大批良好的客户群，包括宝钢集团下属的各商贸公司和上海各大金属材料贸易公司，代理的水路货运客户遍及大江南北。2005 年，尽管钢材市场大起大落，而复闽仓储的钢材储存量却不减反增，吞吐各类钢材 127 万吨，比上年增长了 22%，客户满意率达到 100%。

如今，这一传统型的仓储公司的现代物流理念早已深入到每一个员工心中，"一小时内提货完成"这一目标成为复闽仓储员工的工作方向。

讨论分析：
1. 上海复闽仓储有限公司是如何以现代物流的理念对传统型仓储企业进行改革的？
2. 上海复闽仓储有限公司如何确定今后的发展模式？

2. 出库作业

（1）出库前的准备

物资出库前的准备工作分为两方面：一方面是计划工作，就是根据需货方提出的出库计划或要求，事先做好物资出库的安排，包括货场货位、机械搬运设备、工具和作业人员等的计划、组织；另一方面要做好出库物资的包装和涂写标志工作。出库物资从办理托运到出库的付运过程中，需要安排一定的仓库或站台等理货场所，需要调配必要的装卸机具。提前集中付运的物品，应按物品运输流向分堆，以便于运输人员提货发运，及时装载物品，加快发货速度。由于出库作业比较细致复杂、工作量也大，所以事先要对出库作业合理加以组织，安排好作业人力，保证各个环节的紧密衔接。

（2）核对出库凭证

仓库接到出库凭证后，由业务部门审核证件上的印鉴是否齐全相符，有无涂改。然后，按照出库单证上所列的物资品名、规格、数量与仓库料账再做全面核对。审核无误后，在料账上填写预拨数后，将出库凭证移交给仓库保管人员。保管员复核料卡无误后，即可做物资出库的准备工作，包括准备随货出库的物资技术证件、合格证、使用说明书、质量检验证书等。

（3）备料出库

仓库接到提货通知时，应及时进行备货工作，以保证提货人可以按时、完整地提取货物。物资保管人员按照出库凭证上的品名、规格查对实物保管卡，注意规格、批次和数量，规定有发货批次的，按规定批次发货，未规定批次的，按先进先出、推陈出新等原则，确定应发货的垛位。

（4）复核

货物备好后，为了避免和防止备料过程中可能出现的差错，应再做一次全面的复核查对。

（5）出库交接

备料出库物资，经过全面复核查对无误之后，即可办理清点交接手续。如果是用户自提方式，即将物资和证件向提货人当面点清，办理交接手续。如果是代运方式，则应办理内部交接手续。即由物资保管人员向运输人员或包装部门的人员点清交接，由接收人签章，以划清责任。

（6）销账存档

物资点交清楚、出库发运之后，该物资的仓库保管业务即告结束，物资仓库保管人员应做好清理工作，及时注销账目、料卡，调整货位上的吊牌，以保持物资的账、卡、物一致，将已空出的货位标注在货位图上，及时、准确地反映物资进出、存取的动态。

4.5 商品出库时发生问题的处理

4.5.1 出库凭证问题的处理

①出库凭证有假冒、复制、涂改等情况，应及时与保卫部门联系，妥善处理。
②出库凭证有疑点，或者情况不清楚时，应及时与制票员联系，及时查明或更正。
③出库凭证超过提货期限，用户前来提货时，必须先办理手续，按规定缴足逾期仓储保管费，方可发货。
④提货时，若用户发现规格开错时，发货业务员不能自行调换规格进行发货，必须通过制票员重新开票方可发货。

⑤如顾客遗失提货凭证,必须由用户单位出具证明,到仓储部门制票员处挂失,原制票员签字作为旁证,然后到仓库出库业务员处挂失;如果挂失时,货已提走,仓储部门不负任何责任,但有义务协助解决;如果货品还没有被提走,经业务员查实后,凭上述证明,做好挂失登记,将原凭证作废,缓期发货。而后发货员应时刻警惕,防止有人持作废凭证要求发货,一旦发现类似情况,应立即与保卫部门联系处理。

4.5.2　出库后有关问题的处理

①发货后,若用户反映规格混串、数量不符等问题,如确属发货差错,应及时纠正并致歉;如不属发货差错,应耐心向用户解释清楚,请用户另找妥善的办法解决。

②凡属易碎商品,发货后用户要求调换时,应以礼相待,婉言谢绝。如果用户要求帮助解决易碎配件,仓储业务部门要积极协助联系解决。

③凡属用户原因、型号、规格开错时,经制票员同意方可退货。发货业务员应按入库验收程序重新验收入库,如果发现包装损坏或产品损坏时,入库业务员不予办理退货。待修复后,再按入库质量要求重新办理入库手续。

④凡属产品内在质量问题,用户要求退货和换货时,应由质检部门出具质量检查证明、试验记录等书面文件,经货品主管部门同意后,方可以退货或换货。

⑤退货或换货的货品必须达到验收入库的标准,否则不准入库。

⑥商品入库后,若发货员发现账实不符时,应及时查明原因,当确认发货有错时,要及时与提货人取得联系,进行核查,双方协商解决,以免造成损失。

本项目小结

入库作业组织是指仓储部门按照存货方的要求合理组织人力、物力等资源,按照入库作业程序,认真履行入库作业各环节的职责,及时完成入库任务的工作过程。

货物出货发运是货物储运阶段的终止,也是仓库作业的最后一个环节。是仓库根据业务部门或存货单位开出的货物出库凭证(提货单、调拨单),从对出库凭证审核开始,进行拣货、分货、发货检查、包装,直到把货物点交给要货单位或发运部门的一系列作业过程。

复习思考题

一、选择题

1. 仓库在接收入库货物时,根据入仓单、运输单据、仓储合同和仓储规章制度,对货物进行清点数量、检查外表质量、分类分拣、数量接收的交接工作叫(　　)。

　　A. 仓库理货　　　　B. 入库管理　　　　C. 出库管理　　　　D. 手续管理

2. 存货方和保管方为了加速商品流转、合理利用仓容,保管好商品,提高经济效益而明确双方的权利、义务关系的协议叫(　　)。

　　A. 管理协议　　　　B. 仓储保管合同　　C. 存货协议　　　　D. 经济合同

3. 一般的出库业务程序包括核单备货—复核—包装—点交—登账—(　　)等过程。

　　A. 查数　　　　　　B. 清理　　　　　　C. 检验质量　　　　D. 清扫

4. 为存储货物支出的货物养护、保管等费用叫（　　）。
A. 入库成本　　　　B. 运输成本　　　　C. 出库成本　　　　D. 保管成本

二、问答题

1. 入库前的具体准备事项有哪些？
2. 在确定验收比例时，一般考虑哪些因素？
3. 对商品出库业务的基本要求有哪些？
4. 商品出库的基本程序有哪些？

三、实训题

安徽省蒙牛乳业（马鞍山）有限公司冰激凌厂火灾

2005年8月2日上午10时，蒙牛乳业（集团）股份有限公司在安徽省马鞍山市经济技术开发区投资2.5亿元建设的亚洲最大的冰激凌生产线项目发生重大火灾，起火地点为蒙牛乳业（马鞍山）有限公司北库（成品库），随后火势蔓延至该公司南库（缓冲间）。马鞍山市消防支队先后调集5个消防中队，4个企业专职消防队共25辆消防车、142人，经过7个多小时的艰苦奋战，终将大火完全扑灭，在搜救火场被困公司员工过程中，因冷库钢结构房顶突然坍塌，奋不顾身救人的郑飞，管志彦，叶晓辉3名年轻的战士英勇牺牲，事故发生后，安徽省消防总队立即组成专家组对火灾原因进行调查，查明火灾系冷库内照明电气线路短路所致，火灾造成的直接经济损失约300万元。

问题：
在仓库管理中，应如何确保仓库安全？

项目 5

商品的盘点管理

学习目标

1. 了解商品盘点的目的。
2. 理解商品盘点的内容。
3. 掌握商品盘点的方法。

技能目标

1. 学会盘点后的结果分析及处理。
2. 掌握盘点的工作程序。

引导案例

郑州某连锁超市商品的盘点管理方法

◇陈列图的确认：对整个门店所有需要盘点的区域的陈列图进行确认，并输入计算机系统。

◇准备文具：准备所有盘点需要的文具、用具等。

◇准备盘点表：在库存区预盘点之前，将所有的盘点表审核、准备完毕。

◇设置盘点图：将门店所有陈列区域的商品陈列图设置到计算机系统中。

◇人员安排：安排所有参加库存区盘点、陈列区盘点的人员，以及盘点指挥中心和盘点资料处理中心的人员。详细到如工作时间、就餐时间。

◇总部盘点通知：总公司营运部下达所有下属门店本营运年度的盘点安排，确定具体的盘点时间，组织财务、审计、监盘小组到门店参与、监督门店的年度盘点。

◇门店盘点小组的成立：门店在接到总部的通知后，提前于盘点日一个月前成立门店的盘点小组，全面进行年度盘点的准备工作。

◇盘点准备工作计划：用倒计时的方式将盘点所需要进行的工作以清单的形式列印出来。

◇盘点区域的规划：对所有需要盘点的区域进行规划。

◇商品整理：在盘点进行前，对销售区域、库存区域的所有属于盘点的商品进行整理，使其符合盘点的要求。

◇盘点培训：组织对盘点小组人员、管理层、参加盘点人员的培训。

◇库存区预盘点：盘点日前一天对整个门店的库存区域进行提前盘点，但资料与陈列区的盘点资料一起输入。

◇停止营业：盘点前2小时门店停止营业，盘点公告则在一周前以广播、告示等方式知会顾客。

◇陈列区盘点：关店后进行陈列区的盘点。

◇盘点结果的确定：将陈列区、库存区的所有盘点数据输入计算机中心进行处理，并对差异报告进行分析、重盘等，最终确定本次的盘点库存金额，由财务部计算本营运年度的盘点损耗率。

◇盘点结束：盘点结束后，立即进行开店营业的恢复工作。包括系统恢复、收货恢复、楼面恢复以及盘点小组的收尾工作等。

（资料来源：作者调查整理）

思考题

郑州某连锁超市商品的盘点管理方法对商品管理有哪些作用？

5.1 盘点的目的和工作程序

盘点又称盘库，即用清点、过秤和对账等方法，检查仓库实际存货的数量和质量。

在储存过程中，有些货物因存放时间太长或保管不当使其质量受到影响。为了对库存商品的数量进行有效控制，并查清商品在库中的质量状况，必须定期或不定期地对各储存场所进行清点、查核，这一过程就是盘点。

学习资源：

优化物料分类管理

5.1.1 商品盘点的目的

1. 查清实际库存数量

由于众多原因，如收发中记录库存数量时多记、误记、漏记；作业中导致商品损坏、遗失，验收与出货时清点有误；盘点时误盘、重盘、漏盘等，往往导致账面库存数量与实际存货数量不符，通过盘点清查实际库存数量与账面数量，发现问题并查明原因，及时调整。

案 例

沃尔玛的盘点模式

沃尔玛的商品盘点分为两种：年终盘点和月盘（30天盘点）。

1. 年终盘点

年终盘点一年一次，在每年的 11 月或 5 月（时间由美国总部确认）进行。年终盘点是十分正式的，要计算盘点结果和损耗率（一般在 0.3%）。从 2006 年开始，所有的盘点由美国的盘点公司进行（以前以商店为主导）。在闭店后进行，大概一晚的时间就可以了。

2. 月盘（30 天盘点）

月盘，不是每个月统一盘一次，在沃尔玛内部称为 30 天盘点（目前进行得不是很理想）。每家沃尔玛商店经营的商品，大概有 12 000 种，集中统一的盘点不可能随时进行。30 天盘点方式，简单解释为 30 天内，将所有商品盘点一遍（又称循环盘点）。利用现有的手持终端（基本上是实时库存），每天在营业期间进行几种或几十种商品的盘点。当然，在营业期间盘点，很容易出现差异，但是大的差异不会出现（出现也容易进行复盘）。

盘点的目的一方面是查看损耗；另一方面是通过差异进行纠正。

30 天循环盘点的方式可以借鉴。

2. 计算企业资产的损益

库存商品总金额直接反映企业流动资产的使用情况，库存量过高，流动资金的正常运转将受到威胁，而库存金额又与库存量及其单价成正比，盘点就可以准确地计算出企业实际损益。

3. 发现商品管理中存在的问题

通过盘点查明盈亏原因，发现作业与管理中存在的问题，并采取相应的措施，从而提高库存管理水平，减少损失。

4. 稽核仓库账务工作的落实度

一旦料账不准，对生产与现场生产工作绝对是致命的影响，因此企业经营层一定会审慎地制定仓储物料管理办法，授权仓库管理人员依规定执行料账登账作业。

虽然做好料账工作是仓库人员的责任，但是"一样米养百样人"，难免有些仓库人员的经营意识不足，责任感也不够强，或者疏忽，或者"拖"的习性难改，使料账产生很大差异。

为了及早发现"人"的问题点，及早警示处理，而且可以及早警惕仓库作业人员，及早修正其偏差习性，定时尤其不定时的稽核有其必要性。经复查结果，一切落实正确，当然更好，如有偏差，更可及早补救。

5. 更有效的仓储整顿

没有人否认，仓库存放的应该是良品，因为生产需用的一定是良品，而且仓库应该存放生产需用的料，绝对不是呆料。

理念那么清楚，而事实上经常不然。由于工作繁忙，经常处于"备战"状态，因此仓库人员很少能细心地及时核查，以致良品变不良仍然不知，呆料长久盘踞宝贵的仓库储位而不自知。很大部分的工厂，不是经常呆料与急需料一起，不良品与良品齐飞吗？

为使仓储更有效，更早发现不良品与呆料发生的原因以求谋防堵之策，一定需要定期实地盘点的手段，使一切潜在的问题现形。

> **相关链接**

盘点机的应用

1. 目前国内零售和服装行业的情况

（1）入库（检货）：在这个过程中，还主要依赖于人工的手抄单，对到货的商品一笔一笔地记录，并核对数量；然后把到货的商品放到仓库里，同时由另外几个微机操作员，对到货的商品进行手工对着手抄单录入后台进销存系统里，整个过程中都离不开人工的操作，难免会有错误，效率也很低下。

（2）盘点：盘点这项工作很重要，每个月都要进行。目前，大多数卖场还是利用人工来进行盘点。在闭店时，组织很多人力进行手抄单的盘点。把每个商品的数量记录在单上，最后再由几个微机操作员录入后台系统中。这个过程中，可能遇到一个晚上都不能盘完的情况，这样第二天就没法继续营业，这个损失就很大了，而且还不能保证数据的准确性。经过分析目前的入库与盘点效率都是非常的低，准确性也难得到保证；关键是人们的观念还没有转变，一直认为人工的劳动力是很低廉的。

（3）对于盘点机还没有概念，不知道这个东西是用来做什么的，也舍不得拿出资金来购买。随着经营规模的不断发展，人工盘点的效率越来越低，直接影响了企业的发展速度。这时人们就在寻找一种能代替人工来盘点的设备。盘点机管理就进入了人们的视野取代了人工管理。盘点机的使用提高了盘点的效率和准确性，由此也给企业带来了很大的效益。以前可能需要3个微机员来处理很多数据；现在有了盘点机后，1个微机员就能搞定所有的工作，这样就节省了人力和物力。

2. 盘点机在零售和服装行业的具体应用

（1）入库（检货）：当商品到货时，我们拿着盘点机在库房门口一个个地扫描商品上的条码。这个过程中，更多的用户希望每扫描一个商品，就要求盘点机的屏幕上显示这个商品的一些字段，如显示出编码、品名、规格、售价等。这便于收货员识别这个商品是不是对的；是不是存在的；商品显示的信息是不是与实际商品相符，这样可以避免产生错误。但实现这个功能的前提是要下载商品的基本信息，因为它是在后台系统里的，只要进销存软件做了这个接口就行，可以把它的基本信息直接导出来以一个文本文件形式存在。然后再把这个文本文件下载到我们的盘点机的内存里，这样在我们进行商品入库、扫描商品的条码时，根据这个条码作为唯一的关键字来查询盘点机里的商品的基本信息。这样就可以在盘点机的屏幕上显示出商品的基本信息所包含的各个字段；显示出的各个字段都符合这个商品实际的信息时，我们可以通过两种方式来进行商品数量的统计：见物盘物和扫条码输数量。最后把盘点的数据上传到后台系统，直接一次性对所有的数据进行提取，所有的数据会以报表的形式显示出来，非常直观，整个过程没有人们手工的干预，也不存在手抄单了，准确性有了保证，当然效率也在大幅度地提高。

（2）盘点：这个过程和我们的入库操作是一样的，因为我们最终就是为了要一个准确的商品数量。先下载商品的基本信息到盘点机里，然后开始以见物盘物和扫条码输数量来进行盘点。见物盘物：就是看见一个商品就扫一个商品，这个过程中，商品的数量是累加的。根据条形码这个唯一的关键要素来进行累加。扫条码输数量：在一堆一样的商品货架上，所有的东西都是相同的（条形码是一样的），我们可以就扫一个商品的条形码，然后手工输入数量，这样就可以避免一个个扫的麻烦，但这种盘点方式和盘点环境因行业不同而不同，总的原则是方便可行。

5.1.2 盘点的基本工作程序

盘点作业一般根据以下几个步骤进行：盘点前的准备、确定盘点时间、确定盘点方法、培训盘点人员、清理盘点现场、盘点、查清差异原因、处理盘点结果。盘点的基本工作程序如图 5-1 所示。

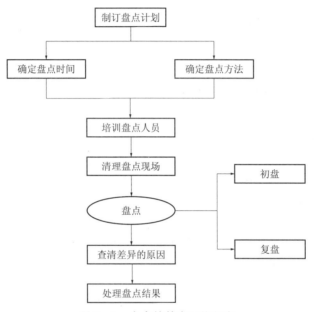

图 5-1　盘点的基本工作程序

1. 制订盘点计划

很多中小企业的盘点主持人，由于缺乏经验，没有做好盘点计划，因此乱成一团，尤其是没有针对预盘阶段做出深入计划，以致到了复盘时仓储仍乱得不可收拾，因此拖延复盘时间，令参与者怨声载道。

一般而言，盘点计划多在复盘日期的一个月前就要具体拟订而且发布了。比如预定 6 月 26—30 日为复盘，那么 5 月 31 日前就要确定盘点计划。这样才可以要求仓库人员做好预盘，以待复盘的完善执行；同时要求生产现场，在复盘的多少天以前，调整生产作业，渐渐达成"净空"水准，以利盘点（因为"在制品"是最不容易"计价"的）。此外，对采购人员，以及托外加工人员，才可能对储位规划做出结论，提供给仓库人员。

2. 确定盘点时间

一般来说为保证账物相符，货物盘点次数越多越好，但盘点需投入人力、物力、财力，有时大型全面盘点还可能引起生产的暂时停顿，所以，合理确定盘点时间非常必要。引起盘点结果盈亏的关键原因在于出入库过程中发生的错误，出入库越频繁，引起的误差也会随之增加。

确定盘点时间时，既要防止过久盘点对公司造成的损失，又要考虑配送中心资源有限，商品流动速度较快的特点，在尽可能投入较少资源的同时，要加强库存控制，可以根据商品的不同特性、价值大小、流动速度、重要程度来分别确定不同的盘点时间，盘点时间间隔可以按每天、每周、每月、每年盘点一次不等。如 A 类主要货品每天或每周盘点一次；B 类货品每两三周盘点一次；C 类不重要的货品每月盘点一次即可。另外必须注意的问题是，每次盘点持续的时间应尽可能短，全面盘点以 2~6 天内完工成为佳，盘点的日期一般会选择在：

①财务结算前夕。通过盘点计算损益，以查清财务状况；

②淡季进行。因淡季储货较少，业务不太繁忙，盘点较为容易，投入资源较少，且人力调动也较为方便。

3. 确定盘点方法

因盘点场合、要求的不同，盘点的方法也有差异，为满足不同情况的需要，应快速准确地完成盘点作业，因此确定的盘点方法要对盘点有利，不至于盘点时混淆。

①账面盘点法。账面盘点法是将每一种商品分别设立"存货账卡"，然后将每一种商品的出入库数量及有关信息记录在账面上，逐笔汇总出账面库存结余量。

②现货盘点法。现货盘点法是对库存商品进行实物盘点的方法。按盘点时间频率的不同，现货盘点又分为期末盘点和循环盘点。

要得到最正确的库存情况并确保盘点无误，可以采用账面盘点与现货盘点兼用的方法，以查清误差出现的实际原因。

4. 培训盘点人员

盘点人员的培训分为两部分：一是针对所有人员进行盘点方法及盘点作业流程的训练，让盘点作业人员了解盘点目的、表格和单据的填写方法；二是针对复盘与监盘人员进行认货品的训练，让他们熟悉盘点现场和盘点商品，对盘点过程进行监督，并复核盘点结果。

5. 清理盘点现场

盘点作业开始之前必须对盘点现场进行整理，以提高盘点的效率和盘点结果的准确性，清理工作主要包括以下几个方面的内容：

①盘点前对已验收入库的商品进行整理归入储位，对未验收入库属于供应商的商品，应区分清楚，避免混淆；

②盘点场关闭前，应提前通知，将需要出库配送的商品提前做好准备；

③账卡、单据、资料均应整理后统一结清以便及时发现问题并加以预防；

④预先鉴别变质、损坏商品。对储存场所堆码的货物进行整理，特别是对散乱货物进行收集与整理，以方便盘点时计数。在此基础上，由商品保管人员进行预盘，以提前发现问题并加以预防。

6. 盘点

盘点工作可分为预盘、复盘两部分进行。

（1）预盘阶段

预盘不限于仓库人员，而应该扩大到生产现场，因为生产现场难免仍有在制品，原则上，半成品、余料以及成品，在盘点前最好已经回缴仓库（但是有些工厂仍留在现场待盘点）。当然，也有一些料品送出托外加工，仍留在托外工厂内，这也是自己的资产，同样应列入盘点范围。

在预盘阶段，首先由盘点主持人以电脑或会计部门的"永续盘存账"为基准做出"预盘明细表",交给仓库(或现场直接责任对象),要求依之"点"出应有数量,同时依新储位整顿存置定位,挂上盘点单,记录预盘有关栏位,并把预盘结果(包括盘盈、盘亏的差异)呈报盘点主持人。当然,也可以由盘点主持人直接制作出"盘点单"交给预盘主办者,而不用"预盘明细表"。

盘点主持人除了要稽核预盘之外,仍要针对预盘的差异状况进行分析与调查,并采取补救措施(预盘明细表见表5-1)。

表5-1 预盘明细表

品类:　　　　　　　　　　　　　　　　　　　　　　　　预盘期:　年　月

料号	品名规格	单位	前期盘存量	本期入库量	本期出库量	本期应有盘存量

在表5-1中,建议每一品类列印一份,以利该品类(各料项)仓库主办员便捷使用于预盘作业(因为一般仓储,都以同一品类存放同一储位区为原则)。而栏位中,"前期盘存量"与"本期出库量"可以略去。

依据"预盘明细表",仓库人员在预盘阶段逐一清点,再挂上"盘点单",是最合理的方式。

知识库

"盘点单"(如表5-2所示)或称"盘点卡",大多由稍硬的卡纸印制,且有铁丝可绑挂,绝大多数设计为三联式,第一联仍挂料架上(结算完成后再取消),第二联由复盘者撕下交与盘点主持人,第三联由预盘主办人撕下呈交盘点主持人,以明责任,兼作回馈资讯。此为最佳顺序。

表5-2 盘点单

物料盘点单			NO.	
品类代号			简称	
料号				
品名				
规格				
计量			应有盘点量	
预盘	日期		盘点人	
	预盘实际量		盘盈(亏)量	

续表

复盘	日期			盘点人	
	复盘实际量			盘盈（亏）量	
存料状态	□良　品 G □不良品 B □呆　料 D		备注		

"盘点单"基本上分为三大部分：第一部分是总栏位，包括"盘点单 No."、"料号"与"品名""规格"及"单位"加上"应有盘点量"单位。其中最需要注意的是"盘点 No."，一般是在盘点前就已印妥，而且顺序联号控制，由盘点主持人管理。因为基本上盘点一定要把散存于储位区的料品，一一回笼到同一储位（区），因此一个料项一张盘点单是合理的。第二部分"预盘"有关栏位，由预盘主办人填入"预盘实际量"，以及"盘盈"或"盘亏"量，加上预盘者的签名（含日期时间）。第三部分则是"复盘"有关栏位，由复盘者填入，包括"复盘实际量"及"盘盈"或"盘亏"量，同时签名。

（2）复盘阶段

预盘完成后，就可进入复盘阶段。复盘工作多由盘点主持人指派与被盘点部门权责不相干的部门人员所担任。例如物料仓库，大多由人事、营业、设计等部门人员去担任，而不会由采购或品管人员去担任，因为后两者与物料仓库关系较为密切。

复盘工作较为单纯，是根据预盘阶段的"盘点单"去复查。复盘者可以要求被盘者逐项将料品卸下，深入清点，再记录实际情况，填入"复盘"有关栏位内。通常是撕下"盘点单"一联，给盘点主持人。

负责任的复盘人员，还会更进一步复查料品的品质状况（甚至包装存置时间及呆料状况），这当然值得鼓励。

> 知识库

如何提高盘点正确性

1. 盘点前提升盘点人员对盘点的深层认识

实地盘点既然要大张旗鼓，甚至生产出货活动都要停下来配合，动用不少人力煞费周折，那就最好"一鱼数吃"，同时达到更多的目的，更符合"管理报酬率"的成本观念，所以盘点人员对盘点所要达到的目的与盘点计划应有清楚的了解。

2. 针对盘点时程的计划要有周详的考虑

例如计算好每一位预盘主办员每天能用多少时间去真正地进行预盘（由于每天仍要进行入出库作业，所以可能每天仅 2~3 小时可以真正有效地从事预盘作业），共有多少料项，差不多要多少天才可以完成预盘。而且要真正去协调各部门的正常入出库作业，一定要集中在每天什么时段，以避免对预盘的影响。这是不可以"一声令下"就让仓库人员"自己想办法"的。此外，生产活动也要计划何时开始"收缩"，使在复盘执行的数日之前，应进料的尽可能进料，该缴库的尽可能缴库，生产现场才有尽量"净空"的可能。

3. 加强对预盘阶段的控制

预盘是最基础的工作,也最要求"细腻"与"确实",否则整体盘点就不易落实有效率。

4. 复盘注意事项

复盘是比较单纯的,一般是采取抽样、详查、每项全查的办法。即每一个料项都要"盘"到,即使略盘(依容器标准内装数乘以容器数,可得总数,但要检查容器是否"落实"整顿)亦可。但每隔若干料项,一定要详盘,也就是要求预盘人把该料项从储位上卸下,逐一点数,以确认其预盘的确实度。如发现有不少的"不落实"之处,可以向盘点主持人呈报,要求重新做一次预盘的工作。

5. 查清差异原因

盘点会将一段时间以来积累的作业误差,及其他原因引起的账物不符暴露出来,发现账物不符,而且差异超过容许误差时,应立即追查产生差异原因。一般而言,产生盘点差异的原因主要有如下几个方面:

(1) 计账员素质不高,登录数据时发生错登、漏登等情况;
(2) 账务处理系统管理制度和流程不完善,导致货品数据不准确;
(3) 盘点时发生漏盘、重盘、错盘现象,导致盘点结果出现错误;
(4) 盘点前数据资料未结清,使账面数不准确;
(5) 出入作业时产生误差;
(6) 由于盘点人员不尽责导致货物损坏、丢失等后果。

6. 盘点结果处理

查清原因后,为了通过盘点使账面数与实物数保持一致,需要对盘点盈亏和报废品一并进行调整。除了数量上的盈亏,有些商品还将会通过盘点进行价格的调整,这些差异的处理,可以经主管审核后,用表5-3所示的更正表进行更正。

表5-3 货品盘点数量盈亏、价格增减更正表

货品编号	货品名称	单位	账面资料			盘点实存			数量盈亏				价格增减				差异因素	负责人	备注
			数量	单价	金额	数量	单价	金额	数量	金额	数量	金额	单价	金额	单价	金额			

5.2 盘点的工作内容和盘点方法

学习资源：

依靠看板轻松实现管理的可视化

5.2.1 盘点作业的工作内容

一般来说，盘点作业的工作内容主要有以下几项：

1. 货物数量

通过盘点查明库存商品的实际数量，核对库存账面数量与实际库存数量是否一致，这是盘点的主要内容。

2. 货物质量

检查在库商品质量有无变化，包括：受潮、锈蚀、发霉、干裂、鼠咬，甚至变质情况；检查有无超过保管期限和长期积压的现象；检查技术证件是否齐全，证物是否相符；必要时，还要进行技术检验。

3. 保管条件

检查库房内外储存空间与场所利用是否恰当；储存区域划分是否明确，是否符合作业情况；货架布置是否合理；商品进出是否方便、简单、快速；工作联系是否便利；搬运是否方便；传递距离是否太长；通道是否宽敞；储区标志是否清楚、正确，有无脱落或不明显；有无废弃物堆置区；温湿度是否控制良好。检查堆码是否合理稳固，苫垫是否严密，库房是否漏水，场地是否积水，门窗通风洞是否良好等，即检查保管条件是否与各种商品的保管要求相符合。

4. 仓储设备

检查各项设备使用和养护是否合理；是否定期保养；储位、货架标志是否清楚明确，有无混乱；储位或货架是否充分利用；检查计量器具和工具，如皮尺、磅秤以及其他自动装置等是否准确，使用与保管是否合理，检查时要用标准件校验。

5. 库存安全状况

检查各种安全措施和消防设备、器材是否符合安全要求；检查使用工具是否齐备、安全；药剂是否有效；商品堆放是否安全，有无倾斜；货架头尾防撞杆有无损坏变形；检查建筑物是否损坏而影响商品储存；对于地震、水灾、台风等自然灾害有无紧急处理对策等。

> 知识库

物料盘点的六检查

1. 检查物料账上数量、实物数量、标识卡上数量是否一致；

2. 检查物料的收发情况及是否按先进先出的原则发放物料；
3. 检查物料的堆放及维护情况；
4. 检查物料有无超储积压，损坏变质；
5. 检查对不合格品及呆料的处理；
6. 检查安全设施及消防安全情况。

5.2.2 盘点的方法

1. 盘点的种类

如同账面库存与实物库存一样，盘点也分为账面盘点及实物盘点。

所谓账面盘点，又称为永续盘点，就是把每天入库及出库货品的数量及单证，记录在电脑或账簿上，而后不断地累计加总算出账面上的库存量及库存金额。

而实物盘点亦称为实地盘点或实盘，也就是实际去点数调查仓库内的库存数，再依货品单证计算出实际库存金额的方法。

因而如要得到最正确的库存情况并确保盘点无误，最直接的方法就是确定账面盘点与实物盘点的结果要完全一致。如一旦存在差异，即是产生料账不符的现象，究竟是账面盘点记错或是实物盘点点错，则须再多费一些工夫来找寻错误原因，才能得出正确结果及划分责任归属。

> **相关链接**
>
> **盘点盈亏分析报告**
>
> 金苹果超市于2016年5月31日进行盘点，通过整理完盘点数据后，发现此次盘点结果不尽如人意。经过数据分析，主要是由以下原因造成的：
>
> 一、电脑系统操作不当
>
> 1. 商品条码录入错误，导致销售的数据记录在了其他商品的头上，盘点时形成两个商品一个盘盈，一个盘亏。
>
> 解决办法：规范所有商品条码，特别是在采购进货上进行严格把关，最好验货的时候仔细检查有问题的商品条码和系统中对应的该商品的条码是否一致以及品名是否准确一致。
>
> 2. 同一个国际条码的商品因为进货的时间不同（自购商品）在系统里登记了两个商品资料，即分配了两个内码，收银员按照扫描条码的方式销售，必然造成一个编码的商品始终在系统里面显示没有销售，而另外一个编码的商品不断形成负库存，因为入库的时候是另外一个编码入的库。
>
> 解决办法：通过电脑系统查询以及商品重新归类清查、校验，如果发现有此情况出现，删除其中一个无用的商品代码，删除前检查哪个条码是正在使用的，必须慎重！
>
> 3. 供应商送货到仓库，没有及时登记进货单，或者登记了单据没有审核，造成系统里面没有库存，而卖场却已经有货，形成商品的盘盈，这种情况多以供应商送赠品的情况居多，当然也有部分是前期开业，供应商不来及时打单，造成漏录入库货单所致。
>
> 解决办法：对于供应商送货时有赠品的情况，必须录入系统，同时要求供应商叮嘱电脑员打印赠品入库单，否则不予结算，对于未审核的入库单，则在盘点前必须检查所有未审核的入库单、入库退货单、库存调整等单据，然后审核该部分单据。

4. 商品已经退货给供应商，但是没有及时登记退货单，造成系统里的库存没有及时扣除，而货物已经拉走，形成商品的盘亏。

解决办法：规范商品退货流程，把握几个原则：①退货必须由采购和供应商协商好；②仓库退货人员必须看到商品入库退货单才能退货；③凡是出卖场的商品，必须由防损员检查供应商是否有退货单以及检查退货单的商品和实际货品是否一致。

5. 进货单因为操作失误，录入重复，造成盘亏。

解决办法：这是属于操作性失误，只能在平日操作时多注意，同时通过系统也可以减少和避免此类错误发生：所有进货单必须有对应的采购订单，否则不允许直接录入进货单，同时限制电脑员直接录入商品入库单（赠品入库单除外），限制电脑员修改单价和数量。

6. 盘点单输入重复，造成盘点数虚高，形成盘盈。

解决办法：通过电脑员修改系统参数可以避免此类现象产生。

7. 在内部领用的商品没有通过POS机销售的情况下，也没有在系统里及时登记报损单，造成盘亏。

解决办法：所有内部领用都必须在前台销售过机，不允许出现签单、签名直接越权领用商品的情况。

8. 超市打标价签人员由于操作疏忽或者和电脑部人员协调不好，造成货品和标价签不一致，造成盘点人员盘点时出现货品张冠李戴的现象，该现象在百货类商品中出现频率非常高。

解决办法：

（1）对于所有百货类商品重新规范规类（代码、货品名称、规格），规类完成后，和电脑人员协调在电脑系统中修改正确。

（2）平时超市货品主管凡是发现有不规范，条码和货品张冠李戴现象的，一定通知电脑部修改正确。

（3）对于没有条码的货品打印标价签的时候，要多留心注意打印得是否正确，如果可行的话，最好再经POS系统过一下机校验打印标价签的数据是否正确。

（4）从进货源头就严格控制，责任到人。

二、盘点过程中操作不当

1. 盘点的人员不熟悉商品和盘点流程，造成漏点、重点，或者不同规格的商品按照一种商品来盘点。

解决办法：

（1）所有卖场人员平时多熟悉商品。

（2）对卖场人员的培训不仅仅是在盘点前进行，培训工作应该贯穿于平时的整个工作流程中。

（3）盘点的工作人员应该端正态度，增强责任感。

（4）盘点实行交叉盘点复查制度。

2. 有些商品外观极其类似，价格也一样，但是规格不同，比如口味、颜色、效用，在入库验收的时候仓管人员没有很好地区分，只把总数量确认就通过了，事实上供应商把几种规格的商品混在一起送货，实际各自的数量和送货单均有偏差，造成这一系列的商品在盘点的时候均出现盈亏，实际上总数是不赢不亏的，但是由于每个货品的价格不一致，还导致有盈亏金额的产生。

解决办法：

（1）加强仓管人员对商品的熟悉程度；

（2）验货工作人员验货一定要仔细；

（3）实行验货监督机制，如果出现此类现象，则实行责任到人。

3. 商品名称在建立的时候过于简化，从商品名称无法直接判断商品的大致类别，比如："611""009#""2400"，造成盘点的复查不方便，导致效率低下。

解决办法：

（1）采购人员在引进新品的时候，必须要求供应商把货品的详细资料提供给我方；

（2）货场管理人员平时多留意该部分商品，发现系统品名和实际货品不一致的，必须通知电脑部修改。

综述：通过该次盘点，目前总的盈亏成本金额是 7 966.61 元，总的仓库金额在 70 万左右，按照千分之五的合理允许盈亏金额统计，那么实际该进行赔偿的金额在 4 466.61 元。同时由于大部分盘点人员是新手，对商品结构都很不熟悉，所以大部分的盘点盈亏都是由于误盘和漏盘造成的，卖场实际的盈亏金额应该比 4 466.61 低很多，如果想要得到精确的盈亏数据，必须对所有有盈亏的单品进行重新盘点，但是要保证精确，则实盘数量必须精确，而由于客观原因的存在，这很难做到，我们通过对 10 个单品进行 3 次抽盘，每次盘点的数量都是不一致的，如果这样去做的话，将会花费大量的人力、物力，间接产生大量的成本。根据目前出现的问题，特建议从以下方面入手进行改进：

1）进行业务流程重建，规范优化业务流程，找出不合理和漏洞比较多的关键点；

2）平时加强对员工的培训，并且贯穿于整个工作流程中；

3）对于贵重、易盗物品实行台账建立制，由于该类物品品类少，实行每天盘点交接制，出现盈亏，当天进行奖惩；

4）对目前的卖场商品重新规范，主要校验条码、品名、价格、标价卡、规格等是否正确；

5）建立合理的绩效考核机制，调动员工的积极性，增加员工的归属感。

2. 盘点的方法

（1）账面盘点法

账面盘点的方法是将每一种货品分别设账，然后将每一种货品的入库与出库情况详加记载，不必实地盘点即能随时从电脑或账册上查悉货品之存量。通常量少而单价高的货品较适合采用此方法。

（2）实物盘点（实地盘点）法

实物盘点依其盘点时间频度的不同又分为期末盘点及循环盘点。期末盘点是指在期末一起清点所有货品数量的方法，而循环盘点则是在每天、每周即做少种少量的盘点，到了月末或期末则每项货品至少完成一次盘点的方法。

1）期末盘点法。由于期末盘点是将所有品种的货品一次盘完，因而有必要全体员工一齐行动，采取分组的方式进行盘点。一般来说，每组盘点人员至少要 3 人，以便能互相核对减少错误，同时也能彼此牵制，避免流弊。其盘点程序如下：

步骤 1：将全公司员工进行分组。
步骤 2：由一人先清点所负责区域的货品，将清点结果填入各货品之盘存单上。
步骤 3：由第二人复点，填入盘存单与第一人盘点的数据相核对。
步骤 4：由第三人核对，检查前二人之记录是否相同且正确。
步骤 5：将盘存单交给账务员，合计货品库存总量。
步骤 6：等所有盘点结束后，再与电脑或账册资料进行对照。

2）循环盘点法。循环盘点即是将每天或每周当作一周期来盘点，其目的是减少损失，对于不同货品施以不同管理亦是主要原因，就如同前述商品分 ABC 管理的做法，价格越高或越重要的货品，盘点次数越多；价格越低越不重要的货品，就尽量减少盘点次数。循环盘点因一次只进行少量盘点，因而只派专门人员负责即可，无须动用全体人员。

以上两种盘点方法，公司应根据实际情况选择较适用的盘点方式，但大体而言，循环盘点较能针对各货品需要做适时管理，且易收盘点成效。事实上，有些公司是将两种盘点并用，平时针对重要货品做循环盘点，而至期末再将所有货品做一次期末大盘点，如此不仅循环盘点的误差能渐渐减少，就算是期末的大盘点，其误差率也因循环盘点的配合进行而有所降低，同时期末盘点的所需时间也会因平时循环盘点的整理与管理改善而缩短许多。期末盘点与循环盘点优劣差异比较见表 5-4。

表 5-4 期末盘点与循环盘点优劣差异比较

盘点方式比较内容	期末盘点	循环盘点
时间	期末，每年仅数次	平常，每天或每周一次
所需时间	长	短
所需人员	全体动员（或临时雇用）	专门人员
盘差情况	多且发现得晚	少且发现得早
对营运的影响	需停止作业数天	无
对品项的管理	平等	A 类重要货品仔细管理，C 类不重要货品一般管理
盘差原因追究	不易	容易

相关链接

小超市如何做好盘点工作

小超市要做好盘点基础工作，就必须做好盘点方法、账务处理、盘点组织、盘点配置图等。

①盘点方法。盘点方法可从以下四个方面来划分：第一，以账或物来区别，可分为存货盘点和实际存货盘点。前者是指根据数据，计算出商品存货的方法；然后才是针对未销售的库存商品，进行实地的清点统计，清点时只记录零售价即可。第二，以盘点区域来区别，可分为全面盘点和分区盘点。前者是指在规定的时间内，对店内所有存货进行盘点；后者是指将店内商品以类别区分，每次依顺序盘点一定区域。第三，以盘点时间来区别，可分为营业中盘点、营业前（后）盘点和停业盘点。营业中盘点就是前面所说的"即时盘点"，营业与盘

点同时进行；营业前（后）盘点指开门营业之前或打烊之后进行盘点；停业盘点是指在正常的营业时间内停业一段时间来盘点。第四，以盘点周期来区别，可分为定期盘点和不定期盘点。定期盘点是指每次盘点间隔时间相同，包括年、季、月度盘点，每日盘点，交接班盘点。不定期盘点是指每次盘点间隔时间不一致，是在调整价格、改变销售方式、人员调动、意外事故、清理仓库等情况下临时进行的盘点。

②账务处理。超市与便利商店由于商品种类繁多，各类商品的实际成本计算有一定困难，所以一般采用零售价法来进行账面盘点。其计算公式是：账面金额＝上期库存零售额＋本期进货零售额－本期销售金额＋本期调整变价金额

③盘点组织。盘点工作一般都由店铺自行负责，总部予以指导和监督。但随着连锁规模的扩大，盘点工作也需要专业化，即由专职的盘点小组来进行盘点。盘点小组的人数依营业面积的大小来确定，一般来说，500平方米左右的超市，盘点小组至少要有6人，作业时可分3组同时进行。盘点小组均于营业中进行盘点，如采用盘点机（掌上型终端机）进行盘点，6人小组一天可盘1~2家超市，将盘点后所获得的资料立即输入电脑进行统计分析。确立了盘点组织之后，还必须规划好当年度的盘点日程，以便事前准备。

④盘点配置图。店铺开业前所设计的卖场商品配置图和仓库存货配置图可作为盘点用图。但在盘点时还应另外制作一张配置图，应包括卖场的设施（冷冻冷藏柜、货架、大陈列区等）、后场的仓库区、冷冻冷藏库等，凡商品储存或陈列之处均要标明位置，以便分区负责实施盘点作业。其运作办法是：确定存货及商品陈列位置；根据存货位置编制盘点配置图；对每一个区位进行编号；将编号做成贴纸，粘贴于陈列架的右上角。做好上述工作之后，就可以详细地分配责任区域，以便使盘点人员确实了解工作范围，并控制盘点进度。

5.2.3 盘点后的结果分析及处理

盘点作业结束后，实际库存和账面（电脑）库存相核对，若有差异要追查原因，堵疏防漏。

1. 差异原因分析

若发现账物不符，而且差异超过容许的误差时，应查明产生的原因，一般包括以下几个方面：

①账务处理系统的管理制度和流程不完善，导致货物数据不准确。
②盘点时发生漏盘、重盘、错盘等现象，导致数据不准确。
③盘点前数据资料未结清，使账面数据不准确。
④出入库作业时产生误差。
⑤盘点人员在盘点过程中的过失，如货物损坏、丢失等。
⑥其他。

相关链接

超市盘点分析报告

盘点是衡量门店营运业绩的重要指标，也是对一年的营运管理的综合考核和回顾。因为盘点的数据直接反映的是损耗，所以门店年度盈利在盘点结束后才可以确定。超市在营运过

程中存在各种损耗，有的损耗是可以看见和控制的，但有的损耗是难以统计和计算的，如偷盗、账面错误等。因此需要通过年度盘点来了解超市的盈亏状况。通过盘点，可以达成如下目标：

1. 掌握超市在本盘点周期内的亏盈状况。
2. 获得超市最准确的目前的库存金额，将所有商品的电脑库存数据恢复正确。
3. 得知损耗较大的营运部门、商品大组以及个别单品，以便在下一个营运年度加强管理，控制损耗。
4. 发掘并清除滞销品、临近过期商品，整理环境，清除死角。
5. 反映门店营运上的失误和管理上的漏洞，发现问题，改善管理，降低损耗。

下面以盘点流程为序，分析盘点中发现的问题：

1. 盘点准备不足。盘点用表数量预估不准确，盘点表不够用，说明对商店货架数据掌握不准确；漏盘、漏预列情况较多，盘点工作计划不充分。

建议用倒计时的方式将盘点所需要进行的工作以清单的形式列印出来，安排所有参加库存区盘点、陈列区盘点的人员，以及盘点指挥中心和盘点资料处理中心的人员。详细到如工作时间、就餐时间、报道地点等，并告知所有相关人员。

2. 非销售区盘点工作完成情况不佳，顶仓商品盘点单据分箱工作在盘点当天下午才完成，盘点当天仓库和登高梯管理不严格，可能造成员工补货。

非销售区共抽查了35个货架的353种商品，有13种商品盘点错误，占总抽查商品种类的3.68%，这个比例是比较大的。错误主要集中在卫浴、五金部门，这些部门的商品型号复杂，体积较小，容易出错，要求员工非常细心并且要有很强的责任心。

3. 盘点现场稍显混乱，有挪用盘点商品（如梯子）的现象，还有使用堆放疑问商品的购物车用来登高，都有可能影响盘点结果，这些可以通过加强培训和现场管理来改进。盘点负责人应掌握盘点进度，机动调动人员支援并巡视各部门盘点区域，发现死角以及遗漏区域。

4. 数据录入效率不高，各部门配合协调情况不佳。录入当天计划8：00开始，实际9：00人员才到齐，开始录入。盘点是全店人员都参加的营运过程，为减少对营运的影响，提高盘点工作的效率，各个部门必须有良好的配合协调意识，以大局为重，使整个盘点按计划进行。

5. 盘点差异查找时不够主动，不能及时有效地提供相关证据。商店盘点要明确目的，要通过盘点反映门店营运上的失误和管理上的漏洞，发现问题，改善管理，降低损耗，不是例行公事。

6. 原因有较多是盘点错误、漏盘。说明商店部门经理对盘点工作不重视，协调、管理、跟踪不到位，责任心不强。包括建材的140万元差异就是这样造成的。

7. 商店没有全年的库存管理计划，部门没有制订商品的循环盘点计划，使所有差异均反映在年终盘点上，不利于库存的管理。

8. 商店的部门经理、员工对流程、商品的移动原因代码不了解，商品的流动走向不清楚。对SAP的操作不熟练。

9. 特单较多的部门在操作流程上存在一定的问题，部门间交接不是非常顺畅。

10. 没有严格掌握商品进出原则,即"商品如何进,就如何出"。要做到这一点必须全员培训、了解、掌握,确保店内商品的准确性。

以下是对盘点工作提高效率的建议:

1. 技术面

(1) 盘点事前做好培训,确保效果。弄清盘点过程中可能出现的问题,加以注意。

(2) 做好计划,将盘点所需要进行的工作以清单的形式列印出来。安排所有参加库存区盘点、陈列区盘点的人员,以及盘点指挥中心和盘点资料处理中心的人员。详细到如工作时间、就餐时间、报到地点等。

(3) 完整:所有盘点过程的流程,包括区域的规划、盘点的原始资料等,都必须完整,不要遗漏区域和商品。

(4) 清楚:盘点过程属于流水作业,不同的人员负责不同的工作,所以所有资料必须清楚,人员的书写必须清楚,货物的整理必须清楚,才能使盘点顺利进行。

2. 管理面

(1) 现场管理:现场应有秩序,包括控单发放、回收,盘点进行都应有效率。盘点负责人应掌握盘点进度,机动调动人员支援并巡视各部门盘点区域,及时处理各种突发事件,保证盘点工作顺利进行。

(2) 执行力:保证相关人员明确工作计划及目标,不私自在操作中变通更改,注意各时间节点,保证各环节顺利进行。工作进行中应有监督(如仓库管理、登高梯使用等),以便及时调整,避免差异增大。

(3) 团队精神:盘点是全店人员都参加的营运过程。为减少停业的损失,加快盘点的速度,超市各个部门必须有良好的配合协调意识,以大局为重,使整个盘点按计划进行。

3. 营运面

加强库存管理,商品部最好建立循环盘点计划,以便掌握库存情况,及时做出调整。可能由于商店近期事情繁多,分散了对盘点工作的注意力,没有引起管理层对这项工作足够的重视,希望各部门能从盘点结果中发现问题,以求改进。

2. 差异处理

不同的差异原因应采取不同的处理方法。

(1) 自然溢损

物品、原材料、物料采购进仓后,在盘点中会出现干耗或吸潮升溢,在升损率合理的范围内,可填制升损报告,经主管审查后,做"营业外收入"或"管理费"处理。

(2) 人为溢损

人为溢损应查明原因,根据单据报部门经理审查,根据有关规定按"待处理收入"或"待处理费用"科目处理。

3. 调整账面数量

当盘点实际数量与账面数量不符时,仓库管理人员或经管部门负责人应对其产生差异的原因进行分析,并将盘点结果上报上级相关管理部门,根据管理部门的批示,调整相应的账面数量。

①相关负责人根据对仓库实物盘点表和盈亏盘点表的审核情况填制盘点结果报审表,写

明主要原因，报相关领导审批。

②经相关领导审批签字后，第一联仓库商品账留存，第二联转会计，第三联转统计。

> **知识库**

盘点作业的三项指标

对盘点作业进行品质的评估，可以依照三个指标项目：盘点数量误差率、盘点品项误差率、平均盘差品金额。

1. 盘点数量误差率

应用目的：衡量库存管理优劣，作为是否加强盘点或改变管理方式的依据，以降低公司的损失。

计算公式：盘点数量误差率＝盘点误差量/盘点总量

指标意义：若公司甚少实施盘点，则损失率将无法确实掌握，而损失率不知道则实际毛利便无法知道，实际毛利无法知道则实际损益也将无法知晓；一旦连损益都不清楚的事业，则其经营也就变得无意义了。状况陈述：若盘点误差数量过高（在电脑中有库存，但仓库中却无现品；或在电脑中记录无库存，但仓库中却有现品），表明公司对于库存品的管理仍有很大缺失。

改善对策：

必须加强注意可能造成盘点误差的原因：

（1）记账员的疏忽（看错字）；

（2）运送过程发生损耗；

（3）盘点计数错误；

（4）单据遗失，进出货未过账；

（5）捆扎包装之错误。

此外，盘点误差常是由于货品在出入库作业时的传票输入、检查点数错误中产生，因此一旦出入库作业次数较多时，误差也会随之增大许多。因而对于每次进出货的处理，更应特别小心。

2. 盘点品项误差率

应用目的：由盘点误差数量及误差品项两者间指标数据的大小关系，来检查盘点误差主要的发生原因。

计算公式：盘点数量误差率＝盘点误差量/盘点总量

盘点品项误差率＝盘点误差品项数/盘点实施品项数

状况陈述1：盘点数量误差率高，但盘点品项误差率低，表示虽然发生误差的货品品项减少，但每一发生误差品项之数量却有提升趋势。

改善对策：应检讨负责这些品项货品的人员有无尽责，以及这些货品的置放区域是否得当，有无必要加强管理。

状况陈述2：盘点数量误差率低，但盘点品项误差率高，表示虽然整个盘点误差量有下降趋势，但发生误差的货品种类却增多了。

改善对策：误差品项太多将使后续的更新修正工作更为麻烦，且亦可能影响出货速度，因此亦对此现象加强管制。

3. 平均盘差品金额

应用目的：判断是否采用 ABC 分类，或现今已采用的 ABC 存货重点分类是否发生作用。

计算说明：平均每件盘差货品的金额＝盘点误差金额/盘点误差量

状况陈述：若一旦此指标高，表示高价位产品的误差发生率较大，可能是公司未实施物品重点管理的结果，对公司营运将造成很不利的影响。

改善对策：未实施物品重点管理的企业很容易造成高价位货品的流失。因此最好的管理方式是确实施行 ABC 分类管理。以仓库而言，则应特别重视高价或较昂贵的货品管理。一般在每次盘点时：

（1）重要管制物品应全数点清。

（2）其余抽 40%，若一旦清点有短缺，则应再全数清点。

学习资源：

如何进行仓库盘点管理

本项目小结

所谓盘点，是指定期或临时对库存商品的实际数量进行清查、清点的作业，即为了掌握货物的流动情况（入库、在库、出库的流动状况），对仓库现有物品的实际数量与保管账上记录的数量相核对，以便准确地掌握库存数量。

盘点工作在制造型或流通型企业里随处可见，因为料账合一是企业进行管理工作的最基本条件。通过盘点，一来可以控制存货，以指导日常经营业务；二来能够及时掌握损益情况，以便真实地把握经营绩效，并尽早采取防漏措施。

复习思考题

一、选择题

1. 盘点又称（　　），即用清点、过秤和对账等方法，检查仓库实际存货的数量和质量。

　　A. 盘库　　　　　　B. 库存　　　　　　C. 仓储　　　　　　D. 保管

2. 库存商品总金额直接反映企业流动资产的使用情况，库存量过高，流动资金的正常运转将受到威胁，而库存金额又与库存量及其单价成正比，盘点就可以准确地计算出企业（　　）。

　　A. 实际库存　　　　B. 实际损益　　　　C. 实际存量　　　　D. 实际损失

3. 一般而言，盘点计划多在复盘日期的（　　）前就要具体拟订而且发布。
A. 10 天　　　　　　B. 半个月　　　　　C. 一个月　　　　　D. 两个月

4. （　　）是将每一种商品分别设立"存货账卡"然后将每一种商品的出入库数量及有关信息记录在账面上，逐笔汇总出账面库存结余量。
A. 仓库盘点法　　　B. 盈亏盘点法　　　C. 实务盘点法　　　D. 账面盘点法

5. （　　）亦称为实地盘点或实盘，也就是实际去点数调查仓库内的库存数，再依货品单证计算出实际库存金额的方法。
A. 实物盘点　　　　B. 账面盘点　　　　C. 库存盘点　　　　D. 实数盘点

二、问答题

1. 什么是盘点？商品的盘点都有哪些目的？
2. 盘点的基本工作程序有哪几个步骤？
3. 盘点的基本内容有哪些？有哪些盘点方法？
4. 盘点后，若发现账物不符，而且差异超过容许的误差时，其原因是什么？

三、实训题

案例分析：信息技术在盘点中的应用

信息技术的运用在仓储管理中带来的最大的变化发生在盘点业务中，传统的手工方式盘点一般是利用纸笔记录，效率不高同时存在数据失实的可能。在利用了条码、射频等信息技术后，就有可能采用自动化技术。例如在某仓库中使用了手持终端，现在的盘点方式只需要利用手持终端扫描箱体，所有盘点数据都会记录在手持终端中，手持终端也会自动处理盘点重复等错误。手持终端数据可以很方便地导入管理系统中去。

条码仓库管理是条码信息技术广泛应用和比较成熟的传统领域，不仅适用于商业商品库存管理，同样适用于工厂产品和原料库存管理。只有仓库管理（盘存）电子化的实现，才能使产品、原料信息资源得到充分利用。仓库管理是动态变化的，通过仓库管理（盘存）电子化系统的建立，管理者可以随时了解每种产品或原料当前货架上和仓库中的数量及其动态变化，并且定量地分析出各种产品或原料库存、销售、生产情况等信息。管理者通过它来及时进货或减少进货、调整生产，保持最优库存量，改善库存结构，加速资金周转，实现产品和原料的全面控制及管理，更新管理方式。在仓储管理盘点作业中实施物流信息技术的特点：

1. 实时数据。数据采集系统采用条码自动识别技术作为数据输入手段，在进行每一项产品或原料操作（如到货清点、入库、盘点）的同时，系统自动对相关数据进行处理，并为下一次操作（如财务管理、出库）做好数据准备。通过计算机网络、数据库技术，系统任何一处在任何时间发生的物流活动数据，可以立即传送到系统上的任何地方，完全消除了目前人工管理库存（盘点）方式下普遍存在的数据失控现象，实施全系统数据的实时性。

2. "零"差错。由于系统几乎完全免除了物流过程中数据的人工键盘输入，同时，全部物流过程在计算机系统监控下准确进行，一旦发生差错，系统立即报警纠正，大大减少了商品库存（盘点）过程中数据输入差错的可能性。即使有错误发生，系统对每一步操作日期、操作情况、操作员等数据都自动记录备查。

3. 省人力。应用数据采集系统，数据一次输入可以在以后的物流和信息流的各个环节中使用，数据输入次数由几十次减少到几次，操作员只需要使用数据采集器扫描阅读每一商品条码，系统自动对相关数据进行处理。不仅节省了盘点的工作劳力，而且减轻了劳动强度，改善了劳动条件。

问题：
信息技术能给仓储管理中的盘点作业带来哪些好处？

项目 6

商品的储存

学习目标

1. 了解商品保管的基本要求。
2. 掌握仓库管理的 5S 活动。
3. 掌握商品霉变和虫害的防治。

技能目标

1. 学会仓库温、湿度管理。
2. 掌握仓库的虫害防治方法。

引导案例

大连恒新公司配件出入库管理制度

大连恒新公司在总结多年实践经验的基础上,制定出下述出入库管理制度,取得了很好的效果。

一、入库

1. 验货接运。验货接运是配件入库的第一步。它的主要任务是及时而准确地接收入库配件。在接运时,要对照货物运单认真检查,做到交接手续清楚,证件资料齐全,为验收工作创造有利条件。避免将已发生损失或差错的配件带入仓库,造成仓库的验收或保管出现问题。

2. 验收入库。凡要入库的配件,都必须经过严格的验收。物资验收时按照一定的程序和手续,对物资的数量和质量进行检查,以验证它是否符合订货合同的一项工作。验收为配件的保管和使用提供可靠依据。验收记录是仓库对外提出换退货、索赔的重要凭证。因此,要求验收工作做到及时、准确,在规定期限内完成,要严格按照验收程序进行。

验收作业程序是:

验收准备—核对资料—核验实物—做出验收记录

3. 办理入库手续。经验收无误后的配件即办理入库手续,进行登账、立卡、建立档案,妥善保管配件的各种证件、账单等资料。

二、出库

出库程序是：

出库前准备—核对出库凭证—备料—复核—发料和清理配件出库前的准备。仓库要深入实际，掌握用料规律，并根据出库任务量安排好所需的设备、人员及场地等。

核对出库凭证。仓库发出的配件，主要是车间所领用，有少部分对外销售、委托外单位加工或为基建工程所领用。为了确定出库配件的用途，计算新产品成本，防止配件被盗，出库时必须有一定的凭证手续。严禁无单或白条发料。配件出库凭证主要有"领料单"等。保管员接到发料通知单，必须仔细核对，无误后才能备料。

备料：按照出库凭证进行备料。同时变动料卡的余存数量，填写实发数量和日期等。

复核：为防止差错，备料后必须进行复核。复核的主要内容有：出库凭证与配件的名称、规格、质量、数量是否相符。

发料和清理：复核无误后即可发料。发料完毕，当日清理单据、证件，并清理现场。

仓库出、入库工作的好坏直接影响企业的生产经营秩序，影响配件的盈亏、损耗和周转速度，因此，仓库应努力做好出入库工作。

（资料来源：http://www.chinawuliu.com.cn/oth/content 中国物流与采购网　经作者整理）

思考题

大连恒新公司为什么要建立出入库管理制度？

6.1　仓储商品的质量变化

了解商品质量变化的规律和影响质量变化的因素，对于确保仓储商品的质量、减少损失作用十分重大。

6.1.1　仓储商品质量变化的类型

商品在存储过程中，由于本身的性能特点，以及受外界各种环境因素的影响，可能发生质量变化，造成商品的损耗和损失。防止和减缓商品质量变化是仓储管理的一项重要工作。

1. 商品的物理和机械变化

物理变化是只改变物质本身的外部形态，而不改变其性质，没有新的物质生成，并且有可能反复进行的质量变化现象。商品的机械变化是指商品在外力作用下，发生形态变化。商品的物理和机械变化的结果不仅使商品的数量发生损失和质量下降，而且还可使商品失去使用价值。仓储商品常发生的物理、机械变化有挥发、溶化、熔化、渗漏、串味、沉淀、沾污、破碎和变形等。

（1）挥发

挥发是低沸点的液体商品或经液化的气体商品在空气中经汽化而散发到空气中的现象。挥发的速度与气温的高低、空气流动速度的快慢、液体表面接触空气面积的大小成正比关系。液体商品的挥发不仅降低有效成分、增加商品的损耗、降低质量，有些燃点很低的商品还容易引起燃烧或爆炸；有些商品挥发出来的蒸汽还有毒性或麻醉性，容易造成大气污染，对人体产生危害；有些液体或气体商品，受到气温升高的影响，会发生体积膨胀，使包装内部压力增大，可能发生爆破。常见易挥发的商品如酒精、白酒、香精、花露水、香水、化学试剂中的各种溶剂、医药中的一些试剂、部分化学农药、杀虫剂、油漆等。

防止商品挥发的主要措施是加强包装密封性。此外，要控制仓库温度，高温季节要采取降温措施，保持较低温度条件下储存，以防挥发。

(2) 溶化

溶化是指有些固体商品在保管过程中，能吸收空气或环境中的水分，当吸收量达到一定程度时，就会溶化成液体。

易溶化商品必须具有吸湿性和水溶性两种性能，常见易溶化的商品有食糖、糖果、食盐、明矾、硼酸、甘草硫浸膏、氯化钙、氯化镁、尿素、硝酸铵、硫酸铵、硝酸锌和硝酸锰等。

商品溶化与空气温度、湿度及商品的堆码高度有密切关系。在保管过程中，有一些结晶粒状或粉状易溶化商品，在空气比较干燥的条件下，慢慢失去水分后结成硬块。特别是货垛底层商品，承受上层压力较大，虽然溶化后，商品本身的性质并没有发生变化，但由于形态改变，给储存、运输、销售部门带来很大的不便。对易溶化商品应按其性能，分区分类存放在干燥阴凉的库房内，不适合与含水分较大的商品同储。在堆码时要注意底层商品的防潮和隔潮，垛底要垫得高一些。并采取吸潮和通风相结合的管理方法来防止商品吸湿溶化。

(3) 熔化

熔化是指低熔点的商品受热后发生软化以致化为液体的现象。

商品的熔化，除受气温高低的影响外，还与商品本身的熔点、商品中杂质种类和含量高低密切相关。熔点越低，越易熔化，杂质含量越高，越易熔化。

常见易熔化的商品有：百货中的香脂、蛤蜊油、发蜡、蜡烛；文化用品中的复写纸、蜡纸、打字纸和圆珠笔芯；化工商品中的松香、石蜡、粗萘、硝酸锌；医药商品中的油膏、胶囊、糖衣片等。商品熔化，有的会造成商品流失、粘连包装、沾污其他商品；有的因产生熔解热而体积膨胀，使包装爆破；有的因商品软化而使货垛倒塌。

预防商品的熔化应根据商品的熔点高低，选择阴凉通风的库房储存。在保管过程中，一般可采用密封和隔热措施，加强库房的温度管理，防止日光照射，尽量减少温度的影响。

(4) 渗漏

渗漏主要是指液体商品，特别是易挥发的液体商品，由于包装容器不严密，包装质量不符合商品性能的要求，或在搬运装卸时碰撞震动破坏了包装，而使商品发生了跑、冒、滴、漏的现象。

商品渗漏，与包装材料性能、包装容器结构及包装技术优劣有关，还与仓储温度变化有关。如金属包装焊接不严，受潮锈蚀；有些包装耐腐蚀性差；有的液体商品因气温升高，体积膨胀而使包装内部压力增大胀破包装容器；有的液体商品在降温或严寒季节结冰，也会发生体积膨胀引起包装破裂而造成商品损失。因此，对液体商品应加强入库商品检查及温、湿度控制和管理。

(5) 串味

串味指吸附性较强的商品吸附其他气味、异味，从而改变本来气味的变化现象。

具有吸附性、易串味的商品，主要是它的成分中含有胶体物质，以及疏松、多孔性的组织结构。商品串味与其表面状况，与异味物质接触面积的大小、接触时间的长短，以及环境中异味的浓度有关。

常见易串味的商品有大米、面粉、木耳、食糖、饼干、茶叶、卷烟等。常见的引起其他商品串味的商品有汽油、煤油、桐油、腌鱼、腌肉、樟脑、卫生球、肥皂、化妆品以及农药等。

预防商品的串味,应对易被串味的商品尽量采取密封包装,在储存和运输中不得与有强烈气味的商品同车、船并运或同库储藏。同时要注意运输工具和仓储环境的清洁卫生。

(6) 沉淀

沉淀指含有胶质和易挥发成分的商品,在低温或高温等因素影响下,引起部分物质的凝固,进而发生沉淀或膏体分离的现象。常见的易沉淀的商品有墨汁、牙膏、雪花膏等。又如饮料、酒在仓储中,分离析出纤细絮状的物质,而发生混浊沉淀的现象。

预防商品的沉淀,应根据不同商品的特点,防止阳光照射,做好商品冬季保温工作和夏季降温工作。

(7) 沾污

沾污指商品外表有其他脏物,染有其他污秽的现象。

商品沾污,主要是生产、储运中卫生条件差及包装不严所致。对一些外观质量要求较高的商品,如绸缎、针织品、服装等要注意防沾污,精密仪器、仪表也要特别注意。

(8) 破碎和变形

破碎和变形是常见的机械变化,指商品在外力作用下所发生的形态上的改变。

商品的破碎主要是脆性较大的商品,如玻璃、陶瓷、搪瓷制品、铝制品等,因包装不良,在搬运过程中受到碰撞、挤压和抛掷而破碎、掉瓷、变形等。商品的变形通常是塑性较大的商品,如铝制品和皮革、塑料、橡胶等制品由于受到强烈的外力撞击或长期重压,商品丧失回弹性能,从而发生形态改变。对于容易发生破碎和变形的商品,要注意妥善包装,轻拿轻放。在库堆垛高度不能超过一定的压力限度。

2. 仓储商品的化学变化

仓储商品的化学变化与物理变化有本质的区别,化学变化是构成商品的物质发生变化后,不仅改变了商品的外表形态,也改变了商品的本质,并且有新物质生成,且不能恢复原状的变化现象。商品化学变化过程即商品质变过程,严重时会使商品失去使用价值。商品的化学变化形式主要有氧化、分解、水解、化合、聚合、裂解、老化、曝光、锈蚀、风化等形式。

(1) 氧化

氧化是指商品与空气中的氧或其他能放出氧的物质,所发生的与氧相结合的变化。商品发生氧化,不仅会降低商品的质量,有的还会在氧化过程中产生热量,发生自燃,有的甚至会发生爆炸事故。商品容易发生氧化的品种比较多,例如,某些化工原料、纤维制品、橡胶制品、油脂类商品等。如棉、麻、丝、毛等纤维织品,长期同日光接触,发生变色的现象,也是由于织品中的纤维被氧化的结果。

商品在氧化过程中,如果产生的热量不易散失,就能加速其氧化过程,从而使反应的温度迅速升高,当达到自燃点,就会发生自燃现象。桐油布、油布伞、油纸等桐油制品,在还没有干透时就进行打包储存,就容易发生自燃。这是由于在桐油中,含有不饱和脂肪酸,在发生氧化时放出的热量,不易尽快散失时,便会促使其温度升高,当达到纤维的燃点时,就会引起自燃事故。除了桐油制品外，还有其他植物性油脂类或含有油脂较多的商品，如豆饼、花生饼、核桃仁等，在一定的条件下与纤维性物质接触，也会发生自燃现象，而使其炭化。所以，此类商品要储存在干燥、通风、散热条件好和温度比较低的库房，才能保证其质量安全。

（2）分解

分解是指某些性质不稳定的商品，在光、电、热、酸、碱及潮湿空气的作用下，由一种物质生成两种或两种以上物质的变化现象。商品发生分解反应后，不仅使其数量减少，质量降低，有的还会在反应过程中，产生一定的热量和可燃气体，而引起事故。

过氧化氢（双氧水）是一种不稳定的强氧化剂和杀菌剂。在常温下会逐渐分解，如遇高温能迅速分解，生成水和氧气，并能放出一定的热量。

电石遇到潮气，能分解生成乙炔和氢氧化钙，并能放出一定的热量。乙炔气体易于氧化而燃烧，要特别引起注意。这种气体能加速水果和蔬菜等鲜活商品的呼吸强度与水解过程，由此增加了供给胚胎的营养物质，这样就会加速水果和蔬菜的成熟。

（3）水解

水解是指某些商品在一定条件下，遇水发生分解的现象。如硅酸盐和肥皂，其水解产物是酸和碱，这样就同原来商品具有不同的性质。另外，高分子有机物中的纤维素和蛋白质在相应酶的作用下发生水解后，能使其链节断裂，强度降低。

不同商品，在酸或碱的催化作用下，所发生的水解情况也不相同。例如，肥皂在酸性溶液中，能全部水解，而在碱性溶液中却很稳定；蛋白质在碱性溶液中容易水解，但在酸性溶液中却比较稳定，这就是羊毛等蛋白质纤维怕碱不怕酸的原理。棉纤维在酸性溶液中，尤其是在强酸的催化作用下，容易发生水解，能使纤维的大分子链节断裂，分子量降低，被分解成单个的纤维分子，这样就大大地降低了纤维的强度。而棉纤维在碱性溶液中却比较稳定，这就是棉纤维怕酸不怕碱的原因所在。

此类商品在流通领域中，即在包装、运输、储存的过程中，要注意包装材料的酸碱性，哪些商品可以或不能同库储存，以便防止商品的人为损失。

（4）化合

化合是指商品在储存期间，在外界条件的影响下，两种或两种以上的物质相互作用，而生成一种新物质的反应。此种反应，一般不是单一存在于化学反应中，而是两种反应（分解、化合）依次先后发生。如果不了解这种情况，就会给保管和养护此类商品造成困难。

化工商品中的过氧化钠为白色粉末，其劣质品多呈黄色。如果储存在密闭性好的容器内，并在低温下与空气隔绝，其性质非常稳定。但如果遇热，就会发生分解放出氧气。过氧化钠如果同潮湿的空气接触，在迅速地吸收水分后，便发生分解，降低了有效成分。氧化钙的吸潮作用也是一种化合反应的过程。

（5）聚合

聚合是指某些商品，在外界条件的影响下，能使同种分子互相聚合，而结合成一种更大分子的现象。例如，桐油表面的结块、福尔马林的变性等现象，均是由于发生了聚合反应的结果。福尔马林是甲醛的水溶液（含甲醛40%），在常温下能聚合生成三聚甲醛或多聚甲醛，产生混浊沉淀，这样就改变了原来的性质。

桐油中含有桐油酸（十八碳三烯酸），是高度不饱和脂肪酸，在日光、氧和温度的作用下，能发生聚合反应，生成 B 型桐油块，浮在其表面，而使桐油失去使用价值。所以，储存和保管养护此类商品时，要特别注意日光和储存温度的影响，以防止发生聚合反应，造成商品质量的降低。

（6）裂解

裂解是指高分子有机物（如棉、麻、丝、毛、橡胶、塑料、合成纤维等），在日光、氧、高温条件的作用下，发生分子链断裂、分子量降低，从而使其强度降低，机械性能变差，产生发软、发黏等现象。例如，天然橡胶是以橡胶烃为基本单体成分的高分子化合物。分子量为 8 万～10 万。在日光、氧和一定温度的作用下，就能发生链节断裂、分子结构被破坏，而使橡胶制品出现变软、发黏而变质。另外，塑料制品中的聚苯乙烯，在一定条件下，也会同天然橡胶一样，发生裂变。此类商品在保管养护过程中，要防止受热和日光的直接照射。

（7）老化

老化是指含有高分子有机物成分的商品（如橡胶、塑料、合成纤维等），在日光、氧气、热等因素的作用下，性能逐渐变坏的过程。商品发生老化后，能破坏其化学结构，改变其物理性能，使机械性能降低，出现变硬发脆，变软发黏等现象，而使商品失去使用价值。

塑料制品老化后，所引起的性能变化，是由于合成树脂的分子结构发生了变化所造成的。

合成纤维织品发生老化，是由于在日光、氧、高温等因素的作用下，发生变色，强度降低，严重时能逐渐变质脆化。

（8）曝光

曝光是指某些商品见光后，引起变质或变色的现象。例如，石炭酸（苯酚）为白色结晶体，见光即变成红色或淡红色。

照相用的胶片见光后，即成为废品。

漂白粉储存场所不当，在易受日光、热或二氧化碳影响的库房里，就能逐渐发生变化，而降低氯的有效成分。所以，要储存在密闭的桶中，并且严防受潮湿和二氧化碳的影响。

能够曝光的商品在保管和养护过程中，要特别注意防止空气中的氧和温、湿度的影响，其包装要做到密封严密。

（9）锈蚀

锈蚀是指金属或金属合金同周围的介质相接触时，相互间发生了某种反应，而逐渐遭到破坏的过程。金属商品之所以会发生锈蚀，其一是由于金属本身不稳定，在其组成中存在着自由电子和成分的不纯；其二是由于受到水分和有害气体的作用所造成的。

（10）风化

风化指含结晶水的商品，在一定温度和干燥空气中，失去结晶水而使晶体崩解，变成非结晶状态的无水物质的现象。

6.1.2　影响商品质量变化的因素

商品发生质量变化，是由一定因素引起的。为了保养好商品、确保商品的安全，必须找出变化原因，掌握商品质量变化的规律。通常引起商品变化的因素有内因和外因两种，内因是变化的根据，外因是变化的条件。

1. 影响商品质量变化的内在因素

(1) 商品的物理性质

商品的物理性质主要包括商品的吸湿性、导热性、耐热性、透气性等。

1) 商品的吸湿性。

商品的吸湿性是指商品吸收和放出水分的特性。商品吸湿性的大小、吸湿速度的快慢，直接影响该商品含水量的增减，对商品质量的影响极大，是许多商品在储存期间发生质量变化的重要原因之一。商品的很多质量变化都与其含水的多少以及吸水性的大小有直接关系。

2) 商品的导热性。

商品的导热性是指物体传递热能的性质。商品的导热性，与其成分和组织结构有密切关系，商品结构不同，其导热性也不一样。同时商品表面的色泽与其导热性也有一定的关系。

3) 商品的耐热性。

商品的耐热性是指商品耐温度变化而不致被破坏或显著降低强度的性质。商品的耐热性，除与其成分、结构和不均匀性有关外，与其导热性、膨胀系数有密切关系。

导热性大而膨胀系数小的商品，耐热性良好，反之则差。

4) 商品的透气性与透水性。

商品能被水蒸气透过的性质，称为透气性；商品能被水透过的性质称为透水性。这两种性质在本质上都是指水的透过性能，不同的是，前者指气体水分子的透过；后者是指液体水的透过。

商品透气、透水性的大小，主要取决于商品的组织结构和化学成分。结构松弛、化学成分含有亲水基团，其透气、透水性都强。

(2) 商品的机械性质

商品的机械性质，是指商品的形态、结构在外力作用下的反应。商品的这种性质与其质量关系极为密切，是体现适用性、坚固耐久性和外观的重要内容，它包括商品的弹性、可塑性、强度、韧性、脆性等。这种商品的机械性质对商品的外形及结构变化有很大的影响。

(3) 商品的化学性质

商品的化学性质，是指商品的形态、结构以及商品在光、热、氧、酸、碱、温度、湿度等作用下，发生改变商品本质相关的性质。

与商品储存紧密相关的商品的化学性质包括商品的化学稳定性、商品的毒性、腐蚀性、燃烧性、爆炸性等。

(4) 商品的化学成分

1) 无机成分的商品。指构成成分中不含碳的商品，但包括碳的氧化物、碳酸及碳酸盐。这类商品有化肥、部分农药、搪瓷、玻璃、五金及部分化工商品等。

无机性成分的商品，按其元素的种类及其结合形式，又可以分为单质商品、化合物、混合物等三大类。

2) 有机成分的商品。指以含碳的有机化合物为其成分的商品，但不包括碳的氧化物、碳酸与碳酸盐。属于这类成分的商品，其数量相当庞大，如棉、毛、丝、麻及其制品，化纤、塑料、橡胶制品、石油产品、有机农药、有机化肥、木制品、皮革、纸张及其制品、蔬菜、水果、食品、副食品，等等。这类商品成分中，结合形式也不相同，有的是化合物，有的是混合物。

3）商品成分中的杂质。单一成分的商品极少，多数商品含杂质，而成分绝对纯的商品很罕见，所以，商品成分有主要成分与杂质之分。主要成分决定着商品的性能、用途与质量；而杂质则影响着商品的性能、用途与质量，给储存带来不利影响。

（5）商品的结构

商品的种类繁多，各种商品有各种不同形态的结构，要求用不同的包装盛装。如气体商品，分子运动快、间距大，多用钢瓶盛装，其形态随盛器而变；液体商品，分子运动比气体慢，间距比气态小，其形态随盛器而变；只有固体商品，有一定外形。

总之，影响商品发生质量变化的因素很多，这些因素主要包括商品的性质、成分、结构等内在因素，这些因素之间是相互影响的统一整体，工作中绝不能孤立对待。

2. 影响商品质量变化的外界因素

商品储存期间的质量变化，主要是商品内部运动的结果，但与储存的外界因素有密切关系。这些外界因素主要包括空气中的氧、日光、温度、湿度、微生物和昆虫等。

（1）空气中的氧

空气中约含有21%的氧气。氧非常活泼，能和许多商品发生作用，对商品质量变化影响很大。如氧可以加速金属商品锈蚀；氧是好氧性微生物活动的必备条件，使有机体商品发生霉腐；氧是害虫赖以生存的基础，是仓库害虫发育的必要条件；氧是助燃剂，不利于危险品的安全储存；在油脂的酸败，鲜活商品的分解、变质中，氧都是积极参与者。因此，在养护中，对于受氧气影响比较大的商品，要采取各种方法（如浸泡、密封、充氮等）隔绝氧气对商品的影响。

（2）日光

日光中含有热量、紫外线、红外线等，它对商品起着正反两个方面的作用：一方面，日光能够加速受潮物品的水分蒸发，杀死杀伤微生物和害虫，在一定的条件下，有利于商品的保护；另一方面，某些商品在日光的直接照射下，又发生破坏作用。如日光能使酒类挥发、油脂加速酸败、橡胶塑料制品迅速老化、纸张发黄变脆、色布褪色、药品变质、照相胶卷感光，等等，因此，要根据各种不同商品的特性，注意避免或减少日光的照射。

（3）微生物和仓库害虫

微生物和害虫是商品霉腐、虫蛀的前提条件。微生物在生命活动过程中分泌一种酶，它把商品中的蛋白质、糖类、脂肪、有机酸等物质，分解为简单的物质加以吸收，从而使商品受到破坏、变质，丧失其使用价值。同时，在微生物异化作用中，细胞内分解氧化营养物质，产生各种腐败性物质排出体外，使商品产生腐臭味和色斑霉点，影响商品的外观，加速高分子商品的老化。

微生物的活动，需要一定的温度和湿度。没有水分，它是无法生存下去的；没有适宜的温度也不能生长繁殖。掌握这些规律就可以创造条件，根据商品的含水量情况，采取不同的措施，防止微生物生长，以利商品储存。

仓库害虫在仓库里，不仅蛀食动植物性商品和包装，有些仓库害虫还能危害塑料、化纤等化工合成商品，此外，白蚁还会蛀蚀仓库建筑物和纤维质商品。仓库害虫在危害商品过程中，吐丝结茧，排泄各种废物沾污商品，影响商品的质量和外观。

（4）温度

气温是影响商品质量变化的重要因素。温度能直接影响物质微粒的运动速度。一般商品在常温或常温以下，都比较稳定，高温能够促进商品的挥发、渗漏、熔化等物理变化和化学变化；而低温又容易引起某些商品的冻结、沉淀等变化；温度忽高忽低；会影响到商品的稳定性；此外，温度适宜时会给微生物和仓虫的生长繁殖创造有利条件，加速商品的腐败变质和虫蛀。因此。控制和调节仓储商品的温度是商品养护的重要工作内容之一。

（5）空气的湿度

空气的干湿程度称为空气的湿度。空气湿度的改变，能引起商品的含水量、化学成分、外形或体态结构发生变化。湿度下降，将使商品因放出水分而降低含水量，减轻重量。如水果、蔬菜等会发生萎蔫或干缩变形；纸张、皮革制品等失水过多，会发生干裂或脆损；湿度增高，商品含水量和重量相应增加，如食盐、食糖、化肥、硝酸铵等易溶性商品结块、膨胀或进一步溶化，钢铁制品生锈，纺织品、竹木制品、卷烟等发生霉变或被虫蛀等；湿度适宜，可保持商品的正常含水量、外形或体态结构和重量。所以，在商品养护中，必须掌握各种商品的适宜湿度要求，按其具体商品及设备，尽量创造适宜商品的空气湿度。

（6）卫生条件

卫生条件是保证商品免于变质腐败的重要条件之一。卫生条件不良，不仅使灰尘、油垢、垃圾、腥臭等污染商品，造成某些外观疵点和侵染异味，而且还为微生物、仓虫等创造了活动场所。因此商品在储存过程中，一定要搞好储存环境的卫生，保持商品本身的卫生，防止商品之间的污染。

（7）有害气体

大气中的有害气体，主要来自燃料，如煤、石油、天然气、煤气等燃烧放出的烟尘以及工业生产过程中的粉尘、废气。对空气产生污染的主要是二氧化碳、二氧化硫、硫化氢、氯化氢和氯的氧化物等气体。

商品储存在有害气体浓度大的空气中，其质量会变化明显。如二氧化硫气体溶解度很大，溶于水中能生成亚硫酸，当它遇到含水量较大的商品时，能强烈地腐蚀商品中的有机物。在金属电化腐蚀中，二氧化硫也是构成腐蚀电池的重要介质之一。空气中含有 0.01% 二氧化硫，能使金属锈蚀增加几十倍，使皮革、纸张、纤维制品脆化。特别是金属制品，必须远离二氧化硫。

学习资源：

如何做好仓库管理控制指标分析

6.2 仓库温、湿度管理

6.2.1 温、湿度管理的基本知识

货物在储存期间的质量变化与货物储存环境密切相关。而在货物储存环境诸因素中，仓库的温、湿度最为重要。货物在储存期间发生的霉变、锈蚀、溶化、虫蛀、挥发等，都与

温、湿度关系密切。仓库温、湿度的变化,直接受库外自然气候变化的影响。了解自然气候的变化规律,加强仓库温、湿度管理,创造适合货物安全储存的温、湿度条件,是货物养护的一项重要工作。

1. 温、湿度的基本知识

货物在仓库储存过程中的各种变质现象,几乎都与空气温、湿度有密切关系,仓储货物保管的中心环节就是控制好仓库的温、湿度。由于货物的性质不同,其所适应的温、湿度也不同。仓库温、湿度的变化对储存商品的质量安全影响很大,而仓库温、湿度往往又受自然气候变化的影响,这就需要仓库管理人员正确地控制和调节仓库温、湿度,以确保储存货物的安全。

(1) 空气温度

空气温度指空气的冷热程度,又叫气温,仓库温度的控制既要注意库房内外的温度,也要注意储存货物本身的温度。空气中的热量主要来自太阳的热量。因为空气的导热性很小,所以只有接近地面的气层温度较高,通过冷热空气的对流,使整个大气层的温度发生变化。一般地说,距地面越近气温越高,距地面越远气温越低。

常用的温度单位是摄氏温度、华氏温度和绝对温度,它们之间的换算关系为:

摄氏温度 = (华氏温度 − 32) 5/9

华氏温度 = 32 + 摄氏温度 9/5

绝对温度 = 273 + 摄氏温度

(2) 空气湿度

空气温度指空气中水蒸气含量的多少,通常以绝对湿度、饱和湿度和相对湿度来表示。

1) 绝对湿度是指单位体积空气中,实际所含水蒸气的重量,即每立方米的空气中,含多少克的水汽量。

2) 饱和湿度指在一定气压、气温的条件下,单位体积空气中所能含有的最大水蒸气重量。其单位与绝对湿度的单位相同。空气中的水蒸气超过饱和湿度时,剩余的水蒸气即凝成水珠附在冷物体上,这种现象称为"水淞"。饱和湿度随温度升高而增加,因为气温高,空气中能够容纳的水蒸气量就多,故饱和湿度就大。

3) 相对湿度指空气中实际含有水蒸气量与当时温度下饱和蒸汽量的百分比,即绝对湿度与相对湿度的百分比,它表示在一定温度下,空气中的水蒸气距离该温度时的饱和水蒸气量的程度。相对湿度越大,说明空气越潮湿;反之,则越干燥。在仓库温、湿度管理中,检查库房的湿度大小,主要是观测相对湿度的大小。

绝对湿度、饱和湿度和相对湿度三者的关系,可用下式表示:

相对湿度 = 绝对温度/饱和湿度 100%

在温度不变的情况下,空气绝对湿度越大,相对湿度越高;绝对湿度越小,相对湿度越低。在空气中水蒸气含量不变的情况下,温度越高,相对湿度越小,温度越低,相对湿度越高。

(3) 露点

在绝对湿度和气压不变的情况下,若气温降低,空气中容纳不了原气温时所含的水蒸气量,使空气中的水蒸气达到饱和状态,此时的温度称为露点。必须指出在气压一定时,露点的高低只与空气中的水汽含量有关,水汽含量越多,露点也越高。当含有水蒸气的热空气进入库房，遇到冷的物体，使冷物体周围的湿空气温度降到露点，则空气中的水蒸气就会凝结在冷物体表面，这对商品保管是不利的。

2. 空气温、湿度的变化对货物质量的影响

大多数货物都含有水分，它们对温、湿度的适应性是有一定限度的，如果长期超过或低于这个限度，商品质量就会发生变化。因此，我们必须首先研究货物中的水分与空气温、湿度的相互关系，并应用这些关系，做好货物养护工作，维护货物质量的安全。

（1）货物的吸湿性

货物的吸湿性指货物吸着和放出水分的性质，它与货物养护有着密切关系。货物吸湿性的大小以及吸湿速度的快慢，都直接影响该货物含水量的增减，对货物质量的影响极大。

货物从空气中吸收水分，叫作吸湿；水分从货物体内向空间散发，叫作散湿。具有吸湿性能的货物，叫作吸湿性货物。货物吸湿性的大小，集中体现在吸湿点的高低。当空气相对湿度高于货物的吸湿点时，货物便开始吸湿；低于吸湿点时，货物便开始散湿。不同货物，在同一温度下，吸湿点也不一样。吸湿点越低的货物，吸湿性越强，越易吸湿；同一货物，在不同温度下，吸湿点也不相同。一般来说，温度越高，吸湿点越低；反之，吸湿点越高。货物的吸湿点，是安全保管易吸湿货物的重要依据。只要储存环境的温、湿度条件不超过货物的吸湿点，货物就不会因吸湿而发生变化，这对防止货物变质损失具有重要的意义。

（2）货物的安全水分

货物的安全水分是指吸湿性货物可以安全储存的最高含水量（也叫临界含水量）。货物在储存保管期间的含水量有一定的要求，如果超过了安全水分，就会影响货物质量。因此，在货物养护工作中，应该掌握各种货物的安全水分，要经常注意货物本身的实际含水量是否超过了这个安全界限。如果发现问题，就应采取措施，以保证货物质量的安全。

货物的安全水分，通常是指货物含水量的最高界限。如果超过这个界限，货物就不能保证安全。但是，在实际工作中，有些货物，由于含水量过低，也会引起质量变化，如干缩、脆裂、风化、变形等。因此，商品的安全水分，还应该有一个最低界限，当货物中的水分降低到最低界限以下时，也不能保证货物的安全。不同货物的安全水分不同，这是由各种货物的不同性质所决定的，而每种货物的安全水分，也是随着气温的变化而变化。气温高，安全水分就低；气温低，安全水分就高。

（3）货物的安全相对湿度与安全温度

吸湿性货物的含水量是随着空气温、湿度的变化而变化的。货物在储存中，为了保证其质量的安全，都要求空气温、湿度条件与之相适应，使货物的含水量不超过临界水分。

为了保证货物含水量在安全临界之内，就要控制储存环境的空气相对湿度在一定范围内，这个范围就是货物的安全相对湿度。各种货物的安全相对湿度不是固定不变的，而是随着温度的变化而变化的。在空气相对湿度高于货物安全相对湿度时，并不意味着货物会立即变质，但可以说已经超过了安全储存界限。长时间的持续，则容易引起货物质量的变化。所以库存管理中要控制相对湿度在安全范围之内。

货物在保管中为了其质量安全，对储存环境所要求的温度界限，就是货物的安全温度，有最高界限与最低界限之分。但对一般货物只要求最高温度界限，而对于怕冻货物要求最低温度界限。货物的安全温度是指空气温度，它是从仓储工作实践中摸索出来的一个温度范围的数据。在实际养护中，要掌握货物的安全温度，就要综合考虑货物及其包装等各方面因

素,来加以确定。

3. 仓库温、湿度的调节与控制

仓库温、湿度的变化,对储存货物的安全有着密切的关系,要保持货物质量稳定,控制与调节仓库温、湿度,就成为当前条件下货物养护的一个重要措施。各种货物的性能不同,各个库房的建筑结构、设备条件也有差异,气候在不断地变化着,以及其他各种因素错综复杂,所以在确定措施前应周密考虑,认真分析,才能运用得当,收到预期的效果。研究并采取一些措施来控制仓库内温、湿度的变化,对不适宜货物储存的温、湿度要及时调节。控制与调节仓库环境的方法很多,密封、通风与吸潮相结合的方法,是控制与调节库内温、湿度行之有效的方法。

(1) 仓库密封

仓库密封就是把整库、整垛或整件货物尽可能地密封起来,减少外界不良气候条件对其产生的影响,以达到商品安全储存的目的。密封能保持库内温、湿度处于相对稳定的状态,达到防潮、防热、防干裂、防冻、防溶化的目的,还可收到防霉、防火、防锈蚀、防老化等各方面的效果。

密封储存时应注意的几点事项:

①检查。密封前要检查货物质量、温度和含水量是否正常,如发现生霉、生虫、发热等现象就不能进行密封。发现商品含水量超过安全范围及包装材料过潮,也不宜密封。

②时间。密封的时间要根据商品的性能和气候情况来确定。怕潮、怕溶化、怕霉的货物,应选择在相对湿度较低的时节进行密封。

③材料。密封材料,常用的有塑料薄膜、防潮纸、油毡纸、芦席等。密封材料必须干燥清洁、无异味。选用何种材料应根据货物的性质和密封的目的,合理选择。

(2) 通风

空气是从压力大的地方向压力小的地方流动,气压差越大,空气流动就越快。通风就是利用库内外空气温度不同而形成的气压差,使库内外空气形成对流,来达到调节库内温、湿度的目的。当库内外温差越大时,空气流动就越快;若库外有风,借风的压力更能加速库内外空气的对流,但风力亦不能过大(风力超过5级灰尘较多)。正确地进行通风,不仅可以调节与改善库内的温、湿度,还能及时地散发货物及包装的多余水分。按通风的目的不同,可分为利用通风降温、升温和利用通风散温两种。

1) 通风降温、升温:主要指对空气湿度要求不高,而对温度要求比较严格的一些怕热货物,如玻璃瓶或铁桶装的易挥发的化工原料、化学试剂和医药等液体货物。这类货物在气温高的季节,只要库外温度低于库内时,就可以通风。对于一些怕冻货物,在冬季,只要库外温度高于库内也可以进行通风,以提高库内温度。

2) 通风散湿:是指对易霉腐、溶化、锈蚀等的库存货物的通风。利用通风散湿,来降低库内的相对湿度,首先应该对比库内外绝对湿度的高低,然后再考虑气温与相对湿度的高低。在分析研究库内外温、湿度变化的情况下,决定是否通风。

①当库外空气的相对湿度和绝对湿度都低于库内时,可以通风。

②当库外温度和绝对湿度都低于库内,而相对湿度稍高时,也可以通风。

③库内外温度接近,库外相对湿度比库内低,或库内外的相对湿度接近而库外温度较库内低时,都可以通风。因为在这两种情况下,库外的绝对湿度都比库内低。

通风方法有自然通风和机械通风。自然通风就是利用库房门窗、通风洞等，使库内外空气进行自然交换。当库外无风时，气流的自然交换，主要靠库内外温差而产生的气压差进行，需要开启上部和下部的通风口、门窗；当库外有风时，库内外空气的交换主要靠风的压力，此时应关闭库房迎风面上部出气口，开启背风面上部出气口。机械通风就是在库房上部装设排风扇，在库房下部装置进风扇，利用机械进行通风，以加速库房内外的空气交换，有的还在进风处安装空气过滤设备，以提高空气的洁净程度和降低空气的湿度或温度。

（3）吸潮

吸潮是与密封配合，用以降低库内空气湿度的一种有效方法。在霉雨季节或阴雨天，当库内湿度过大，又无适当通风时机的情况下，在密封库里常采用吸潮的办法，以降低库内的湿度，常采用吸潮剂或去湿机吸潮。

吸潮剂的种类很多，常用的有生石灰、氯化钙、硅胶，除了以上几种吸潮剂外，还可以因地制宜，就地取材，如使用木炭、炉灰和干谷壳等进行吸潮。

案 例

库存茶叶的保管保养措施

首先，茶叶必须储存在干燥、阴凉、通风良好，无日光照射，具备防潮、避光、隔热、防尘、防污染等防护措施的库房内，并进行密封。

其次，茶叶应专库储存，不得与其他物品混存，尤其严禁与药品、化妆品等有异味、有毒、有粉尘和含水量大的物品混存。库房周围也要求无异味。

最后，一般库房温度应保持在15℃以下，相对湿度不超过65%。

6.2.2 库内外温、湿度的变化和控制

1. 库外温、湿度的变化

库外的自然气候是经常变化着的。一天之中日出前气温最低，到午后2~3时气温最高。一年之内最热的月份，内陆一般为7月，沿海出现在8月。最冷的月份，内陆一般在1月，沿海在2月。

绝对湿度通常随气温升高而增大，随气温降低而减小。但绝对温度不足以完全说明空气的干湿程度，相对湿度却能正确反映空气的干湿程度。

空气的相对湿度变化和气温正相反，它是随气温的增高而降低，在一日之中日出前气温最低时相对湿度却最大。日出后逐渐降低，到午后2~3时达到最低。在一年之内相对湿度最高月份一般是7~8月。

2. 库内温、湿度的变化

仓库内温、湿度变化规律和库外基本上是一致的。但是，库外气温对库内的影响，在时间上需要有个过程，同时会有一定程度的减弱。所以，一般是库内温度变化晚于库外，夜间库内温度比库外高，白天库内温度比库外低。有的地区采取夜间通风便是基于这一原理。

库内的湿度通常是随库外湿度变化而变化，但是密封良好的库房受到的影响较小，且库内各部位的湿度也因库内具体情况而有差异。

从气温变化的规律分析,一般在夏季降低库房内温度的适宜时间是夜间10点钟至次日清晨6点钟,而降低湿度的适宜时间是上午6点钟至下午4点钟。当然,这需要考虑到商品特性、库房条件、气候等因素的影响。

6.3 仓库的害虫与防治

6.3.1 仓库害虫的来源及特征

很多货物是用动物性或植物性材料制成的,因而易遭仓虫侵害。仓虫不但破坏货物组织结构,使货物出现孔洞直至破碎,还会排泄各种代谢废物沾污货物,降低货物的外观和内在质量。仓库害虫适应仓库环境,以仓储物为主要危害对象。仓库内害虫的防治是搞好货物保管的一个重要组成部分。

1. 仓库害虫的来源

①货物入库前已有害虫潜伏在货物之中。
②货物包装材料中隐藏着害虫。
③运输工具带有潜伏的害虫。
④仓库内隐藏有害虫。
⑤邻近仓库感染害虫。
⑥仓储地外界环境中的害虫等。

以上是常见仓库害虫的来源,了解仓库害虫的来源,以便采取措施,首先杜绝仓库害虫的来源,是仓库虫害防治的首要工作。

2. 仓库害虫的特性

仓库害虫以危害粮食、饲料最为严重,比较严重的还有畜产品,水产品,中药材,烟叶,竹木制品,皮革制品,毛、丝、麻、棉织品以及纸张制品、农副产品,甚至还能危害化纤制品及塑料制品等。仓库内的害虫具有以下特性:

①具有较强的抗干能力。仓库内大多数害虫能生活于含水量很少的物品中。
②杂食性与耐饥力。仓库内大多数害虫能耐长时期的饥饿不死,而且多为多食或杂食性。
③较强的耐热、耐寒力。适宜仓库害虫生长繁殖的温度范围一般为18℃~35℃,但是大多数害虫在高达38℃~45℃高温或者0℃低温时,只是停止生长,并不死亡。
④较强的繁殖能力。由于仓库环境变化小,仓库害虫天敌少,食物丰富,雌雄相遇的机会多,因此害虫的繁殖能力特别强。

3. 常见的仓库害虫

仓库害虫的种类很多,世界上已定名的有500多种。在我国发现有近200种,在仓储部门已发现危害商品的就有60多种,严重危害商品的达30多种。主要仓库害虫有:

(1) 黑皮蠹

黑皮蠹又名毛毡黑皮蠹,属于鞘翅目,皮蠹科。幼虫耐干、耐寒、耐饥能力较强。食性相当广杂,除喜食动物性商品外,还严重危害粮食、干果、烟叶、干菜等商品。

皮蠹科除了黑皮蠹外,还有花斑皮蠹、花背皮蠹、小圆皮蠹、百怪皮蠹、赤竹皮蠹和拟白腹皮蠹等。

（2）竹长蠹

竹长蠹又名竹蠹，属于鞘翅目，长蠹科。喜食竹材制品及包装。

长蠹科仓库害虫除了竹长蠹外，危害较大的还有角胸长蠹。

（3）烟草甲

烟草甲又名苦丁茶蛀虫、烟草标本虫，属鞘翅目，窃蠹科。喜食烟叶、卷烟及部分中药材。并能危害丝毛制品及皮毛、皮革、书籍、茶叶等。

窃蠹科仓库害虫除烟草甲外，还有危害中药材、面粉及其制品的药材甲等。

（4）锯谷盗

锯谷盗又名锯胸谷盗，属鞘翅目，锯谷盗科。大多数以成虫潜伏越冬，成虫可活 140～996 天之久。抗寒、抗毒性强，并有假死现象，喜食干果类和含糖分较多的中药材。

（5）袋衣蛾

袋衣蛾又名负袋衣蛾，属鞘翅目，衣蛾科。成虫能结成茧袋并负袋爬行。幼虫耐寒性强，在 $-10℃～-6℃$ 的低温下不会被冻死。成虫一般产卵后 1～2 天死亡。在仓库中幼虫主要危害毛制品、毛织品、毛衣、毡垫等。

衣蛾科中危害毛织制品的仓虫，还有织网衣蛾、毛毡衣蛾等。

仓库害虫除以上介绍的几种外，还有衣鱼科的毛衣鱼；蛛甲科的裸体蛾甲、白斑蛾等；天牛科的星天牛、褐幽天牛；豆象科的各种豆象以及象虫科的玉米象等。

4. 常见易虫蛀商品

容易虫蛀的商品，主要是一些由营养成分含量较高的动植物加工制成的商品。为了做好这类商品的虫害防治工作，现将它们遭受虫害的情况进行介绍。

（1）毛、丝织品与毛、皮制品

这类商品含有多种蛋白质。常见危害这类商品的害虫，主要有各种皮蠹、织网衣蛾、袋衣蛾、毛毡衣蛾、白斑蛛甲、裸体蛛甲、毛衣鱼等。此类害虫生长繁殖期是 4—9 月，其中以 6—8 月为盛。对温、湿度要求：温度 $25℃～30℃$；相对湿度 $70\%～90\%$。

（2）竹藤制品

这类商品含纤维素和糖分。常见蛀虫有竹长蠹、角胸长蠹、揭粉蠹和烟草甲等。竹藤蛀虫性喜温湿，怕光，一般在 4—5 月发现成虫，最适合生长繁殖的气温为 $28℃～30℃$，相对湿度为 $70\%～80\%$。

（3）纸张及纸制品

这类商品含纤维素和各种胶质、淀粉糊。常见的蛀虫有衣鱼与白蚁。此类蛀虫喜温湿、阴暗环境。仓库中如有新鲜松木或胶料香味时，便容易诱集白蚁与衣鱼。危害严重季节：衣鱼在 7—9 月，白蚁一般在 4—9 月。

此外，常见易虫蛀的商品还有烟叶和卷烟、干果等。这类商品含糖类、蛋白质、烟碱等物质，主要害虫有烟草甲和烟草粉螟等。干果糖分、淀粉及水分含量较高，蛀虫有锯谷盗、花斑皮蠹、玉米象、咖啡豆象、螟蛾等。此类蛀虫生长繁殖的旺盛期在 6—8 月，最适温度为 $28℃～30℃$，相对湿度 $70\%～80\%$。

6.3.2 仓库害虫的防治

商品中发生害虫如不及时采取措施进行杀灭，常会造成严重损失。仓库害虫的防治法如下述。

1. 杜绝仓库害虫来源

要杜绝仓库害虫的来源和传播，必须做好以下几点：

①商品原材料的杀虫、防虫处理。

②入库商品的虫害检查和处理。

③仓库的环境卫生及备品用具的卫生消毒。

2. 药物防治

使用各种化学杀虫剂，通过胃毒、触杀或熏蒸等作用杀灭害虫，是当前防治仓库害虫的主要措施。常用的防虫、杀虫药剂有以下几种：

(1) 驱避剂

驱避剂的驱虫作用是利用易挥发并具有特殊气味和毒性的固体药物，使挥发出来的气体在商品周围经常保持一定的浓度，从而起到驱避毒杀仓库害虫的作用。常用的驱避剂药物有精萘、对位二氯化苯、樟脑精（合成樟脑）等。

(2) 杀虫剂

杀虫剂主要通过触杀、胃毒作用杀灭害虫。触杀剂和胃毒剂很多，常用于仓库及环境消毒的有敌敌畏、敌百虫等。

(3) 熏蒸剂

杀毒剂的蒸气通过害虫的气门及气管进入体内，而引起中毒死亡，叫熏蒸法。具有熏蒸作用的杀虫剂称熏蒸剂。常用的有氯化苦、溴甲烷、磷化铝、环氧乙烷和硫黄等。熏蒸方法可根据商品数量多少，结合仓库建筑条件，酌情采用整库密封熏蒸、帐幕密封熏蒸、小室密封熏蒸和密封箱、密封缸熏蒸等形式。必须注意的是，上述几种熏蒸均系剧毒气体，使用时必须严格落实安全措施。

3. 仓库害虫的防治方法

仓库害虫的防治：一是阻断其传播途径；二是改变仓库温湿度条件。仓库害虫一般正常生活的温度范围为8℃~40℃，最适宜生长的温度为22℃~32℃，如温度低于-4℃或高于45℃时，就停止生长，部分会死亡。水是仓库害虫生存必需的物质，水大多来自所蛀蚀的储存货物，因此保持货物干燥，也能在一定程度上控制害虫的危害。空气中的氧也是害虫赖以生存的重要物质，当空气中的氧体积分数低于5%时，对害虫活动也有一定的抑制作用。

总之，仓虫的防治要贯彻"以防为主""防重于治"的方针，防治的具体方法包括以下几点。

(1) 卫生防治

卫生防治是杜绝仓虫来源和预防仓虫感染的基本方法。仓储中经常保持库房的清洁卫生，使害虫不易孳生，彻底清理仓具和密封库房内外缝隙、孔洞等，严格进行消毒，严格检查入库货物，防止害虫进入库内，并做好在库货物的经常性检查，发现害虫及时处理，以防蔓延。

(2) 物理机械防治

一是自然或人为地调节库房温度，使最低温度和最高温度超过仓虫不能生存的界限，达到致死仓虫的目的；二是利用人工机械消除的方法，将仓虫消除。

(3) 化学药剂防治

利用杀虫剂杀灭仓虫的方法，具有彻底、快速、效率高的优点，兼有防治的作用。但也有对人有害、污染环境、易损货物的缺点，因此，在粮食及其他食品中应限制使用。在使用化学药剂防治中必须贯彻下列原则：对仓虫有足够的杀伤能力，对人体安全卫生，药品性质不致影响货物质量；对库房、仓具、包装材料较安全，使用方便，经济合理。化学药剂防治方法包括以下几种：

①驱避法：将具易挥发和刺激性的固体药物放入货物包装内或密封货垛中，以达到驱虫、杀虫目的，常用的有萘、樟脑精等。一般可用于毛、丝、棉、麻、皮革、竹木、纸张等货物的防虫，不可用于食品和塑料等货物。

②喷液法：用杀虫剂进行空仓和实仓喷洒，直接毒杀仓虫。常用的杀虫剂有敌杀死、敌敌畏、敌百虫等。除食品、药品外大多数货物都可以用来进行实仓杀虫或空仓杀虫。

③熏蒸法：利用液体和固体挥发成剧毒气体用以杀死仓虫的防治方法，常用的药剂有氯化苦、溴甲烷、磷化铝等。一般多用于毛皮库和竹木制品库的害虫防治。

另外，还有高低温杀虫，电离辐射杀虫，灯光杀虫，微波、远红外线杀虫等方法。在综合防治中，需各部门、各环节的协调配合，把防治害虫的基本措施与各种防治方法有机结合起来，因地制宜地全面开展综合防治，才能收到良好的效果。

6.4　商品的霉变与防治

6.4.1　商品霉变的原因

商品的霉变是指在某些微生物的作用下，引起商品生霉、腐烂和腐败等质量变化的现象。引起商品霉变的主要有以下几种微生物：霉菌、细菌、酵母菌。霉菌分为曲霉、毛霉、青霉、根霉、木霉 5 种。曲霉又分为棒曲霉、灰绿曲霉、黑曲霉 3 种。细菌主要是破坏含水量较大的动植物商品，对日用品、工业品也都有影响。酵母菌主要引起含有淀粉、糖类的物质发酵变质，对日用商品、工业品也有直接危害。

学习资源：

如何控制仓储成本

6.4.2　商品霉变的防治

霉腐微生物的生存必须有一定的外界条件，否则就不能生存。因此，我们要用科学的方法保管商品，使霉腐微生物得不到适宜的生存条件。

1. 影响霉腐微生物生存的外部条件

(1) 水分和空气湿度

当湿度与霉腐微生物自身的要求相适应时，霉腐微生物就生长繁殖旺盛；反之，则处于休眠状态或死亡。

试验证明，只有当空气相对湿度达到75%以上时，多数商品的含水量才可能引起霉腐微生物的生长繁殖。因而通常把75%这个相对湿度叫作商品霉腐临界湿度。

各种霉腐微生物生长繁殖的最适宜相对湿度，因菌属不同略有差异。一般细菌和酵母菌，在空气相对湿度达到90%以上的环境中才能正常发育繁殖。多数霉菌生长的最低相对湿度为80%~90%；在相对湿度低于75%的条件下，多数霉菌不能正常发育。所以在储存环境的空气湿度低于75%时，多数商品不易发生霉腐。水果、蔬菜等本身含水分较多的食品，对湿度要求比一般商品高，储存适宜湿度为85%~90%，但温度不宜过高。

（2）温度

根据微生物对温度的适应能力，可将其分为低温性微生物、中温性微生物和高温性微生物。

每一类型的微生物对温度的要求又分为最低生长温度、最适生长温度和最高生长温度。超过这个范围其生长会滞缓或停止。

霉腐微生物中，大多是中温性微生物，最适生长温度为20℃~30℃，在10℃以下不易生长，在45℃以上停止生长；由此看出，高温和低温对霉腐微生物生长都有很大的影响。据研究，低温对霉腐微生物生命活动有抑制作用，能使其休眠或死亡；高温能破坏菌体细胞的组织和酶的活动，使蛋白质发生凝固作用，使其失去生命活动的能力，甚至会很快死亡。酵母菌在50℃~60℃时，5分钟就会死亡。许多细菌在60%条件下，10分钟就会死亡。而个别细菌具有耐寒性，如鱼类的腐败菌中，有的在-7℃的条件下仍然生长。

（3）光线

日光对于多数微生物的生长都有影响。多数霉腐微生物在日光直射下经1~4小时即能大部分死亡。所以商品大都是在阴暗的地方才容易霉腐。日光的杀菌作用，主要是日光中的紫外线能强烈破坏菌细胞和酶。一般微生物在紫外线灯下照射3~5分钟就会死亡。

（4）溶液浓度

多数微生物不能在浓度很高的溶液中生长。因为浓度很高的溶液能使菌细胞脱水，造成质壁分离，使其失去活动能力甚至死亡。例如能使蛋白质腐败的细菌，在10%~15%的食盐溶液中多数不能生存；能引起食物中毒的霉腐微生物，在6%~9%的食盐溶液中也不能生存。另外，多数霉腐微生物在60%~80%的糖溶液中也不能生存。因此，盐腌和蜜饯食品一般不易腐烂。但也有少数微生物对浓度高的溶液有抵抗能力，如蜜酵母能引起蜜饯食品的变质；嗜盐的盐锯杆菌能使盐腌食品腐败。

（5）空气成分

多数霉腐微生物特别是霉菌，需要在有氧条件下才能正常生长，在无氧条件下不形成孢子，二氧化碳浓度的增加不利于微生物生长，如果改变商品储存环境的空气成分，比如使二氧化碳逐渐增加，使氧逐渐减少，那么微生物的生命活动就要受到限制，甚至导致死亡。霉菌中的某些青霉和毛霉，当空气中的二氧化碳浓度达到20%时，死亡率就能达到50%~70%，二氧化碳在空气中浓度达50%时将全部死亡。

2. 商品霉腐的防治

（1）加强入库验收

易霉商品入库，首先应检验其包装是否潮湿，商品的含水量是否超过安全水分。易霉商品在保管期间应特别注意勤加检查,加强保护。

(2) 加强仓库温、湿度管理

要根据不同性质的商品,正确地运用密封、吸潮及通风相结合的方法,管好库内温、湿度,特别在梅雨季节,要将相对湿度控制在不适宜于霉菌生长的范围内。

(3) 选择合理的储存场所

易霉商品应尽量安排在空气流通、光线较强、比较干燥的库房,并应避免与含水量大的商品在一起。

(4) 合理堆码,下垫隔潮

商品堆垛不应靠墙靠柱。

(5) 商品进行密封

(6) 做好日常的清洁卫生

仓库里的积尘能够吸潮,容易使菌类寄生繁殖。

(7) 化学药剂防霉

对已经发生霉腐但可以救治的商品,应立即采取措施,以免霉腐继续发展,造成严重损失。根据商品性质可选用晾晒、加热消毒、烘烤、熏蒸等办法。

6.5 货仓管理的 5S(整理、整顿、清扫、清洁、教养)活动

学习资源:

做好仓库 5S 管理

6.5.1 5S 的含义

5S 是指整理(Seiri)、整顿(Seiton)、清扫(Seiso)、清洁(Seiketsu)、教养(Shitsuke),5S 是以上五个词语的日语罗马拼音的第一个字母"s"而组成的。

1. 整理(Seiri)

将工作场所内的物品分类,并把不要的物品坚决清理掉。将工作场所的物品区分为:经常用的放置在工作场所容易取到的位置,以便随手可以取到;不经常用的储存在专门的固定位置;不再使用的清除掉。其目的是腾出更大的空间,防止物品混用、误用,创造一个干净的工作场所。

2. 整顿(Seiton)

把有用的物品按规定分类摆放好,并做好适当的标识,杜绝乱堆乱放、物品混淆不清,该找的东西找不到等无序现象发生,以便使工作环境干净、整齐,可以减少寻找物品的时间,消除过多的积压物品。方法为:对放置的场所按物品使用频率进行合理的规划,如经常使用物品区、不常使用物品区、废品区等。将物品分类放在上述场所摆放整齐,做好适当的标识。

3. 清扫（Seiso）

将工作场所内所有的地方，以及使用的仪器、设备、材料等打扫干净，使工作场所保持干净、宽敞、明亮。其目的是维护生产安全，减少工业灾害。方法如下：清扫地面、墙上、天花板上的所有物品。清理仪器设备、工量夹具等，破损的物品及时修理。防止污染，对水源污染、噪声污染进行治理。

4. 清洁（Seiketsu）

经常性地做整理、整顿、清扫工作，并进行定期或不定期的监督检查。方法有：由5S工作负责人，负责相关的5S责任事项。每天上下班花3~5分钟做好5S工作。经常性地进行自我检查、相互检查、专职定期或不定期检查等。

5. 教养（Shitsuke）

每个员工都养成良好的习惯。遵守规则，积极主动。如遵守作息时间；工作时要精神饱满；仪表整齐；保持环境的清洁等。

6.5.2　5S活动的范围和作用

1. 企业实行5S活动的范围

假如你作为一个顾客，走进一家公司，你发现以下现象：

（1）大门

保安人员有礼貌地向你问好，并迅速为你办完登记手续，打开大门为你放行。

（2）厂区

厂区规划合理，行政大楼、生产车间、货仓、宿舍、餐厅、球场、停车房、大道、花园、草地、喷泉，等等，这些映入你的眼帘，你顿时觉得心旷神怡。

（3）行政办公室

各个写字间宽敞明亮，办公人员各司其职，办公物品摆放整齐，没有半点喧闹、嘈杂。

（4）生产车间

生产现场工作区、通道、物料区、半成品区、不良区、工作柜等合理规划，各种物品摆放整齐并有明显的标识，地面上干干净净没零散物料掉在地上，生产看板上的图表及时反映生产进度等。

（5）生产人员

员工穿着整洁的厂服，每个人情绪看起来非常饱满，工人动作熟练，装配产品、流水线没有堆积，生产领班不时进行巡查。

2. 5S的作用

当你作为客户，看到一个环境优美、管理有序、员工状态佳的公司，首先就有相当的好感，对这家公司的产品品质会产生充分的信心，你很愿意同这样的公司进行合作。而这一切，首先是推行5S的功劳。

（1）提升公司形象

整洁的工作环境、饱满的工作情绪、有序的管理方法，使顾客有充分的信心，容易吸引顾客。

5S做得好，原有的顾客会不断地免费进行宣传，会吸引更多的新顾客。在顾客、同行、员工的亲朋好友中相传，产生吸引力，吸引更多的优秀人才加入公司。

（2）营造团队精神

5S活动能创造良好的企业文化，增强员工的归属感；共同的目标能拉近员工的距离，建立团队感情；容易带动员工上进的思想，员工对自己的工作有一定的成就感。员工们养成了良好的习惯，都变成有教养的员工，容易塑造良好的企业文化。

（3）能够减少浪费

经常性的整理整顿，不需要专职整理人员，减少人力。对物品进行规划分区，分类摆放，减少场所的浪费。物品分区分类摆放，标识清楚，缩短找物品的时间，节约时间。

（4）保障品质

员工养成认真的习惯，做任何事情都一丝不苟，品质自然有保障。

（5）改善情绪

清洁、整齐、优美的环境带来美好的心情，员工工作起来更认真。上司、同事、下级谈吐有礼、举止文明，给你一种被尊重的感觉，容易融合在这种大家庭的氛围中。

（6）有安全上的保障

工作场所宽敞明亮，通道畅通。地上不会随意摆放、丢弃物品，墙上不悬挂危险品，这些都会使员工人身、企业财产有相应的保障。

（7）提高效率

工作环境优美，工作氛围融洽，工作自然得心应手。物品摆放整齐，不用花时间寻找，工作效率自然就提高了。

学习资源：

5S管理法——高效的前提

本项目小结

仓储就是在特定的场所储存物品的行为，是对有形物品提供存放场所、物品存取过程和对存放物品的保管、控制的过程。从性质上看，仓储是物流的主要环节之一，执行的是物流系统的储存功能，实现的是物流对象的时间价值，并创造一定的场所效用和加工价值，也是创造价值的物质产品生产的持续过程。仓库在现代物流系统中具有重要作用，具有储存和保管的功能、调节供需的功能、调节货物运输能力的功能、配送和流通加工的功能。因此，仓储是以仓库设施、设备为基础，以储藏、保管、控制等业务流程为手段实现的现代物流系统的储存功能。

仓储是社会生产顺利进行的必要过程与条件，是物流的主要功能要素之一，与运输一起被称为物流的两根支柱。

仓储作为物流系统与过程中必不可少的功能要素和基本环节，无法摆脱物流"效益背反"的基本规律。因此，仓储功能的实现、仓储积极作用的发挥有赖于有效的仓储管理。仓储的正反两方面作用，证实了仓储具有有利及有弊的两重性，说明了仓储管理的必要性。

我国仓储业现状的实证考察也清楚地表明了科学的、高水平的仓储管理的必要性。

仓储管理不仅是对仓库及仓库内的物资所进行的管理，而且涉及储存合理化和以仓库定位为中心的物流网络设计与物流结点布局的内容。仓储管理承担着多方面的重要任务。有效的仓储管理必须坚持效率原则、经济效益原则、服务原则。

我国的仓储管理虽具有较悠久的历史，但在新中国成立以后，随着社会生产力的极大提高和社会主义经济的不断深入发展，仓储业才得到了相应的发展。改革开放以来，面对全社会物流管理水平的提高，我国的仓储业需要加快改造步伐，迅速提高质量和效率，通过仓储管理的现代化来满足社会经济发展的需要，同时实现仓储业自身的健康发展。

现代物流是从原材料采购、产品生产到产品销售过程的物流的统一管理，是实现促进产品销售和降低物流成本的管理。在物流过程经过的众多环节中，仓储过程是极为重要、必不可少的环节。

复习思考题

一、选择题

1. 低沸点的液体商品或经液化的气体商品在空气中经汽化而散发到空气中的现象叫（　　）。
   A. 挥发　　　　　B. 分解　　　　　C. 析出　　　　　D. 逸出
2. 溶化是指有些固体商品在保管过程中，能吸收空气或环境中的（　　），当吸收数量达到一定程度时，就会溶化成液体。
   A. 氧气　　　　　B. 水分　　　　　C. 氮气　　　　　D. 二氧化碳
3. 通风方法有自然通风和（　　）。
   A. 开门通风　　　B. 开窗通风　　　C. 机械通风　　　D. 人工通风
4. 杀毒剂的蒸气通过害虫的气门及气管进入体内，而引起中毒死亡，叫（　　）。
   A. 杀虫作用　　　B. 触杀作用　　　C. 胃毒作用　　　D. 熏蒸作用

二、问答题

1. 5S 的含义是什么？
2. 仓库害虫的来源有哪些？
3. 化工危险品总括可分为哪几类？
4. 密封储存的形式有哪几种？
5. 仓储在物流操作中的作用有哪些？

三、实训题

正泰集团采用自动化立体仓库，提高物流速度

正泰集团公司是中国目前低压电器行业中最大的销售企业。其主要设计制造各种低压工业电器、部分中高压电器、电气成套设备、汽车电器、通信电器、仪器仪表等，其产品达 150 多个系列、5 000 多个品种、20 000 多种规格。"正泰"商标被国家认定为驰名商标。该公司2002年销售额达80亿元，集团综合实力被国家评定为全国民营企业500强第5位。在全国低压工业电器行业中，正泰首先在国内建立了3级网络体系，经销商达1 000多家。同时，建立了原材料、零部件供应网络体系，协作厂家达1 200多家。

1. 立体仓库的功能

正泰集团公司自动化立体仓库是公司物流系统中的一个重要部分。它在计算机管理系统的高度指挥下，高效、合理地储存各种型号的低压电器成品。准确、实时、灵活地向各销售部门提供所需的产成品，并为物资采购、生产调度、计划制订、产销衔接提供了准确信息。同时，它还具有节省用地、减轻劳动强度、提高物流效率、降低储运损耗、减少流动资金积压等功能。

2. 立体仓库的工作流程

正泰立体仓库的占地面积达1 600平方米（入库小车通道不占用库房面积），高度近18米，3个巷道（6排货架）。作业方式为整盘入库，库外拣选。其基本工作流程如下：

（1）入库流程。仓库二、三、四层两端六个入库区各设一台入库终端，每个巷道口各设两个成品入库台。需入库的成品经入库终端操作员键入产品名称、规格型号和数量。控制系统通过人机界面接收入库数据，按照均匀分配、先下后上、下重上轻、就近入库、ABC分类的原则，管理计算器自动分配一个货位，并提示入库巷道。搬运工可依据提示，将装在标准托盘上的货物由小电瓶车送至该巷道的入库台上。监控机控制堆垛机把货盘存放于指定货位。

（2）出库流程。底层两端为成品出库区，中央控制室和终端各设一台出库终端，在每一个巷道口设有LED显示屏幕提示本盘货物要送至装配平台的出门号。需出库的成品，经操作人员键入产品名称、规格、型号和数量后，控制系统按照先进先出、就近出库、出库优先等原则，查出满足出库条件且数量相当或略多的货盘。修改相应账目数据，自动地将需出库的各类成品货盘送至各个巷道口的出库台上，经电瓶车将之取出并送至汽车上。同时，出库系统在完成出库作业后，在客户机上形成出库单。

（3）回库空盘处理流程。底层出库后的部分空托盘经人工叠盘后，操作员键入空托盘回库作业命令，搬运工依据提示用电瓶车送至底层某个巷道口，堆垛机自动将空托盘送回立体仓库二、三、四层的原入口处，再由各车间将空托盘拉走，形成一定的周转量。

3. 立体仓库主要设施

（1）托盘。所有货物均采用统一规格的钢制托盘，以提高互换性，降低备用量。此种托盘能满足堆垛机、叉车等设备装卸，又满足在输送机上下运行。

（2）高层货架。采用特制的组合式货架，横梁结构。该货架结构美观大方，省料实用，易安装施工，属一种优化的设计结构。

（3）巷道式堆垛机。根据本仓库的特点，堆垛机采用下部支承、下部驱动、双方柱型的结构。该机在高层货架的巷道内按照X、Y、Z三个坐标方向运行，将位于各巷道口入库台的产品存入指定的货格，或将货格内产品运出送到巷道口出库台。

4. 计算机管理及监控调度系统

该系统不仅对信息流进行管理，同时也对物流进行管理和控制，集信息与物流于一体。同时，还对立体仓库所有出入库作业进行最佳分配及登录控制，并对数据进行统计分析。以便对物流实现宏观调控，最大限度地降低库存量及资金的占用，加速资金周转。

在日常存取活动中，尤其是库外拣选作业，难免会出现产品存取差错，因而必须定期进行盘库。盘库处理通过对每种产品的实际清点来核实库存产品数据的准确性，并及时修正库存账目，达到账物统一。盘库期间堆垛机将不做其他类型的作业。在操作时，即对某一巷道的堆垛机发出完全盘库指令，堆垛机按顺序将本巷道内的货物逐次运送到巷道外，产品不下堆垛机，待得到回库的命令后，再将本盘货物送回原位并取出下一盘产品，依此类推，直到本巷道所有托盘产品全部盘点完毕，或接收到管理系统下达的盘库暂停的命令进入正常工作状态。若本巷道未盘库完毕便接收到盘库暂停命令，待接到新的指令后，继续完成盘库作业。

正泰集团公司高效的供应链、销售链大大降低了物资库存周期，提高了资金的周转速度，减少了物流成本和管理费用。自动化立体仓库作为现代化的物流设施，对提高该公司的仓储自动化水平无疑具有重要的作用。

讨论分析：

1. 自动化立体仓库作为现代化的物流设施，对提高仓储自动化水平具有怎样重要的作用？
2. 正泰集团公司自动化立体仓库在公司物流系统中所占的位置是什么？功能如何？
3. 自动化立体仓库都有哪些设施？

项目 7

特殊货物保管

学习目标

1. 掌握水泥的保管方法。
2. 掌握粮食的保管方法。
3. 掌握危险品的保管方法。

技能目标

1. 掌握金属商品的防锈方法。
2. 学会化学危险品的保管。

引导案例

广州一化学品仓库爆炸起火

2015年5月10日,广州市一化学品仓库发生爆炸,仓库内大量保险粉燃烧产生有毒气体迅速蔓延。附近1.6万多居民(包括一个学校近4 000学生)紧急撤离。撤离过程中,约50人吸入有毒气体需送医院医治,其中包括一抢救人员因疲劳过度虚脱,被送进重症监护室抢救。

仓库里到处都是熊熊火光,伴随着噼里啪啦的响声。偶尔还会有一两声较大的爆炸声。仓库屋顶上破了一个大洞,淡黄色的浓烟从里面不断冒出,四周的气味异常难闻。事发后,大批附近居民被紧急疏散,站在街上等待险情排除。在现场,消防员从东西两个方向集中了至少十几辆干粉消防车扑救。

事发后,交警将周边所有进出交通要道封锁,在进出各路口处,都有交警进行交通疏导,但也因此造成中山大道、广园快速大塞车。

类似的报道,我们经常能从报纸、电视等新闻媒体上看到。惨痛的教训甚至血的代价、巨大的经济损失,使我们反思。

思考题

对化学品的保管应注意哪些问题?

在运输、装卸、保管中需要采取特殊措施的货物称为特殊货物。在经济迅猛发展的今天，水泥、粮食及危险品是人们生活中既常见，又对人们的生产、生活有着重要影响的货物。因此，对其保管提出了特殊的要求。认识这几类商品的特性，做好保管工作的意义十分重大。

7.1 水泥的保管

水泥是重要的建筑材料之一，也是仓库保管中数量较大的物品。随着我国经济建设的飞速发展，对水泥的需求量不断增大，对水泥的质量要求也越来越高。为了满足各方面对水泥的需求，一方面，要增产和提高质量；另一方面，也应尽量减少水泥在使用和存储保管中的损耗。

案　例

水泥的储存保管

一天，仓储保管员小王接到通知，有一大批水泥到库，并且储存时间长达两个月。于是，他组织员工认真进行水泥的储存要求、注意事项等方面知识的学习，以便做好水泥的存保管工作。

案例分析

水泥是水硬性胶凝材料，遇水凝结是各种水泥的共同特性。常见的水泥一般有硅酸盐水泥、火山灰质硅酸盐水泥、矿渣硅酸盐水泥以及混合硅酸盐水泥等。因此，水泥保管主要应该注意的就是防水和防潮，防止水泥遇水硬结、降级或失效。

7.1.1 水泥的防水和防潮

1. 认识水泥

（1）硅酸盐水泥。由硅酸盐水泥熟料、0~5%石灰石或粒化高炉矿渣、适量石膏磨细制成的水硬性胶凝材料，称为硅酸盐水泥。分 P.Ⅰ和 P.Ⅱ，即国外通称的波特兰水泥。

（2）普通硅酸盐水泥。由硅酸盐水泥熟料、6%~15%混合材料、适量石膏磨细制成的水硬性胶凝材料，称为普通硅酸盐水泥（简称普通水泥如图7-1所示），代号：P·O。

（3）矿渣硅酸盐水泥。由硅酸盐水泥熟料、粒化高炉矿渣和适量石膏磨细制成的水硬性胶凝材料，称为矿渣硅酸盐水泥，代号：P·S（如图7-2所示）。

（4）火山灰质硅酸盐水泥。由硅酸盐水泥熟料、火山灰质混合材料、适量石膏磨细制成的水硬性胶凝材料，称为火山灰质硅酸盐水泥，代号：P·P。

（5）粉煤灰硅酸盐水泥。由硅酸盐水泥熟料、粉煤灰、适量石膏磨细制成的水硬性胶凝材料，称为粉煤灰硅酸盐水泥，代号：P·F。

（6）复合硅酸盐水泥。由硅酸盐水泥熟料、两种或两种以上规定的混合材料、适量石膏磨细制成的水硬性胶凝材料，称为复合硅酸盐水泥（简称复合水泥），代号 P·C。

(7) 中热硅酸盐水泥。以适当成分的硅酸盐水泥熟料,加入适量石膏磨细制成的具有中等水化热的水硬性胶凝材料。

(8) 低热矿渣硅酸盐水泥。以适当成分的硅酸盐水泥熟料,加入适量石膏磨细制成的具有低水化热的水硬性胶凝材料。

(9) 快硬硅酸盐水泥。由硅酸盐水泥熟料加入适量石膏,磨细制成早强度高的以 3 天抗压强度表示标号的水泥。

(10) 抗硫酸盐硅酸盐水泥。由硅酸盐水泥熟料,加入适量石膏磨细制成的抗硫酸盐腐蚀性能良好的水泥。

(11) 白色硅酸盐水泥。由氧化铁含量少的硅酸盐水泥熟料加入适量石膏,磨细制成的白色水泥。

(12) 道路硅酸盐水泥。由道路硅酸盐水泥熟料,加入 0~10% 活性混合材料和适量石膏磨细制成的水硬性胶凝材料,称为道路硅酸盐水泥(简称道路水泥)。

(13) 砌筑水泥。由活性混合材料,加入适量硅酸盐水泥熟料和石膏磨细制成,主要用于砌筑砂浆的低标号水泥。

(14) 油井水泥。由适当矿物组成的硅酸盐水泥熟料、适量石膏和混合材料等磨细制成的适用于一定井温条件下油、气井固井工程用的水泥。

(15) 石膏矿渣水泥。以粒化高炉矿渣为主要组分材料,加入适量石膏、硅酸盐水泥熟料或石灰磨细制成的水泥。

图 7-1 普通硅酸盐水泥

图 7-2 矿渣硅酸盐水泥

2. 水泥受潮的后果

水泥受潮变质是水泥在储运过程中的一大损失。水泥受潮的结果重则成块变质,轻则活性及标号下降,更有由于受潮引起包装袋破损而使水泥受损。

水泥在使用前由于水和水蒸气的作用发生水化反应,而部分结块或降低了活性称为受潮变质。它和流通管理工作密切相关。所以,防止和减缓水泥的这一损失有重要意义。

3. 识别水泥受潮的情形

水泥受潮有两种情形:一种是直接受潮,另一种是间接受潮。

(1) 直接受潮是水泥和水直接接触而发生水化、凝结和硬化反应的结果。避免此种情形的发生是比较容易的(如图 7-3 所示)。

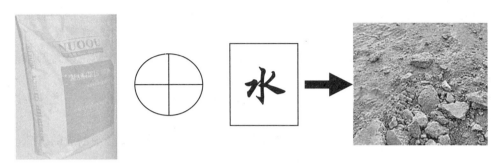

图 7-3 直接受潮过程

（2）间接受潮是水泥和空气中的水蒸气以及二氧化碳接触受到联合作用的结果。此种情形的避免比较困难。

间接受潮变质反应是受空气中的水和二氧化碳共同的影响：首先是空气中的水分与水泥发生水化等一系列反应，然后由空气中的二氧化碳与上述反应后得到的水化产物之一氢氧化钙发生碳化反应，生成碳酸钙。碳酸钙包在水泥表面从而使其活性降低，甚至完全失去活性。但是，水泥间接受损的变质表面看起来不明显，很容易被忽视。由于空气无处不在，即使储运条件再好，也很难防止水泥在储存期内间接受潮。因此，水泥的间接受潮程度与水泥储存时间长短正相关，即储存期越长，发生间接受潮损失越严重，甚至会使水泥结成硬块而不能使用。

4. 水泥受潮的水化反应

水泥受潮时的水化反应类似于拌制砂浆、混凝土时的反应，但又有所不同。

（1）水泥受潮是在不进行任何搅拌的情况下发生的，无论是直接受潮还是间接受潮。水分与水泥不会长期、大量地充分接触。因此，参与反应的水泥很少，真正损失的水泥也并不多。但是，由于化学反应是在水泥颗粒表面进行的，所以，少量的水化产物就在水泥颗粒表面结成了一层甲壳。这层甲壳在水泥使用时，阻止了水泥颗粒内部未水化部分和水接触，从而大大降低了水泥的活性。

（2）水泥受潮时，尤其是间接受潮时，水泥颗粒暴露在空气中的表面部分，随即和空气中二氧化碳发生反应。反应后生成的碳酸钙不溶解于水，它阻止水分和未水化水泥接触比其他水化产物更严重。所以，受潮对活性的下降有较大的影响。

（3）在一般的保管条件下，水泥经过 3 个月储存要损失 10%～20% 的活性，以后的损失速度将逐渐变慢。

（4）水泥的受潮变质速度和水泥种类有关。

在几种一般水泥中，硅酸盐水泥变质速度较慢，而三种混合材料的水泥，空隙率较高，容易吸水，也容易使空气渗入到水泥颗粒间。所以，它们比起硅酸盐水泥更容易发生受潮变质的现象。

几种速凝高强度的水泥发生受潮变质的状况更严重，其主要原因：一是速凝高强度水泥的矿物组成中，水化能力强的组分比一般水泥要多；二是速凝高强度水泥一般粉末细度较高，水泥的比表面积大、活性高，易于和水发生反应。快硬高强度水泥一旦受潮便失去了它快硬高强度的特性，损失会更加严重。

各种无熟料水泥的间接受潮后果也很严重，一般 1 个月的储存期，就可能使活性全部损失而无法使用。

5. 防止水泥变质的措施

（1）应当尽量缩短水泥的储存期。储存期越短，水泥间接受潮程度越轻，水泥直接受潮的机会也就会越少，这是解决水泥活性下降的主要措施。5 种一般水泥的储存期不宜超过 3 个月；快硬水泥不宜超过 1 个月；矾土水泥不宜超过 2 个月。

（2）应采取防水的措施。铁路运输适合用棚车，汽车运输应该有篷盖。在保管条件选择上应尽量做到入库保管，露天储存要做好上苫下垫。水泥库房应设置在地势高、排水良好、干燥的地点，库内地面应高出库外地面 30 厘米以上，应采用防潮混凝土地面，最好铺上防潮油毛毡，库房四周应放置干燥剂。

（3）应保持包装完好。袋装水泥一定要保证在搬、装、运、倒垛时，轻拿轻放，防止扔摔，防止水泥纸袋破裂和受潮变质。

（4）应分清类别存放。存放水泥时，应该按生产厂、品种、标号、批号分别堆垛，严禁混存。堆垛高度一般以 10 袋为宜，最高不要超出 12 袋，整垛不超出 1 000 袋。垛宽以 2~10 袋为宜。堆垛与墙之间距离不能少于 1 米，垛底设置垫木，离地面高为 20~30 厘米为宜。

（5）不要露天存放。到库水泥应迅速验收入库，不要在露天条件下暂存、隔夜，以防吸潮。只有在受到库房储存能力的限制或在干燥季节短时间保管时，才允许暂存于料棚或露天，但必须做好下垫上苫，并勤于检查。

（6）不要与其他货物混存。水泥应该单独设库不得与含水量较大且易受潮、散湿的货物混存。而且由于水泥颗粒飞扬，对于其他货物的保管也有不良的影响，所以不宜混存。

（7）应选择密封性能良好的库房。水泥库内要保持干燥，相对湿度不得超过 50%，要综合考虑采用通风、密封、吸湿等措施。

（8）应当经常检查。检查存放水泥的地面上是否垫木板或油毡等隔潮物件，库房是否漏雨。要对库存水泥经常检查，观察其有无结块、硬化等异常状态。还应通过试验进行检验，以检查水泥是否受潮以及受潮程度，发现问题应及时处理并记录备查。

（9）合理堆垛。严格执行"先进先出"原则，最大限度地缩短水泥库存保管时间，以保证质量水平不降低。

（10）对于散装水泥，要根据其收、发、保管的特点建造各种水泥储仓。要使运输工具、储存设施与之相适应。对于库内破袋散落水泥，应及时打扫收集装入空袋内，并作出标记，另行处理。

7.1.2 水泥受潮变质的处理

按照一般规定，受潮水泥或储存期比较长的水泥在使用到重要工程中或关键的工程部位时，应重做水泥物理检验，按判定的实际标号使用。受潮程度较轻的水泥可适当降低标号使用。如在非关键的工程部位使用。

受潮严重的，可使用恢复水泥活性的有效方法进行处理。

受潮后，绝大部分（90%以上）的水泥并未发生水化反应，只不过被一层水化硬壳包围而阻止了水化。

恢复水泥活性的方法就是将这层外壳打碎，使未水化的部分重新暴露出来。所以，粉碎的水泥最好不再单独使用，而是和新鲜水泥掺和之后使用。由于那些已经硬化的部分在混凝土中形成了一个个结晶中心,会加快混凝土的水化程度。从而不但不一定降低水泥的强度,相反还可能有不同程度的提高。实践证明,这种处理方法还可以提高混凝土的抗冻性。

经验之谈——水泥质量的鉴别(6看)

★看标识。根据国家标准,优质水泥的生产袋包装完好,标识完整,不同品种水泥采用不同的颜色标识,如硅酸盐水泥和普通硅酸盐水泥用红色。

★看手感。用手指捻水泥粉,优质水泥有少许细砂、粉感,而劣质水泥粗砂粉较多,且有不少硬粒子。

★看色泽。优质水泥色泽是深灰色或深绿色。劣质水泥色泽发黄发白,说明熟料是生烧料,发白矿渣掺量过多。

★看形状。检查有无受潮结块现象。优质水泥无受潮结块现象,反之是劣质水泥。

★看时效。看清水泥的生产日期。超过有效期30天的水泥性能有所下降。

储存一个月后的水泥,强度下降10%~20%;

三个月后降低15%~30%;

一年后降低25%~40%。

优质水泥6个小时以上能够凝固,超过12小时仍不能凝固的水泥质量不好。

7.2 粮食的保管

据估计,我国国有粮食仓库储藏损失约为2‰,广大农户在粮食收获、储藏、运输、加工、销售和消费中总损失达18.2%,另外一些中小规模的民营企业由于缺少粮食保管的经验和技术,损失、损耗也比较大。如果按2003年粮食总产量8 600亿斤,损失损耗率按18.2%的一半即9.1%计算,损失量高达760亿斤,几乎相当于每年的谷物缺口量,如果仅靠农业生产提高产量来弥补是非常困难的。因此,做好粮食仓储管理工作,减少粮食损失损耗,提高粮食的储藏品质,对保障粮食安全具有重要意义。

学习资源:

合理储存物料

7.2.1 认识粮食的仓储特性

1. 呼吸性和自热性

粮食在储存过程中主要的生理活动是呼吸作用。适度的呼吸作用对维持粮食种子的生命力和品质是必要的。所以,在储存过程中粮食仍然具有植物的新陈代谢功能,能够吸收氧气和释放二氧化碳,通过呼吸作用,能产生和散发热量。通过呼吸,粮食的复杂的有机物分解为简单的物质,并释放出一定的热量。但是,过于旺盛的呼吸,会加速粮食所含物质的分解，引起品质裂变。

粮食的呼吸作用在有氧和无氧的条件下均能进行。粮食进行有氧呼吸时，营养物质因分解而损失，产生的水和热量，大部分积存在粮食内，造成水分增高，粮堆发热，进而促进粮食的呼吸作用，引起微生物和害虫的繁殖和发展，损伤粮食的品质。粮食在无氧呼吸时，产生的酒精积累过多，能使粮食中毒，降低耐存性，丧失发芽能力。在粮食含水量低的条件下，缺氧呼吸微弱，可长期保持粮食的品质。

因此当大量的粮食堆积时，若不妥善保管将会导致粮堆内部温度升高，引起自燃，或粮食的品质下降。

粮食的呼吸性和自热性与含水量有关，含水量越高，自热能力越强。

例如，玉米胚大，呼吸旺盛。玉米胚占全粒体积的1/3，是谷类粮食中最大的。据试验，正常玉米的呼吸强度要比正常小麦的呼吸强度大8~11倍。

2. 吸湿性和散湿性

粮食本身含有一定的水分，当空气干燥时，水分会向外散发，而当外界湿度大时，粮食又会吸收水分，在水分充足时还会发芽，芽胚被破坏的粮食颗粒就会发霉。由于具有吸湿性，粮食在吸收水分后不容易干燥，而储存在干燥环境中的粮食也会因为散湿而形成水分的局部集结而致霉。

含水量在12%以内的干燥粮食呼吸作用很微弱，随着含水量的增加，呼吸作用逐渐增强，当超过一定界限时，呼吸作用增强，形成一个明显的转折点。粮食含水量超过转折点，就易变质而不安全。粮食转折点的含水量称为"安全水分"或"临界水分"。粮食的安全水分，因粮种和环境温度不同而异。在常温下，粮食含水量不超过15%一般是比较安全的。粮食水分是微生物繁殖的重要条件，含水量在13%以下，可以抑制大部分微生物的生长和繁殖。

例如，玉米胚中含有较多的蛋白质和可溶性糖，所以吸湿能力强，呼吸强度大。

新玉米水分大，成熟度不均匀。玉米果穗外有苞叶，在植株上得不到充分的日晒干燥，并且玉米的主要产区在北方，在收获时天气已冷，使新玉米的水分较大（一般在20%~30%）。玉米的成熟度往往不均匀，这主要是由于同一果穗的顶部与基部授粉时间不同，致使顶部籽粒往往是不成熟的。水分大的果穗及顶部的未熟粒，在脱粒时很易损伤，更增加了吸湿生霉和害虫为害的可能性。

3. 吸附性

粮食具有吸收水分、呼吸的性能，能将外界环境中的气味、有害气体、液体等吸附在内部，不能去除。因此一旦受到异味玷污，粮食就会因无法去除异味而损毁。

4. 易受虫害

粮食本身就是众多昆虫幼虫和老鼠的食物。未经杀虫处理的粮食中含有大量的昆虫、虫卵和细菌，当温度、湿度合适时就会大量繁殖，形成虫害，即使是经过杀虫处理的粮食，也会因为吸引虫鼠而造成二次危害。

5. 散落流动性

散装粮食因为颗粒小，颗粒之间不会粘连，在外力（重力）作用下，具有自动松散流动的散落特性，当倾斜角足够大时就会出现流动性。根据粮食的这种散落流动性，可以采用流动的方式作业。

6. 扬尘爆炸性

干燥粮食的麸壳、粉碎的粮食粉末等在流动和作业时会产生扬尘,伤害人的呼吸系统。当能燃烧的有机质粮食的扬尘达到一定浓度时(一般为 $50\sim65\text{g/m}^3$),遇火源会发生爆炸。据资料显示,美国在 1958—1975 年发生的粮谷粉尘爆炸达 139 起。

7.2.2 粮仓安全管理

1. 粮仓的种类

粮仓是指贮藏粮食的专用建筑物,主要包括仓房、货场(或晒场)和计量、输送、堆垛、清理、装卸、通风、干燥等设施,并配有测量、取样、检查化验等仪器。

粮食存储是仓储最古老的项目,"仓"在古代是表示粮食的储藏场所。粮食包括小麦、玉米、燕麦、大麦、大米、豆类和种子等。粮食仓储是实现粮食集中收成、分散消耗的手段,同时也是国家战略物资储备的方式之一。

粮食作为大宗货运输,需要较大规模的集中和仓储。为了降低粮食的储藏成本、运输成本,提高作业效率,主要以散装的形式进行运输和仓储,进入消费市场流通的粮食才采用袋装包装。粮食仓库的设计应考虑粮食品种、贮藏量(仓容)和建筑费用等因素,在构造上主要应满足粮食安全贮藏和粮食仓库工艺操作所需的条件。选址和布局应考虑粮源丰富、交通方便、能源充足等因素。粮仓分类见表 7-1。

表 7-1 粮仓分类表

分类方法	分类依据	粮仓类型	粮仓作用
规范分类法 我国《粮食储藏技术试行规范》中的有关条例规定的粮食仓库分类方法	根据结构形式	房式仓、楼房仓、立筒仓(包括钢筋混凝土筒仓、钢板仓和砖筒仓)、地下仓等	适合不同要求的粮食储存
	根据仓内能保持的温度	低温仓(15℃以下)、准低温仓(16℃~20℃)、准常温仓(21℃~25℃)以及常温仓(25℃以上)	适合不同温度要求的粮食储存
一般分类法	根据储藏方式	散装仓库	粮食堆存在仓内,不需用装具,可直接靠墙堆放,此种墙能承受一定的粮食侧压力,较为厚实坚固,可兼作包装储粮用
		包装仓库	粮食堆存在仓内时,必须利用装具,成为包装形式,堆垛与墙身不直接接触,在设计时不考虑粮食对墙身的侧压力,因此不能作散装仓库使用
	根据购、销、储、运环节所承担的任务	收纳库	设于粮食产区,主要接收农业生产者的粮食,入库后作短期储存或作必要的烘干降水、清杂杀虫处理后,即调给中转库或供应库或储备库。一般以平房仓库为主,仓位大小要配套,以适应接收多品种粮食的需要

续表

分类方法	分类依据	粮仓类型	粮仓作用
一般分类法	根据购、销、储、运环节所承担的任务	中转库	设于交通枢纽地,主要接收从收纳库或港口调运来的粮食,作集中或短期储存后,即调给供应库或储备库。若中转单一品种的散装粮,周转率又较高,则以筒仓为主;若以中转多品种、有包装粮时,则以简易仓棚为宜,以便于调给供应库或储备库
		供应库	设于大中城市工矿区或经济作物区等粮食消费地区,主要接收由收纳库或中转库调来的粮食,以便供应粮食加工厂或就地加工为成品粮或饲料。如作为加工原料用粮则以筒仓为宜;如作为成品粮供应居民,则用平房仓或楼房仓为宜
		储备库	是国家为了应付严重自然灾害等特殊情况而设置的粮库,应设置在粮源充足的地区,一般以房式仓为主,以具备防潮、隔热、密闭或通风条件均好的平房仓或地下仓为宜

2. 管理粮仓

(1) 杜绝污染,保持干净

粮仓必须保持清洁干净。粮仓为了达到仓储粮食的清洁卫生条件,要尽可能用专用的粮筒仓;通用仓库拟用于粮食仓储,应是能封闭的,仓内地面、墙面要进行硬化处理,不起灰扬尘、不脱落剥离,必要时使用木板、防火合成板固定铺垫和镶衬;作业通道进行防尘铺垫。金属筒仓应进行除锈防锈处理,如进行电镀、喷漆、喷塑、内层衬垫等,在确保无污染物、无异味时才能够使用。

在粮食入库前,应对粮仓进行彻底清洁,清除异物、异味,待仓库内干燥、无异味时,粮食才能入库。对不满足要求的地面,应采用合适的衬垫,如用帆布、胶合板严密铺垫。使用兼用仓库储藏粮食时,同仓内不能储存非粮食的其他货物。

(2) 控制水分,保持干燥

保持干燥是粮食仓储的基本要求。粮仓内不能安装日用水源,消防水源应妥善关闭,洗仓水源应离仓库有一定的距离,并在排水沟的下方。仓库旁的排水沟应保持畅通,确保无堵塞,特别是在粮仓作业后,要彻底清除散漏到沟中的粮食。

应该随时监控粮仓内湿度,将其严格控制在合适的范围之内。仓内湿度升高时,要检查粮食的含水量,当含水量超过要求时,须及时采取除湿措施。粮仓通风时,要采取措施避免将空气中的水分带入仓内。

(3) 防止火源,控制温度

粮食本身具有自热现象,温度、湿度越高,自热能力也越强。在气温高、湿度大时需要控制粮仓温度,采取降温措施。每日要测试粮食温度,特别是内层温度,及时发现自热升温情况发生。当发现粮食自热升温时，须及时降温，采取加大通风，进行货堆内层通风降温、内层放干冰等措施，必要时进行翻仓、倒垛散热。

粮食具有易燃特性，飞扬的粉尘遇火源还会爆炸燃烧。粮仓对防火工作有较高的要求。在粮食进行出入库、翻仓作业时，更应避免一切火源出现，特别是要消除作业设备运转的静电，粮食与仓壁、输送带的摩擦静电，加强吸尘措施，排除扬尘。

(4) 防止霉变

粮食除了因为细菌、酵母菌、霉菌等微生物的污染分解而霉变外，还会因为自身的呼吸作用、自热而霉烂。微生物的生长繁殖需要较适宜的温度、湿度和氧气含量，在温度25℃~37℃、湿度75%~90%时，其生长繁殖最快。霉菌和大部分细菌需要足够的氧气，酵母菌则是可以进行有氧呼吸、无氧呼吸的兼性厌氧微生物。

粮仓防霉变以防为主。要严把入口关，防止已霉变的粮食入库；避开潮湿货位，如通风口、仓库排水口，远离会淋湿的外墙，地面妥善衬垫隔离；加强仓库温、湿度的控制和管理，保持低温和干燥；经常清洁仓库，特别是潮湿的角落，清除随空气进入到库中的霉菌；清洁仓库的周边环境，消除霉菌源。

经常检查粮食和粮仓，发现霉变，立即清出霉变的粮食，进行除霉、单独存放或另行处理，并有针对性地在仓库内采取防止霉变扩大的措施。应充分使用现代防霉技术和设备，如使用过滤空气通风法、紫外线灯照射、放置食用防霉药物等。需要注意的是，使用药物时应避免使用对人体有毒害的药物。

(5) 防虫鼠害

粮仓的虫鼠害主要表现在直接对粮食的耗损、虫鼠排泄物和尸体对粮食的污染、携带外界污染物入仓、破坏粮仓内的设备、降低保管条件、破坏包装物造成泄漏、昆虫活动对粮食的损害等。

危害粮仓的昆虫种类很多，如甲虫、蜘蛛、米虫、白蚁等，它们往往繁殖力很强，危害严重，能在很短时间内造成严重的损害。

粮仓防治虫鼠害的方法如下：

①时常维修库房，保持良好的仓库状态，及时用水泥等高强度材料堵塞建筑物的破损、孔洞、裂痕，防止虫鼠在仓内隐藏。库房各种开口隔栅完好，保持门窗密封。

②防止虫鼠随货入仓，对入库粮食进行检查，确定无害时方可入仓。

③经常检查、及时发现虫害鼠迹。

④使用药物灭杀，使用高效低毒的药物，不直接释放在粮食中进行驱避、诱食杀灭，或者使用无毒药物直接喷洒、熏蒸除杀。

⑤使用诱杀灯、高压电灭杀，合理利用高温、低温、缺氧等手段灭杀。

经验之谈——仓储玉米杀虫和熏蒸的最佳时机

★ 幼虫时期最佳，也是危害粮食最严重的时期。成虫容易产卵也容易感染其他粮食，蛹和卵需要的药量高，不容易杀死。

★ 玉米不要水分太高，太高在密闭时容易霉烂。可以机械通风，先降低温度、湿度后杀虫。

7.3 危险品的保管

7.3.1 危险品的概念

仓储中的危险品是指具有燃烧、爆炸、腐蚀、有毒、放射性或在一定条件下具有这些特性,并能使人受到伤害或造成财产、牲畜损失而需要特别防护的货物。由于危险品在性能上具有这些特点,在仓库的类型、结构、布局与管理上有着特殊要求。

化学危险品的特征是具有危害性,但各种危险品的危害具有不同的表现,根据其首要危险性可将危险品分为十大类:第1类是爆炸品;第2类是压缩气体和液化气体;第3类是易燃液体;第4类是易燃固体;第5类是自燃物品;第6类是遇湿易燃物品;第7类是氧化剂和有机过氧化物;第8类是有毒品;第9类是腐蚀品;第10类是放射性物品。具体包括列入国家标准《危险货物品名表》(GB 12268—1990) 和国务院经济贸易综合部门公布的剧毒化学品目录和其他危害化学药品。危险品还包括未经彻底清洗的盛装过危险品的容器、包装物。危险品除了具有已分类的主要危险性外,还可能具有其他的危害特性,如爆炸品大都具有毒性、易燃性等。具体见表 7-2。

表 7-2 危险品分类表

类别	危险品类	联合国危险货物运输标志		
1	爆炸品	爆炸品	不产生重大危害的爆炸品	具有大规模爆炸性,但极不敏感的物品
2	压缩气体和液化气体			
3	易燃液体			

续表

类别	危险品类	联合国危险货物运输标志		
4	易燃固体			
5	自燃物品			
6	遇湿易燃物品			
7	氧化剂和有机过氧化剂			
8	有毒品			
9	腐蚀品			
10	放射性物品	Ⅰ级	Ⅱ级	Ⅲ级

7.3.2 危险品仓库的类型

我国把危险品仓库按其隶属和使用性质分为甲、乙两类。甲类危险品仓库是商业仓储业、交通运输业、物资管理部门的危险品仓库，这类仓库往往储量大、品种复杂且危险性较大。乙类危险品仓库是指企业自用的危险品仓库。

如按仓库规模，又可分为三级：库场面积大于9 000平方米的为大型仓库，面积在550~9 000平方米的为中型仓库，550平方米以下的为小型仓库。

学习资源：

有效提高库房运营效率

7.3.3 危险品仓库的库区布局

危险品仓库由于其储存的货物具有危险性，考虑危险品的特性，根据政府市政的总体规划，选择合适的地点建设。故一般设在郊区较空旷的地带，且位于常年主导风的下风处，远离居民区、供水源、农业保护区、河流、湖泊等，并避开交通干线。建设危险品仓库必须获得政府经济贸易管理部门的审批。

危险品仓库库区布置上应严格按照公安部颁发的《建筑设计防火规范》要求，设置防火安全距离。大、中型甲类仓库和大型乙类仓库与邻近居民点和公共设施的间距应大于150米，与企业、铁路间距离大于100米，与公路间距离应保持大于50米。在库区内，库房防火间距根据货物特性取20~40米，小型仓库的防火间距在12~40米。易燃商品最好储存在地势较低的位置，桶装易燃液体应存放在库房内。

经验之谈

上海浦东宏良危险品仓储有限公司（如图7-4所示）占地面积达6万多平方米，仓储总面积近35 000平方米，其中甲类约8 600平方米，乙类6 300平方米，其余丁类仓库有20 000平方米，是浦东地区屈指可数的拥有完备资质和先进设施的大型危险品专用仓库。

该公司仓库位于金桥出口加工区与张江高科技园区交界处，龙东大道北侧近200米，西离申江路150米，离外环线500米，交通十分便捷。

该公司是什么类型的仓库？库区布局是否符合《建筑设计防火规范》的要求？（资料来源：http://www.sh-hongliang.com/g.htm，上海浦东宏良危险品仓储有限公司）

7.3.4 危险品仓库的结构

根据危险品的危险特性和发生危害的性质，采用妥善的建筑形式，并取得相应的许可。

危险品库场建筑形式有地面仓库、地下仓库、半地下仓库、窑洞及露天堆场，在使用中应根据货物的性质采用不同的形式。

图 7-4　上海浦东宏良危险品仓储有限公司

1. 易爆炸性货物仓库

易爆炸性货物按其性能可分为点火器材、起爆器材、炸药和其他四类。储存易爆炸性货物最好采用半地下库、三分之二于地下的仓库，地面库壁用 45°斜坡培土，库顶用轻质不燃材料，库外四周修排水沟；库房面积不宜过大，一般小于 100 平方米，且要求通风好，并保持干燥。

2. 氧化剂仓库

氧化剂是指那些受到某些外界影响会发生分解，并引起燃烧或爆炸的物质。储存氧化剂的仓库应采取隔热和降温措施，并保持干燥。

3. 压缩气体仓库

压缩气体是指采用高压罐（如钢瓶）储存的气体或液化气。这些货物受冲击或高温时易产生爆炸。存放压缩气体的仓库应采用耐火材料建筑，库顶用轻质不燃材料，库内高度应大于 3.25 米，并安装有避雷装置。库门库窗应向外开启，以使爆炸时减轻波及面。

4. 自燃物品仓库

自燃物品指能与空气中的氧气发生反应，使货物本身升温，当温度达到自燃点时发生燃烧的物品。对于这类货物，应置于阴凉、干燥、通风的库房内，库壁采用隔热材料。

5. 遇水易燃物品仓库

遇水易燃物品是指受潮后会产生化学反应而升温，在温度达到一定时会引起自燃的物品。这类货物应被储存在地势较高、干燥、便于控制温、湿度的库房内。

6. 有毒物品仓库

当这类物品进入人体或接触皮肤后会引起局部刺激或中毒，甚至造成死亡。对于能散发毒害气体的货物，应单独存放在库房内，且通风条件要好，并配备毒气净化设备。

另外，还有易燃物品、腐蚀性物品及放射性物品等危险物品，一般也应置于阴凉、干燥、通风较好的库房或设置专库存放。对于存放腐蚀物品的仓库，应采用防腐涂料；对于存放放射性物品的仓库，则应采用铅板材料铺设库壁和门。

此外，建筑场所应根据需要设置监测、通风、防晒、调温、防火、灭火、防爆、泄压、防毒、防潮、防雷、防静电、防腐、防渗漏、防护围地或隔离操作等安全措施，设备、仓库和设施要符合国家安全、消防标准的要求,并设置明显的标志。相关设备如图 7-5~图 7-8 所示。

图 7-5 灭火器

图 7-6 消防栓

图 7-7 换气扇

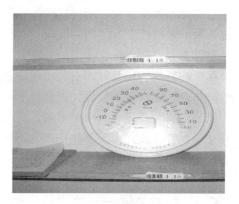

图 7-8 湿度表

7.3.5 危险品仓库的管理

危险品仓库管理的一般要求同其他货物仓储管理相同。这里仅讨论危险品仓储管理中的一些特殊要求。

1. 危险品入库管理

仓库保管员应对货物按交通部颁发的《危险品运输规则》的要求进行抽查,做好相应的记录;并在货物入库后的两天内应对其验收完毕。货物存放应按其性质分区、分类、分库存储。对不符合危险品保管要求的应与货主联系拒收。

在入库验收方法上,主要是以感官验收为主,仪器和理化验收为辅。在验收程序上,可按"四查一记一处理"六步骤进行。

①查外表——检验货物的在途运输情况,检查是否发生过混装、外包装上是否沾有异物。

②查包装——检查货物的包装、封口和衬垫物,看包装标志与运单是否一致,容器封口是否严密,衬垫是否符合该危险品运输、保管的要求。

③查数量——清点数量。

④查质量——看是否有变质、挥发、变色或成分不符等问题。

⑤记数量——清点完毕后，如实记录。

⑥处理问题——提出对问题的处理意见，对属于当地的货物，以书面形式提出问题和改进措施，并退货；如为外地货物，又无法退回的，且系一般问题不会造成危险的，可向货主提出整改意见。对于会影响货场安全的货物，则应置于安全地点进行观察，待问题解决后方可入库。

2. 危险品的保管

①危险品的储存方式、方法与储存数量必须符合国家标准。仓库管理人员要根据国家标准、危险特性、包装以及管理制度，合理选择存放位置，根据危险货物对保管的要求，妥善安排相应的通风、遮阳、防水、控湿、控温条件的仓库或堆场货位。

②堆码方式要符合标准。对于危险品，应分类分堆存放，堆垛不宜过高，堆垛间应留有一定的间距，货堆与库壁间距要大于 0.7 米。对怕热、怕潮、怕冻物品应按气候变化及时采取密封、通风、降温和吸潮等措施。

③建立定期检查制度。应对危险品仓库实行定期检查制度，检查间隔时间不应太长，不应超过 5 天；对检查中发现的问题应及时以填写"问题商品通知单"的形式上报仓库领导。仓库保管员需要时刻保持仓库内的整洁，特别是对残余化学物品应随时清扫。对于残损、质次、储存久的货物，应及时向有关单位联系催调。

危险品仓库实行专人管理，剧毒化学药品实行双人保管制度，仓库存放剧毒化学药品时须向当地公安机关备案。对于废弃的危险品、容器等，仓库要采取妥善的处理措施，如随货进行移交、封存、掩埋等无害化处理，不得留有隐患。剧毒危险品发生被盗、丢失、误用等应立即向当地公安机关报案。

经验之谈——危险品仓库在设置和管理过程中的注意事项

★危险品库远离火源、高压线、建筑、道路、人群，要求阴凉、通风。

★建立合理的危险品仓库管理制度，按性质、分品种存放，入库、库存、出库手续齐全，账目清楚。

★进入危险品库不得携带火源，不得穿带铁钉的硬底鞋。

★异味过重不得开启电源排风，需自然通风。

7.4 特殊商品的管理

学习资源：

如何做好仓库区域设置

7.4.1 金属商品的防锈与防治

仓储货物的锈蚀一般是指金属制品的锈蚀,即金属制品的生锈和腐蚀,它是由于金属表面受到周围介质的化学作用或电化学作用而引起的破坏现象,是一种自然现象,是仓储商品养护的主要内容之一。

造成金属锈蚀的原因有化学腐蚀(是指金属在干燥的气体或电解质存在的环境中,受到氧化物质的直接作用,腐蚀中没有电流产生,腐蚀物直接生成在发生反应的表面区域)、电化学腐蚀(是指在有电流的参与下的腐蚀)、大气腐蚀(是指金属在大气中的锈蚀现象)三类。其中大气腐蚀是最常见、最普遍的一种腐蚀,是商品储存过程中最常见的一种腐蚀现象。

金属制品的防锈,主要是针对影响金属锈蚀的外界因素进行的。

1. 创造良好的储存条件

创造良好的储存条件,使产生或促进锈蚀的环境条件得到根除或最大限度地被抑制,如果储存条件不好,货物包装再好,仍然会锈蚀,因此,必须做到以下几个方面:

①认真选择储存场所。露天货场要尽可能远离工厂区,特别要远离化工厂;地势要高,不积水,要干燥通风;垛底垫高30~40厘米。仓库要通风、干燥,门窗严密,易于控制和调节库内温、湿度。

②保持库房和货场干燥,其相对湿度应该在临界湿度(是指金属商品处在某一相对湿度以下时,即使长期放置于大气中也几乎不生锈,一旦超过这一相对湿度,其锈蚀速度会突然加快,这一相对湿度称为锈蚀的临界相对湿度)以下。要建立气象报告制度,利用自然气候和机械通风,或放置干燥剂,来调节控制温、湿度。做好排水系统,用煤渣或石块末垫平地层,增加透水性。

③保持库内外清洁,清除堆垛周围杂草,不使材料受到沾污和附着尘土。

④认真选择储存条件,对需要进库存放的材料必须入库,可存放在露天的材料,应根据保管要求,妥善堆垛,采取苦盖维护。金属不得与酸、碱、盐类以及气体、粉末等货物混存,做到分类设点,分批存放,间隔明显,防止发生接触腐蚀。

2. 密封法防锈蚀

①干燥空气封存法:也称控制相对湿度法。当空气相对湿度控制在35%时,金属则不易生锈,非金属也不易生霉。有三种方法:一是在密封装置内预先放置被保护物,直接充入干燥空气,同时吸出潮湿空气,然后密封容器;二是在密封装置内,预先放置干燥剂,一定时间后,迅速安放被保护物,继续干燥,达到平衡干燥度以后密封容器;三是在密封装置内,同时放置被保护物及干燥剂,然后密封容器。以上三种方法中,第一种最好,可用于精密零件较长期的防锈。方法二也较好,用于一般零件的防锈。方法三比较简便,适用于一般对防锈要求不高的零件的储存防锈,或作为涂油封存的一种辅助措施。

②充氮封存法:氮气的化学性质比较稳定,在货物包装中,充入干燥的氮气,隔绝了水分、氧气等腐蚀性介质,从而达到使金属不易生锈、非金属不易老化的目的。

3. 涂油防锈

涂油是一种广泛应用的防锈方法。涂油可借油层的隔离作用,使水分和大气中的氧及其他有害气体,不易于接触金属制品表面,从而防止货物锈蚀,或减缓金属锈蚀速度。防锈油是由油脂和缓蚀剂组成的,常用的防锈油配方有多种,例如凡士林、硬脂酸铝等,应用于刀具、板牙、轴承及汽车零件等。

4. 化学药剂除锈

这是借助于药物将锈蚀层除掉的一种先进的方法。化学药剂除锈不仅除锈速度快、效果好,而且不影响商品的尺寸和精度,仅对金属有微量溶解现象。但有些货物由于结构和外部形状等原因,不允许使用化学除锈法。化学除锈液一般由两部分组成:一部分是溶解锈蚀物,大多是采用无机酸,其中以磷酸使用得最多,因为它的腐蚀性较小;另一部分是对金属表面起钝化(保护)作用的铬酸等。

除锈的方法还有手工除锈、机械除锈和化学除锈三种。

7.4.2 化工危险品的保管

化工危险品可分为9大类:①爆炸性物品;②氧化剂;③遇水燃烧物品;④压缩气体和液化气体;⑤易燃液体;⑥易燃固体;⑦腐蚀性物品;⑧毒害性物品;⑨放射性物品。

以上9类危险物品均有各自的特点,但也有共同的危险性。总体上说,大都具有怕热、怕摩擦、怕水及有腐蚀性等危险特性。

危险品仓库的设置必须远离四周其他建筑物。危险品仓库的建筑形式多种多样,要根据危险品的不同性能来建造和选择适宜的储存场所。

危险品在装卸、搬运、堆码及保管、养护等方面,必须采取科学的方法。危险品仓库管理一般要求做到以下几点:

1. 商品出入库管理

(1) 商品入库

必须防止不合格和不符合安全储存标准的商品混运进库,这是把住危险商品储存安全的第一关。

商品入库要检查商品包装、衬垫、封口等,符合安全储存要求,才准搬运入库。

(2) 商品出库

提货车辆和提货人员一般不得进入存货区,由仓库搬运人员将应发商品送到货区外的发货场。柴油车及无安全装置的车辆不得进货区,提货车辆装有抵触性物品的,不得进入库区拼车装运。

商品出库必须包装完整、重量正确,并标有符合商品品名和危险性质的明显标记。

2. 分区分类储存

爆炸、易燃、助燃、毒害、腐蚀、放射等类商品性质各异,互相影响或抵触的,必须分区隔离储存,即使同类商品,虽其性质互不抵触,但也应视其危险性的大小进行分储。

根据仓库建筑、设备和水源与消防条件,适当划分各类化工危险品的货区、货段和货位。区与区、仓与仓、垛与垛之间,要有一定的安全间距。划定的货区、货段和货位,应进行货位编号。化工危险品在储存过程中,要根据商品特性加强温、湿度的控制与调节。

3. 堆码苫垫

化工危险品应以库房储存为主,堆码不宜过高过大,货垛之间要留出足够宽的走道,墙距亦应较宽。一般堆垛高度，液体商品应不超过 2 米，固体商品以不超过 3 米为宜。

库房存放怕潮商品，垛底应适当垫高，露天存放更应垫高防水。同时，应根据商品性质选择适宜的苫盖物料。如硫黄等腐蚀性物品，不宜用苫布盖，以用苇席盖为妥。

储存化工危险品用过的苫垫物料，需要调剂使用时，要经刷洗干净后再用。

4. 安全装运

化工危险品的装卸、搬运，必须轻装轻卸，使用不发生火花的工具（用铜制的或包铜的器具），禁止滚、摔、碰、撞、重压、震动、摩擦和倾斜。对怕热、怕潮的危险品，在装运时应采取必要措施。

装卸场地和道路必须平坦、畅通。如夜间装卸，必须有足够亮度的安全照明设备。

在装卸、搬运操作中，应根据商品性质和操作要求，穿戴相应的防护服具。腐蚀性商品仓库附近应设水池或冲洗设备，预防操作中万一包装破裂、人身沾染时，便于迅速浸水及冲洗解救。

本项目小结

仓储就是在特定的场所储存物品的行为，是对有形物品提供存放场所、物品存取过程和对存放物品的保管、控制的过程。从性质上看，仓储是物流的主要环节之一，执行的是物流系统的储存功能，实现的是物流对象的时间价值，并创造一定的场所效用和加工价值，也是创造价值的物质产品生产的持续过程。仓库在现代物流系统中具有重要作用，具有储存和保管的功能、调节供需的功能、调节货物运输能力的功能、配送和流通加工的功能。因此，仓储是以仓库设施、设备为基础，以储藏、保管、控制等业务流程为手段实现的现代物流系统的储存功能。

人们的生活质量有两个词可以说明：生存与生活。生活是高于生存的，而吃、住与周边环境的安全是人类生存的基本条件。粮食、水泥与危险品的保管质量与人们的生活息息相关，提高产品的质量与保持产品的质量对生产企业、物流企业的可持续发展意义重大。

复习思考题

一、选择题

1. 普通硅酸盐水泥，由硅酸盐水泥熟料、6%~15%混合材料，适量石膏磨细制成的水硬性胶凝材料，称为普通硅酸盐水泥（简称普通水泥），（　　）。
   A. 代号：P·O　　　B. 代号：P·S　　　C. 代号：P·P　　　D. 代号：P·E

2. 白色硅酸盐水泥，由氧化铁含量少的硅酸盐水泥熟料加入适量石膏，磨细制成的（　　）。
   A. 灰色水泥　　　B. 白色水泥　　　C. 黑色水泥　　　D. 红色水泥

3. 金属制品的防锈，主要是针对影响金属锈蚀的（　　）进行的。
   A. 内在因素　　　　　　　　　　B. 外观因素
   C. 外界因素　　　　　　　　　　D. 内因和外界因素

4. 粮食本身具有自热现象，温度、湿度越高，自热能力也（　　）。
   A. 越弱　　　　　B. 越低　　　　　C. 越好　　　　　D. 越强

5. 仓储货物的锈蚀一般是指金属制品的锈蚀,即金属制品的生锈和腐蚀,它是由于金属表面受到周围介质的化学作用或电化学作用而引起的破坏现象,它是一种(　　),是仓储商品养护的主要内容之一。

A. 自然现象　　　　B. 人为现象　　　　C. 客观现象　　　　D. 主观现象

二、问答题

1. 防止水泥变质的措施有哪些?
2. 化工危险品总括可分为哪几大类?
3. 危险品在入库验收程序上,可按"四查一记一处理"六步骤进行,其内容是什么?
4. 什么叫吸附性?
5. 什么叫散落流动性?

三、案例分析题

北良港的粮食物流

兵法中有云:"攻城掠地莫过于占领险要之处。"北良地处美丽的海滨城市大连,北良所处的显著地理位置为其成为南北粮食运输中转基地创造了地利。它是我国东北的粮油集散地和交易中心,以我国"大粮仓"东北三省加上内蒙古东部地区的粮食产量,占全国的18%~20%。东北粮食大部分通过大连实现北粮南运,内销到南方或出口到韩国、日本、东南亚及世界各地。北良除了本身所具备的区位优势外,还具备市场优势、专业性基础设施优势以及积极开拓所创造的信息资源优势。

大连有著名的大连商品交易所、北方粮食批发市场和粮油仓库群、加工群,形成了完整的国内外互相联结的粮油流通链。

东北地区既是粮食的主产区,又是有潜力的大市场。有专家预测,东北农民的购买力将进一步提高。这使北良不仅具有出口优势,也有巨大的进口潜力。

在充分开发本身的地理优势外,北良在专业性基础设施上也有很高的投入。在装卸、转运、仓储、计算、检验、粮情监测等各环节,自动化控制及配套的东北产粮区60个铁路中转库和270个产区收纳库,都为北良在粮食流通中占据强势地位创造了条件。北良配备了将近1 800辆散粮专用运输车,具有运输成本低、集港速度快、装卸效率高、粮食损耗小等特点,为自身发展物流提供了基本保障。

随着IT时代的来临,北良扣紧"与世界接轨"的命脉,逐渐加速自身信息化建设的进程。近年来,北良在信息化建设方面投入巨大。据调查,北良目前创建的物流信息平台将适时显示产区库容、港口仓容、销区库容以及产区到港口的车辆运转、船舶动态,将产区与销区之间的物流、资金流和信息流有效地结合了起来。北良已拥有了信息化优势。

作为我国世界银行贷款粮食流通项目的龙头,北良港年吞吐量1 100万吨,其中出口和北粮南调800万吨,进口300万吨,每小时装船能力4 000吨,卸船能力2 000吨,有仓容120万吨。这使北良在同行业中占据了绝对优势。

1. 突破传统粮食储运,实现"四散化"

长期以来,我国粮食储运一直采用早已被发达国家所摒弃的传统袋装方式,其运输、装卸、包装成本高、损耗大。

针对这一国内相对落后的局面，北良一改传统的以包装为主的粮食储运方式，取消了包装物，实现了粮食物流的散装、散卸、散储、散运"四散化"。

据有关统计，东北地区通过北良港及其铁路专用车中转储运粮食，平均每吨粮食可节省港口装卸费用、包装和搬倒费用近70多元人民币；运输中的损耗也由袋装的5%~8%降低到1%~0.2%以下，每年为社会创造效益在10亿元以上。虽然散粮运输的效益如此之大，但其对粮食产地、运输过程和中转枢纽的综合配套的要求也比较高，因此国家在投资建设北良港的同时，在主要粮食产区特别是东北粮食产区建立起完善的铁路和公路运输系统及物流信息软件系统，形成了一个完整的散粮中转储运体系。而北良正好处在这个体系的枢纽位置。

北良拥有的2 400辆L18车的使用率达到了95%以上。北良先后开通了从黑龙江、吉林两省粮食产区直达北良港的10个"散粮班列"或固定循环车组，从而使东北走廊粮食外运铁路运行周期缩短了一半以上，每吨粮食的铁路运输成本下降了45元左右，打开了我国散粮铁路运输的新局面。可以说，北良在很大程度上推动了我国散粮运输系统的建立和粮食流通方式的现代化进程。

为了更深层次地挖掘自身的资源优势及潜力，北良在做好粮食物流的同时，把目光逐渐投向了第三方物流。

2. 发展第三方物流

为了开拓市场、挖掘潜力，北良对其在第三方物流领域发展的可行性做了充分的调研和分析。另外，发展第三方物流对北良来说，能够增加更多的服务功能——从粮食的组织、运输、仓储、加工到报检及租船订舱，甚至对客户索赔工作的处理均可由北良第三方物流发展部来完成。客户要做的就是遵守贸易的规则与签约，其余的实物交割完全可由北良完成。

从粮食流通中转业务的特殊性来看，要满足客户对各种品质、各种数量的要求，北良需要有合理的储备和稳定的粮源作保证。这在某种程度上正好促进了北良在粮食采购方面的完善。正如俗语所说："欲求鸾凤，先立梧桐。"可靠的粮源保证、合理的价格水平将吸引到更多的国内外购买商，北良也有条件在粮食内销地区甚至是国外建立销售中心，从而将业务领域进一步延伸，形成稳定的、一体化物流供应链，并最终带动北良自身粮食贸易工作的迅速发展。

面对市场的高风险率，北良以现代物流业务规模的效应，来掌握并控制一定产销区粮食的市场行情，既可以通过期货市场规避风险，又可以通过期货市场赚取高额利润。

在努力拓展第三方物流领域的同时，北良把目光聚集到自身港口的独特优势上，加速了向第三方物流挺进的具体步骤——发展临港产业。

3. 发展临港产业

作为北良临港产业兴起的另一个标志，投资3 500万元兴建的物流信息平台，为北良在现代化物流系统领域增加了又一份能量。这个物流信息平台运用了先进的计算机技术、网络技术、通信技术构建跨地区、跨行业的物流生产系统，将库、港及其相关各项设施有机地联系在一起，将北良公司已有的硬件基础设施优势提升为系统优势，实现跨地区物流作业，从而保证商流、物流、资金流的顺畅。信息平台的建设，使北良公司成为一家传统储运经营业务与信息技术紧密结合的现代化大物流企业。

北良已成国内粮食物流的领跑者,不仅连接着南北粮食的运输纽带,更在临港产业上居国内同行业之首。

(资料来源:世贸人才网:国际贸易人才门户,物流案例:中国粮食物流,http://class.wtojob.com/class148_46518.shtml,2009-11-26)

问题:
如何从北良的仓储管理看物流管理?

分析指南:
现代物流是一个系统,单独从运输、仓储、信息的角度提出优化都是不科学的,而以信息为手段,集成运输、仓储等传统的物流功能才能把粮食物流提到相当高度。北良港作为国内粮食物流的老大,连接大江南北,贯通国内外,从地理位置上占据先机,但大容量的粮仓,先进的装、运设备,都为提高粮食的安全储、运及交易提供了方便,从而巩固了其同行业之首的地位。

项目 8

仓储合同

学习目标

1. 了解仓储合同的目的和重要性。
2. 掌握仓储合同的内容。
3. 学会签订有关仓储合同。

技能目标

1. 掌握仓储合同的订立原则。
2. 掌握仓储合同履行的基本规则。

引导案例

该仓储合同是否生效

某汽车装配厂从国外进口一批汽车零件,准备在国内组装、销售。2015年3月5日,与某仓储公司签订了一份仓储合同。合同约定,仓储公司提供仓库保管汽车配件,期限为10个月,从2015年4月15日起到2016年2月15日止,保管仓储费为5万元。双方对储存物品的数量、种类、验收方式、入库、出库的时间和具体方式、手续等作了约定。还约定任何一方有违约行为,会承担违约责任,违约金为总金额的20%。

合同签订后,仓储公司开始为履行合同做准备,清理了合同约定的仓库,并且拒绝了其他人的仓储要求。2015年3月27日,仓储公司通知装配厂已经清理好仓库,可以开始送货入库。但配装厂表示已找到更便宜的仓库,如果仓储公司能降低仓储费的话,就送货仓储。仓储公司不同意,配装厂明确表示不需要对方的仓库。2015年4月15日,仓储公司再次要求配装厂履行合同,配装厂再次拒绝。

2015年4月20日,仓储公司向法院起诉,要求汽车配装厂承担违约责任,支付违约金。

汽车装配厂答辩合同未履行,因而不存在违约的问题。

思考题

该仓储合同是否生效?仓储公司的要求是否合理?

8.1 仓储合同概述

8.1.1 仓储合同业务

1. 仓储合同的概念

仓储合同,是存货方和保管方为了加速商品流转,合理利用仓容,保管好商品,提高经济效益而明确双方的权利、义务关系的协议。存货方也称委托方,通常是指经营性企业或部门,保管方通常指从事储存业务的仓储企业。

(1)仓储合同的意义

仓储合同是用经济办法管理委托和接受储存商品关系的一种重要手段。仓储保管合同属于经济合同的范畴,合同一经签订,双方即分别具有履行合同的义务;同时也具有要求另一方履行合同的权利。任何一方不履行合同时,都要向另一方支付违约金,赔偿经济损失。

合同关系是一种法律关系,仓储保管合同依法订立,即具有法律约束力,受国家法律的保护,任何一方不履行合同都会受到法律的制裁。

(2)仓储合同的作用

1)促进工作的计划性。合同订立以后双方均受合同的约束,它能促使双方在订立合同前加强工作的计划安排,使订立合同后努力完成计划。

2)有利于加强经济核算。合同制是加强企业经济核算的一种法律形式。在签订合同时,把存货方和保管方的权利、义务均合理地确定下来。这样,就能促使双方必须切实按照合同要求,有效地组织企业营销活动和储存保管活动,积极改善经营管理,合理地组织和运用人力、物力、财力,以较少的劳动和物料消耗,增加企业利润。

3)有利于促进和加强专业化协作。按专业化协作原则组织经济活动是现代化生产的客观要求。仓储保管的专业化有利于仓库采用先进技术,提高仓库使用效率,提高仓储工作质量,提高经营管理水平。专业化是协作的基础,协作是巩固和发展专业化的条件。仓储保管合同是保证专业化协作的有效方式。它有利于双方致力于各自的核心业务,保证和促进完成商品流通任务。

学习资源:

物流管理模式设计

8.1.2 仓储合同的种类

1. 一般仓储保管合同

一般保管仓储合同是指保管人根据存货人的要求为其储存保管商品,在保管期满将仓储物原样交还给存货人,存货人向保管人支付商品储存的有关费用而订立的合同。这类仓储保管合同的仓储物是明确的、确定的,保管人必须原物返还。存货人将储存物交付给仓储经营人,其主要目的在于保管，储存物的所有权不会因交付而转移。这是最常见、最主要的仓储合同。

2. 混藏式仓储合同

混藏式仓储合同是指存货人将一定品质、一定数量、一定种类的仓储物交付给保管人，保管人将不同存货人的同样仓储物混合保管，储存保管期限届满时，保管人只需将相同种类、品质、数量的商品返还给存货人，并不需要原物归还的仓储方式。这类合同的标的物为种类物。混藏仓储主要适用于农业、建筑业、粮食加工等行业中对品质无差别、可以准确计量的商品。

3. 消费式仓储合同

消费式仓储合同是指存货人不仅将一定数量、一定品质的种类物交付仓储保管人储存保管，而且与保管人相互约定，将储存物的所有权也移转于保管人处，在合同期满时，保管人以相同种类、相同品质、相同数量的替代品返还的仓储合同。消费式仓储主要适用于粮食加工、加油站的油料仓储。

消费式仓储合同与前两类仓储合同的不同在于，消费式仓储合同涉及仓储物所有权的转移，保管人的收益由约定的仓储费收益和消费仓储物与到期购回仓储物所带来的差价收益两者共同组成。

案例分析——原物返还违约吗？

某乡种粮大户张某种植的水稻喜获丰收，欲将刚收获的大米 20 000 袋交付本地的宏天粮食加工企业保管。为此，双方签订一份消费式仓储合同，保管期为 2 年，并约定了合同的其他条款。保管期限届满后，宏天粮食加工企业返还给张某的是当初存入的完整无损的大米，即以原物返还，问宏天粮食加工企业违反合同义务吗？

分析：宏天粮食加工企业违反合同义务。因为张某和宏天粮食加工企业订立的是消费式仓储合同，保管期满后，保管人必须将相同种类、品质、数量的替代物归还给存货人。而本案张某存入宏天粮食加工企业的是刚收获的 20 000 袋新大米，保管期满张某应当领取的是同种类、同品质的新米，而不是两年前的陈米，所以宏天粮食加工企业违反了合同义务。

4. 仓储租赁合同

仓储租赁合同是指仓库所有者将仓库、场地、仓库设备出租给存货人，由存货人自行保管货物的合同。

8.1.3 仓储合同的订立

1. 仓储合同订立的原则

（1）平等原则

平等原则是我国合同法的基本原则，是指作为仓储合同的当事人双方，在法律地位上一律平等，任何一方不得将自己的意志强加给另一方。此原则表现在不管是存货人还是保管人，无论其性质如何，都不能凌驾于他人之上，将自己的意志强加于人，双方均享有独立的法律人格，独立地表达自己的意思，双方是在平等基础上的利益互换。

（2）公平及等价有偿原则

此原则要求当事人应当遵循公平原则确定各方的权利和义务。在民事活动中，除法律另有规定或当事人另有约定外，当事人取得他人财产利益应向他方给付相应的对价。在仓储合同中，任何一方当事人既要享有权利，又要承担相应的义务，在取得利益的时候，要付出相应的代价。禁止无偿划拨、调拨仓储物，也禁止强迫保管人或存货人接受不平等利益交换。

（3）自愿原则

自愿原则是贯彻合同活动整个过程的基本原则，是合同法律关系的本质体现。自愿原则是指当事人依法享有在缔结合同、选择交易伙伴、决定合同内容以及在变更和解除合同、决定合同方式、选择合同补救方式等方面的自由，任何单位和个人都不得非法干预。仓储合同的订立只有在自愿和协商一致的基础上，才能最充分地体现出双方的利益，从而保证双方依约定履行各自承担的合同义务。

（4）合法原则

合法原则要求仓储合同当事人订立、履行合同，应当遵守法律、行政法规，尊重社会公德，不得扰乱社会经济秩序，损害社会公共利益。否则，不仅不能达到当事人预期的目的，而且会引起不利的法律后果。例如双方订立一份储存保管盗窃、走私及毒品等物品的仓储合同，不仅违反了我国法律，还要承担相应的法律责任。

2. 仓储合同的形式

仓储合同的形式是指合同当事人意思表示一致的外在表现形式，是合同内容的载体。仓储合同有以下几种形式：

（1）书面形式

书面形式是指合同书、信件和数据电文（包括电报、电传、传真、电子数据交换和电子邮件）等可以有形地表现所载内容的形式。书面形式的最大优点是合同有据可查，发生纠纷时容易举证，便于分清责任。仓储合同一般采取书面形式订立。

（2）口头形式

口头形式是指当事人只用语言不用文字为意思表示订立仓储合同的形式，如当面交谈、电话联系等。凡合同当事人没有约定，法律未规定特定形式的合同均可采用口头形式。其优点是简便易行，在日常生活中经常采用；但它的缺点是发生争议时，难以取证，不易分清责任。

（3）其他形式

其他形式是指除书面形式、口头形式之外表达合同内容的形式。其他形式主要是推定和沉默等方式。

法律、行政法规规定采用书面形式的，应当采用书面形式。当事人约定采用书面形式的，应当采用书面形式。

3. 仓储合同订立的程序

《合同法》规定，当事人订立合同，采取要约、承诺的方式进行。即只要存货人与保管人之间依法就仓储合同的有关内容经过要约与承诺的方式协商一致达成合意，仓储合同即告成立。

（1）要约

要约是希望和他人订立合同的意思表示，是一方当事人向对方提出签订合同的建议和要求。发出要约的当事人称要约人，要约指向的对方当事人称受要约人。

要约是要约人向相对人发出的意思表示。要约的内容具体确定，包含足以使合同成立的主要条件与条款，如仓储合同标的物的数量、质量、仓储费用、保管期限、保管条件、履行地点和履行方式等。要约的内容越明确具体，越有利于受要约人了解合同内容，快速做出承诺。且整个要约的内容必须能够表明，如果对方接受要约，仓储合同即告成立。

（2）承诺

承诺是受要约人同意要约的意思表示。承诺的法律效力在于，承诺一经做出，并送达到要约人，合同即告成立。承诺必须是受要约人在要约的有限期限内向要约人做出，除受要约人之外的任何第三人所做的承诺不是法律上的承诺，而仅仅是一项要约。且承诺的内容应当与要约的内容一致。承诺是对要约的同意，其内容必须与要约的内容一致，才构成意思表示的一致即合意，从而使合同成立。受要约人对合同的内容做出实质性变更的，为新要约。如有关仓储合同的标的物数量、质量、仓储费用、保管期限、履行地点和方式、违约责任和解决争议的方法等的变更，就是对要约的实质性变更，都只能构成一项新要约，而非承诺。

在仓储合同订立过程中，受要约人一经承诺，仓储合同即告成立并生效。《合同法》规定，仓储合同自成立时生效。因此，仓储合同是诺成合同，合同的成立与生效同时发生。仓储合同生效后，任何一方不履行合同，对方有权要求违约方支付违约金或赔偿其因此所受到的损失。

8.1.4 仓储合同的标的和内容

1. 仓储合同的标的

仓储合同的标的是仓储保管行为，是指仓储合同关系中存货人与保管人的权利义务共同指向的对象，即保管人提供仓储空间、仓储时间和精心保管，存货人要为此支付仓储费。

仓储合同的标的物即仓储物，是仓储合同标的的载体和表现。作为仓储合同标的物的物品，一般没有太大限制，无论是生产资料还是生活资料，无论是特定物质还是种类物，无论可分物与不可分物，都可以成为仓储合同的标的物。但是，不动产不能成为仓储物，因为订立仓储保管合同之目的在于对物的安全储存，保管人要在存管期限届满时完好地返还存货人所储存的物品，仓储物若为不动产则无从谈起存储，所以，仓储合同的标的物只能是动产，而不能为不动产。对于一些易燃、易爆、易腐烂、有毒的危险品等，以及一些易渗漏、超限的特殊货物，只需存货人与保管人在订立仓储合同时约定一些必要的特别仓储事项即可。

2. 仓储合同的内容

仓储合同的内容，是仓储合同当事人的权利与义务，具体体现为合同的各项条款。主要包括以下方面的条款：

（1）存货人、保管人的名称和住所

存货人、保管人的名称或者姓名和住所是每一份合同必须具备的条款。合同当事人是合同法律关系的主体，合同中如果不写明当事人，就无法确定权利的享有者和义务的承担者。而住所涉及债务的履行、诉讼的管辖等，因此，当事人的名称或姓名和住所应记载准确、清楚。

（2）保管物的品名或品类

在仓储合同中，要明确地标明仓储物的品名或品类。仓储合同中储存保管的货物是特定物或特定化的种类物，是保管人接受存货人的委托代为保管的，其所有权属于存货人，在合同有效期届满时，保管方必须将原货物及孳息完好无损地归还存货人，因此必须在合同中对货物的品名和品类做出明确、详细的规定。

(3) 保管物的数量、质量、包装

数量是仓储合同标的物的数量，是以计量单位和数字来衡量的标的物的尺度。数量直接决定着民事权利义务的大小，因此，保管物的数量要准确，应采用国家规定的计量单位和计量方法，比如以包、扎、捆、把等计算的，就必须明确每包、扎、捆、把有多重或多少根、块，防止对计量单位有不同理解，产生歧义，发生纠纷。仓储物的质量必须在合同中做出明确的规定。对于质量有国家标准的，执行国家标准；没有国家标准，有行业标准的，执行行业标准；没有国家标准和行业标准的，由双方当事人协商确定质量标准。仓储物的包装，一般应由存货人负责，有国家或专业标准的，按照国家或者专业标准的规定执行，没有国家或专业包装标准的，应当根据仓储物便于运输和储存安全的前提下由存货人与保管人商定。

(4) 仓储物验收的内容、标准、方法、时间

货物验收是保管人对交付的仓储物进行检验和核查，以确定该货物是否具备堆藏保管的良好状态的过程。保管人验收项目有：货物的品种、规格、数量、外包装状况，以及无需开箱、拆捆而直观可见可辨的质量情况。包装内的货物品名、规格、数量，以外包装或货物上的标记为准；外包装或货物上无标记的，以供货方提供的验收资料为准。散装货物按国家有关规定或合同规定验收。验收的期限，国内货物不超过 10 日，国外到货不超过 30 天，法律另有规定或当事人另有约定的除外。

货物验收期限，是指自货物和验收资料全部送达保管人之日起，至验收报告送出之日止。货物验收期限的日期均以运输或邮政部门的戳记或送达的签收日期为准。超过验收期限所造成的实际损失，由保管人负责。如果保管人未能按照合同约定或者法律法规规定的项目、方法和期限验收仓储物或验收仓储物不准确，应当负责因此造成的损失。存货人未能提供验收资料或提供资料不齐全、不及时，所造成的验收差错及贻误索赔期由存货人负责。

(5) 仓储条件和要求

仓储合同中的货物种类繁多、性质各异，不少货物由于本身的性质需要特殊的保管条件或保管方法，所以合同当事人应根据货物性质、要求的不同，在合同中明确规定保管条件和保管要求。保管人如因仓库条件所限，不能达到存货人要求，则不能接受。对某些比较特殊的货物，如易燃、易爆、易渗漏、有毒等危险物品，保管人保管时，应当有专门的仓库、设备，并配备有专业技术知识的人负责管理。必要时，存货人应向保管人提供货物储存、保管、运输等方面的技术资料，防止发生货物毁损、仓库毁损和人身伤亡事故。存货人在交存特殊货物时，应当明确告知保管人货物有关保管条件、保管要求。否则，保管人可以拒绝接收存货人所交付的危险货物。

(6) 货物进出库手续、时间、地点、运输方式

入库是指货物进入仓库时所进行的清点检验和接收工作。它是仓储合同业务的第一道环节，是履行仓储合同的基础。仓储合同的当事人双方，应当重视货物入库环节。在仓储合同中，要明确入库应办理的手续、理货方法、入库的时间和地点以及货物运输、装卸搬运的方式等内容。

货物出库须按照先进先出或易坏先出的原则办理，保管人没有按合同规定的时间、数量交货，应承担违约责任；保管人已通知货物出库或合同期已到，由于存货人（含用户）的原因不能如期出库，应承担违约责任；由于存货人调拨凭证上的差错所造成的实际损失，由

存货方负责。运输方式,由保管方代办运输的,由保管方负责向运输部门申报运输计划,办理托运和发运手续。

(7) 仓储物的损耗标准及损耗的处理

仓储物的损耗标准是指货物在储存过程中,由于自然原因(如干燥、风化、散失、挥发、黏结等)和货物本身的性质及度量衡的误差等原因,不可避免地要发生一定数量的减少、破损或计量误差。合同当事人应事先商定货物的自然减量标准和破损率及合理磅差等。在确定仓储物的损害标准时,要注意易腐货物的损耗标准应该高于一般货物的损耗标准。除了对货物按照保管条件和要求保管外,损耗标准应当根据储存时间的长短来确定。损耗的处理是指仓储物实际发生的损耗,超过标准或没有超过标准规定的,应当如何处理的问题。例如,仓储物出库时与入库时实际验收数量不一致,在损耗标准范围之内的视为货物完全交付。如果损耗数量超过约定的损耗标准,应核实后做出验收记录,由保管人负责处理。

(8) 计费项目、标准和结算方式、银行、账号、时间

货物储存和运输过程中的计费项目,应按仓储保管部门制定的标准执行,也可由当事人双方协商确定。计费项目包括:保管费、转仓费、出入库装卸搬运费、车皮、站台、专用线占有、包装整理、商品养护等费用。除明确上述费用由哪一方承担外,还应明确各种费用的计算标准、支付方式、支付时间、地点、开户银行、账号等。

(9) 责任划分和违约处理

在订立仓储合同时,应从货物入库、货物验收、货物保管、货物包装、货物出库等方面明确双方当事人的责任,同时应规定违反仓储合同时所承担的违约责任。违约责任承担方式有支付违约金、损害赔偿以及采取其他补救措施。

(10) 合同的有效期限

合同的有效期限,即货物的保管期限。合同有效期限的长短,也与货物本身的有效储存期有关。所谓有效储存期,是指某些货物由于本身的特性,不能长时间存放,例如食品、药品、化妆品、胶卷、化学试剂等,一般都注明了有效使用期限。根据有效使用期限确定的储存保管期限,称为有效储存期。对于仓库保管人员来说,保管这种产品不仅要注意仓库温度、湿度的变化,还应注意其储存期限。特别是对一些接近失效期的产品,应及时通知存货人要按时出库,出库前还要注意留给产品调运、供应和使用的时间,以使其在失效之前能够进入市场,投入使用。根据有关规定,储存的货物,在临近失效期时,保管人未通知存货人及时处理,因超过有效储存期限所造成的货物损失,保管人负有赔偿责任。保管人通知后,如果存货人不及时处理,以致超过有效储存期限而造成货物损坏、变质的,保管人不负赔偿责任。

(11) 变更和解除合同程序及期限

仓储合同是当事人协商一致的结果,在合同未履行或未完全履行之前也可变更或解除合同。当事人如果需要变更或解除合同的,必须事先通知另一方,双方协商一致即可变更或解除合同。变更或解除合同的建议和答复,必须在法律规定或者合同约定的期限内提出。如果发生了法律或合同中规定的可以单方解除合同的情形,那么,拥有解除权利的一方可以解除合同。

上述是仓储合同所应具备的主要条款,一般只起示范和指导作用,并不是仓储合同成立必须具备的条款,当事人可根据所订立的合同性质不同有所选择,这也是合同自愿原则的体现。合同是当事人双方的合意,基于双方的利益考虑,当事人签订合同只要不违反法律,就合同内容达成一致就对当事人有约束力。

8.1.5 仓储合同的无效、可变更或撤销及效力待定

仓储合同成立取决于当事人之间是否就合同内容协商一致，而合同的生效是成立的合同是否具有法律约束力。由于仓储合同是诺成合同，一般情形下合同成立后就生效，对合同双方具有法律约束力。有时，仓储合同成立之后，可能因违反法律规定而无效，因意思表示不完全而可变更可撤销或因存在法定事由而效力待定。

1. 仓储合同的无效

仓储合同的无效是仓储合同因欠缺一定生效要件，而自始、绝对、当然不发生法律效力。常见的无效仓储合同的情形有：

（1）一方以欺诈、胁迫的手段订立合同，损害国家利益

欺诈是仓储合同的当事人一方故意告知对方虚假情况，或者故意隐瞒真实情况，诱使对方当事人作出错误意思表示的行为。胁迫是以将来要发生的损害或者直接施加损害相要挟，迫使对方作出违背真实意思表示的行为。一方以欺诈、胁迫的手段订立的仓储合同无效，仅限于损害国家利益的情形，否则是可变更可撤销的合同。

（2）恶意串通，损害国家、集体或者第三人利益

仓储合同的恶意串通是当事人明知其所订立的仓储合同将会造成国家、集体和第三人利益的损害，而相互配合、非法串通在一起合谋实施该行为。

（3）以合法形式掩盖非法目的。

以合法形式掩盖非法目的仓储合同是当事人采取合法的形式实施内容违法的行为。是一种规避法律的行为。

（4）损害社会公共利益

社会公共利益体现了全体社会成员的最高利益，违反社会公共利益或公序良俗的仓储合同无效，这是各国立法普遍确认的原则。

（5）违反法律、行政法规的强制性规定

强制性规定在法律上表现为"必须""应当"等命令性的规定，或者是禁止性的规定。法律、行政法规的强制性规定是当事人必须遵守的。

2. 可变更、可撤销的仓储合同

可变更、可撤销的仓储合同是合同已经成立，但因仓储合同当事人的意思表示不真实，一方当事人可以向法院或仲裁机构请求撤销或变更该仓储合同，使已经生效的仓储合同归于无效或仓储合同内容发生变更。可撤销合同是一种相对无效的合同，其效力取决于当事人的意志。可撤销的合同主要有以下情形：

（1）因重大误解而订立的仓储合同

重大误解是仓储合同当事人对仓储合同的内容有重大误解，使行为的后果与自己的意思相悖，并造成较大损失。这里的重大误解主要是指对仓储物、对方当事人、保管数量、质量、合同性质等作出的误解。

（2）因显失公平订立的仓储合同

显失公平的合同是一方当事人利用优势或利用对方缺乏经验而订立的，仓储合同当事人之间权利义务明显不平等的合同。显失公平的合同违反了公平原则。

（3）一方以欺诈、胁迫的手段或乘人之危订立的合同

一方以欺诈、胁迫的手段或乘人之危订立的合同是利用他人的危难处境或紧迫需要，强迫对方接受某种明显不公平的条件并违背其真实意愿而订立的合同。

在上述三种情形下订立的仓储合同，因违背了受害方的真实意思，法律赋予受害方享有请求人民法院或仲裁机构变更或者撤销仓储合同的权利。法院或仲裁机构应当根据当事人请求的内容作出裁判，当事人请求变更的，法院和仲裁机构不得作出撤销合同的裁判。

但是，有下列情形之一的，撤销权消灭：

一是具有撤销权的当事人自知道或者应当知道撤销事由之日起1年内没有行使撤销权；

二是具有撤销权的当事人知道撤销事由后明确表示或者以自己的行为放弃撤销权。

3. 效力待定的仓储合同

仓储合同虽然已经成立，因不符合有关有效要件的规定，其效力是否发生尚未确定，而有待于其他行为使之确定的仓储合同。效力待定的仓储合同只有经有权人的追认，才具有法律效力；如果有权人在一定期限内不予承认，则仓储合同无效。

效力待定仓储合同主要有以下几种：

（1）限制民事行为能力人订立的仓储合同

限制民事行为能力人订立的仓储合同，经法定代理人追认后，该仓储合同有效。相对人可以催告法定代理人在一个月内予以追认，法定代理人未作表示的，视为拒绝追认。仓储合同被追认之前，善意相对人有撤销的权利。撤销应当以通知的方式作出。

（2）无权代理人订立的仓储合同

行为人没有代理权、超越代理权或者代理权终止后以被代理人名义订立的仓储合同，未经被代理人追认，对被代理人不发生法律效力，由行为人承担责任。相对人可以催告被代理人在1个月内予以追认。被代理人未作表示的，视为拒绝追认。仓储合同被追认之前，善意相对人有撤销的权利。撤销应当以通知的方式作出。所以，在与代理人以被代理人名义签订仓储合同时，一方当事人应注意审查对方是否具有代理人资格。

（3）法定代表人、负责人超越权限订立的仓储合同

法人或者其他组织的法定代表人、负责人超越权限订立的仓储合同，除相对人知道或者应当知道其超越权限的以外，该代表行为有效。

（4）无处分权人订立的仓储合同

无处分权的人处分他人财产，经权利人追认或者无处分权的人订立仓储合同后取得处分权的，该仓储合同有效。

4. 仓储合同被确认无效或被撤销的处理

仓储合同被确认无效或被撤销以后，自始没有法律效力。仓储合同部分无效，不影响其他部分的效力，其他部分仍然有效。仓储合同无效、被撤销或者终止的，不影响仓储合同中独立存在的有关解决争议方法的条款的效力。仓储合同被确认无效或被撤销的处理方式有：

（1）返还财产

仓储合同无效或者被撤销后，因该仓储合同保管人取得的存货人的财产，应当予以返还给存货人；不能返还或者没有必要返还的，应当折价补偿。

（2）赔偿损失

仓储合同被确认无效或者被撤销后，有过错的一方应当赔偿对方因此所受到的损失，双

方都有过错的,应当各自承担相应的责任。

(3) 追缴财产

当事人恶意串通,损害国家、集体或者第三人利益的,因此取得的财产收归国家所有或者返还集体、第三人。

8.1.6 仓储合同的变更和终止

1. 仓储合同的变更

仓储合同成立以后,在尚未履行或尚未完全履行之前,当事人可以对仓储合同的内容进行修改或补充。

变更仓储合同的程序按照仓储合同订立的程序进行,即当事人一方发出变更仓储合同的要约,另一方作出承诺,仓储合同变更。仓储合同变更后,对合同当事人具有法律约束力,当事人应该按照变更后内容履行各自承担的合同义务。仓储合同的变更不影响当事人要求赔偿损失的权利。

2. 仓储合同的终止

合同的终止是仓储合同关系在客观上不复存在,仓储合同权利和义务归于消灭。有下列情形之一的,仓储合同的权利义务终止:

(1) 债务已经按照约定履行

仓储合同一经履行,合同权利便得以实现,当事人设立合同的目的得以实现,合同关系也就自然终止。在实践中,履行是仓储合同终止最为主要的原因。

(2) 仓储合同的解除

仓储合同订立后,在合同尚未履行或者尚未全部履行时,当事人提前终止合同,从而使原仓储合同设定的双方当事人的权利义务归于消灭。它是仓储合同终止的一种情形。仓储合同解除分为约定解除和法定解除。

①约定解除

约定解除是仓储合同当事人通过协议或行使约定的解除权而进行的合同解除。约定解除又分为两种:一是协议解除,当事人协商一致,可以解除合同;二是约定解除权的行使,当事人约定一方解除合同的条件,解除合同的条件成就时,解除权人可以解除仓储合同。

②法定解除

法定解除是在仓储合同成立以后,没有履行或没有完全履行之前,根据法律规定的解除条件,行使法定的解除权而使仓储合同效力终止的行为。法定解除的特点是解除仓储合同的条件是由法律直接规定的,而不是当事人的约定。在法定解除条件具备时,享有解除权的当事人就可以行使法定解除权而解除仓储合同,不必征得对方当事人的同意。

有下列情形之一的,可以解除合同:

第一,因不可抗力致使不能实现合同目的的;

☞ **经验之谈——红日仓储有限公司能解除合同吗?**

2015年10月7日,红日仓储有限公司与旺旺果品有限公司签订了10吨果品的仓储合同，约定旺旺果品有限公司在11月1日之前向红日仓储有限公司仓储10吨果品，保管期限3个月，保管费1万元，要求旺旺果品有限公司在提货时一次给付仓储费。仓储合同签订后旺旺果品有限公司积极组织货源为履行合同做准备。但是在10月28日红日仓储有限公司的仓库突然发生火灾，而不能保管货物。问旺旺果品有限公司能否解除合同？

【分析】旺旺果品有限公司能解除合同。本案中，红日仓储有限公司不能履行合同是由于不可抗力的原因造成的，《合同法》规定因不可抗力致使不能实现合同目的的，当事人有权解除合同。

第二，在履行期限届满之前，当事人一方明确表示或者以自己的行为表明不履行主要债务的；

第三，当事人一方迟延履行主要债务，经催告后在合理期限内仍未履行；

第四，当事人一方迟延履行债务或者有其他违约行为，致使不能实现合同目的；

第五，法律规定的其他情形。

在上述情形中，不可抗力是法定的免责事由，因不可抗力导致的仓储合同目的无法实现不可归责于任何一方当事人，在这种情形下，双方当事人都可行使解除权。而其他几种情形均是可归责于当事人一方的违约行为，只有享有解除权（守约）的一方当事人才可通知对方解除合同，而无须对方同意。

(3) 债务抵消

抵消是指双方当事人互负债务时，各以其债权充当债务的清偿，而使其债务与对方的债务在对等额内相互消灭。因此，抵消也是合同的权利义务终止的原因之一。抵消分为法定抵消和约定抵消两种。

法定抵消是指当事人互负到期债务，该债务的标的物种类、品质相同的，任何一方可以将自己的债务与对方的债务抵消，但依照法律规定或按照合同性质不得抵消的除外。当事人主张抵消的，应当通知对方，通知自到达对方时生效。而且，抵消不得附条件或者附期限。如甲欠乙仓储费5 000元，而乙欠甲运费3 000元，那么双方可抵消3 000元。

约定抵消因当事人双方的协商一致所为的抵消，即当事人互负到期债务，标的物种类、品质不相同的，经双方协商一致，也可以抵消。

(4) 提存

提存是债务人将无法清偿的标的物提交给提存机关，以消灭合同债务的行为。债务的履行往往需要债权人的协助，如果债权人无正当理由而拒绝受领或者不能受领，债权人虽然应负受领迟延责任，但债务人的债务却并未消灭，债务人仍要随时准备履行，为债务履行提供的担保也不能消灭，显失公平。为此法律设立了提存制度，规定在债权人拒绝受领或不能受领标的物时，债务人可以将标的物提交有关部门保存。一经提存即认为债务人已经履行了其义务，债权债务关系即行终止。例如，甲储存在乙仓库的货物已到期，乙多次催甲提货，甲无正当理由就是不提货，影响了乙仓库的使用，那么乙可将甲的货物提存。

标的物提存后，毁损、灭失的风险由债权人承担。提存期间，标的物的孳息归债权人所有，提存费用由债权人负担。标的物不适于提存或者提存费用过高的，债务人依法可以拍卖或者变卖标的物，提存所得的价款。

标的物提存后，合同虽然终止，但债务人还负有后合同义务，除债权人下落不明的以外,债务人应及时通知债权人或债权人的继承人、监护人。

债权人领取提存物的权利,自提存之日起 5 年内不行使而消灭,提存物扣除提存费用后归国家所有。

(5) 免除

免除是指债权人免除债务人的债务而使合同权利义务部分或全部终止的意思表示。免除是债权人的单方法律行为。

免除的效力是使合同消灭。债务全部免除的,合同债即全部消灭;债务部分免除的,合同于免除的范围内部分消灭。主债务因免除而消灭的,从债务也随之免除。但是,免除不得损害第三人的利益。

(6) 混同

混同是指债权债务同归于一人,致使合同关系消灭的事实。《合同法》规定:债权和债务同归于一人的,合同的权利义务终止,但涉及第三人利益的除外。

(7) 法律法规规定的或当事人约定终止的其他情形

除了上述的合同权利与义务终止的情形外,出现了法律规定终止的其他情形时,合同的权利义务也可以终止。

8.2　履行仓储合同

履行仓储合同是合同法的核心,合同订立的目的就是实现合同当事人的利益,这种利益必须通过当事人履行合同的行为才能实现。仓储合同当事人应按照合同约定或者法律规定,全面、适当地完成各自承担的合同义务,以使债权人的债权得以实现。

8.2.1　仓储合同履行的基本规则

1. 仓储合同条款约定不明确时的履行规则

仓储合同条款应当明确、具体,以便合同的履行,由于客观情况的复杂性和当事人主观认识的局限性,合同条款欠缺或约定不明的现象是不可避免的。仓储合同生效后,当事人就仓储物的质量、保管费、履行地点等合同内容没有约定或约定不明确的,可以协议补充;不能达成补充协议的,按照合同有关条款或者交易习惯确定。如果按前面两种方式仍不能确定的,适用下列规定:

①质量要求不明确的,按照国家标准、行业标准履行;没有国家标准、行业标准的,按照通常标准或者符合合同目的的特定标准履行。

②价款或者报酬不明确的,按照订立合同时履行地的市场价格履行。

③履行地点不明确,给付货币的,在接受货币一方所在地履行;其他标的,在履行义务一方所在地履行。

④履行期限不明确的,债务人可以随时履行,债权人也可以随时要求履行,但应当给对方必要的准备时间。

⑤履行方式不明确的,按照有利于实现合同目的的方式履行。

⑥履行费用的负担不明确的,由履行义务一方负担。

2. 执行政府定价或者政府指导价的合同的履行规则

执行政府定价或者政府指导价的,在合同约定的交付期限内政府价格调整时,按照交付时的价格计价。逾期交付标的物的,遇价格上涨时,按照原价格执行;价格下降时,按照新价格执行。逾期提取标的物或者逾期付款的,遇价格上涨时,按照新价格执行;价格下降时,按照原价格执行。

3. 涉及第三人的仓储合同履行原则

涉及第三人的仓储合同又称涉他合同,是当事人双方为当事人之外的第三方设定了权利或义务的仓储合同,包括以下两种:

(1) 向第三人履行的仓储合同

仓储合同的当事人可以约定由债务人向第三人履行债务,由于第三人不是订立仓储合同的当事人,其仅能依照债权人与债务人的约定享有请求履行的权利,债务人未向第三人履行债务或者履行债务不符合约定的,应当向债权人而不是第三人承担违约责任;债务人对债权人得行使的抗辩权,对该第三人均可行使;因向第三人履行债务增加的费用,除当事人双方另有约定外,由债权人承担。

(2) 第三人代为履行的合同

仓储合同的当事人可以约定由第三人代替债务人向债权人履行债务,但第三人并没有因履行债务而成为仓储合同当事人,所以第三人不履行债务或者履行债务不符合约定的,应当由债务人,而不是第三人向债权人承担违约责任;债权人请求第三人履行债务时,债务人对于债权人的一切抗辩权,第三人均可行使;第三人向债权人履行债务所发生的费用,一般应由债务人承担,除非当事人双方另有约定。

4. 仓储合同主体发生变化时的履行规则

债权人分立、合并或者变更住所没有通知债务人,致使履行债务发生困难的,债务人可以中止履行或者将标的物提存。合同生效后,当事人不得因姓名、名称的变更或者法定代表人、负责人的变动而不履行合同义务,否则承担违约责任。

5. 债务人提前履行债务或部分履行债务的处理规则

(1) 债务人的提前履行债务

债权人可以拒绝债务人提前履行债务,但提前履行不损害债权人利益的除外。债务人提前履行债务给债权人增加的费用,由债务人负担。

(2) 债务人的部分履行

债权人可以拒绝债务人部分履行债务,但部分履行不损害债权人利益的除外。债务人部分履行债务给债权人增加的费用,由债务人负担。

学习资源:

物料分类和编码

8.2.2 保管人权利和义务

1. 保管人的义务

(1) 提供仓储条件的义务

仓储人经营仓储保管的前提条件就是具有功能完备的仓储保管条件,具有从事保管货物的保管设施和设备。包括适合货物储存要求的场地、容器、仓库、货架、作业搬运设备、计量设备、保管设备、安全保卫设施等条件。同时还应配备一定的保管人员、商品养护人员、装卸搬运人员,制定行之有效的管理制度和操作规程等。

(2) 接收、验收货物的义务

保管人应按合同的约定,接受存货人交付储存的仓储物。保管人在接受存货人交存仓储物入库时,应当按照合同的约定对入库仓储物进行验收,并签发验货单证。保管人验收后,发现入库仓储物的品种、数量、质量不符合约定的,应当及时通知存货人。

(3) 给付仓单的义务

保管人在接收货物后,保管人应当向存货人给付仓单,这是保管人的一项合同义务。仓单是存货人交付、提取仓储物的凭证。保管人给付仓单的前提是仓储合同成立,存货人已交付仓储物,所以保管人根据实际收取的货物情况签发仓单。在存期届满,保管人应根据仓单的记载向仓单持有人交付货物,并承担仓单所明确的责任。保管人应根据合同条款确定仓单的责任事项,避免将来向仓单持有人承担超出仓储合同所约定的责任。

(4) 妥善保管义务

保管人应当按照仓储合同约定的储存条件和保管要求,妥善保管仓储物。保管人储存易燃、易爆、有毒、有腐蚀性、有放射性等危险物品的,应当具备相应的保管条件,应当按照国家或合同规定的要求操作和储存;在储存保管过程中不得损坏货物的包装物,如因保管或操作不当使包装发生毁损的,保管人应当负责修复或按价赔偿。

(5) 返还仓储物及其孳息的义务

保管人应在约定的时间和地点向存货人或仓单持有人交还约定的仓储物。仓储合同没有明确存期和交还地点的,存货人或仓单持有人可以随时要求提取,保管人应在合理的时间内交还存储物。作为一般仓储合同,保管人在交返仓储物时,应将原物及其孳息、残余物一同交还。

(6) 危险通知义务

保管人负有对仓储物尽善良管理人的注意义务。当入库仓储物发生有变质或其他损坏的,应当及时通知存货人或仓单持有人。当入库仓储物发生有变质或其他损坏,危及其他仓储物的安全和正常保管的,应当及时通知存货人或仓单持有人作出必要的处置。因情况紧急,保管人可以作出必要的处置,防止危害扩大,但事后应当将该情况及时通知存货人或者仓单持有人。

 经验之谈——合同双方做法对吗?

某商业企业在大通仓库寄存某设备一批共 100 台,价值共计 100 万元。双方商定:保管期限自 2017 年 1 月 1 日至 1 月 30 日,商业企业分两批取走设备;1 月 30 日商业企业取走最后一批设备时，支付保管费3 000元。1月30日，某商业企业前来取最后一批设备50台时，双方为保管费的多少发生争议。某商业企业认为自己的设备实际是在1月11日上午才进入大通仓库的，保管期限实际上是20天，所以应当给付保管费2 000元。但大通仓库拒绝减少保管费1 000元，理由是仓库早已为企业设备的到来准备了库房，企业的设备没能准时进库是商业企业自己的原因造成的，与大通仓库无关。某商业企业则认为，它已经通知了设备到库的准确时间，且大通仓库不可能空着货位，肯定会存放其他的货物。所以只同意支付保管费2 000元。于是大通仓库拒绝企业提取所剩余的设备。

试分析：如何处理此纠纷？

首先某商业企业应给付全部保管费。我国《合同法》第382条规定："仓储合同自成立时生效。"所以合同签订后，因存货人原因货物不能按约定入库，依然要交付全部仓储费，本案中应给付约定的仓储费3 000元；其次大通仓库在某商业企业拒绝足额支付保管费的情况下有权留置仓储物，拒绝其提取仓储物，其行使的是留置权。但本案保管人大通仓库明显过多留置了某商业企业的货物。因为在仓储物是可分物时，保管人在留置时仅可留置价值相当于仓储费部分的仓储物。而本案的仓储物恰恰是可分物，所以大通仓库没有理由留置剩下的设备，而只能留置相当于1 000元的设备。

（7）同意检查仓储物的义务

保管人根据存货人或者仓单持有人的要求，应当同意其检查仓储物或者提取样品。因存货人或仓单持有人是仓储物的所有权人，或者是仓储物的质权人，有权检验仓储物，保管人不得拒绝。

2. 保管人的权利

（1）收取仓储费的权利

仓储费是保管人订立合同的目的，是对仓储物进行保管所获得的报酬，是保管人的合同权利。保管人有权按照合同约定收取仓储费或在存货人提货时收取仓储费。

（2）保管人的提存权

储存期间届满，存货人或者仓单持有人不提取货物的，保管人可以催告其在合理期限内提取，逾期不提取的，保管人可以提存仓储物，以消灭与存货人或仓单持有人之间的债权债务转关系。

（3）验收货物的权利

验收货物不仅是保管人的义务，也是保管人的一项权利。保管人有权对货物进行验收，在验收中发现货物溢短，对溢出部分可以拒收，对于短少的有权向存货人主张违约责任。对于货物存在的不良状况，有权要求存货人更换、修理或拒绝接受，否则需如实编制记录，以明确责任。

8.2.3 存货人的权利和义务

1. 存货人的义务

（1）告知义务

存货人的告知义务包括两个方面：对仓储物的完整明确的告知和瑕疵告知。完整明确的告知即在订立仓储合同时，存货人要完整详细地告知保管人仓储物的准确名称、数量、包装方式、性质、作业保管要求等涉及验收、作业、仓储保管、交付的资料，特别是储存易燃、易爆、有毒、有放射性等危险物品或者易腐物品，存货人应当向保管人说明物品的性质和预防危险、腐烂的方法，提供有关的保管、运输等技术资料，并采取相应的防范措施。存货人违反该义务的，保管人有权拒收该货物，也可以采取相应措施以避免损失的发生，因此产生的费用由存货人承担。如果由于存货人的隐瞒造成保管人损失的，存货人还应承担相应的赔偿责任。

瑕疵告知包括仓储物及其包装的不良状态、潜在缺陷、不稳定状态等已存在的缺陷或将会发生损害的缺陷。保管人只有了解仓储物所具有的瑕疵才可以采取有针对性的操作和管理，以避免损害和危害发生。因存货人未告知仓储物的性质、状态造成的保管人验收错误、作业损害、保管损坏由存货人承担赔偿责任。

（2）妥善处理和交存货物

存货人应对仓储物进行妥善处理，根据仓储物的性质进行分类、分储，根据合同约定妥善包装，使仓储物适合仓储作业和保管。存货人应在合同约定的时间向保管人交存仓储物，并提供验收单证。交存仓储物不是仓储合同生效的条件，而是存货人履行合同的义务。存货人未按照约定交存仓储物，构成违约，应承担违约责任。

（3）支付仓储费和偿付必要费用

仓储合同为有偿合同，除非当事人之间另有约定，存货人应负担向保管人支付仓储费的义务。存货人应根据合同约定按时、按量地支付仓储费，否则构成违约。如果存货人提前提取仓储物，保管人不减收仓储费。如果存货人逾期提取，应加收仓储费。如果存货人未支付仓储费，保管人有权对仓储物行使留置权，即有权拒绝将仓储物交还存货人，并可通过拍卖留置的仓储物等方式获得有关款项。仓储物在仓储期间发生的应由存货人承担责任的费用支出或垫支费，如保险费、货物自然特性的损害处理费用、有关货损处理、运输搬运费、转仓费等，存货人应及时支付。

（4）及时提取仓储物的义务

其包括两方面的内容：

一是仓储合同约定保管期限的，储存期限届满，存货人或仓单持有人应凭仓单提取仓储物。仓单是仓储物的物权证明，保管人认单不认人，存货人或仓单持有人提取货物时须提示仓单并缴回仓单。存货人或仓单持有人逾期提取的，应当加收仓储费；提前提取的，不减收仓储费。原因在于保管人根据仓储合同的约定安排仓库的使用计划，如果存货人未将仓储物提离或提前提取，会使得保管人已签订的下一个仓储合同无法履行，也打乱了保管人的计划。所以，由于存货人或仓单持有人的原因不能使货物如期出库造成压库时，存货人或仓单持有人应负违约责任。

二是保管期限约定不明确，当事人对储存期间没有约定或者约定不明确的，存货人或者仓单持有人可以随时提取仓储物，保管人也可以随时要求存货人或仓单持有人提取仓储物，但应当给予对方必要的准备时间。

2. 存货人的权利

（1）查验、取样权

在仓储保管期间，存货人有对仓储物进行查验、取样的权利，有权提取合理数量的样品进行查验。由于查验，可能会影响保管人的工作，取样还会造成仓储物的减量，但存货人合理进行的查验和取样，保管人不得拒绝。

（2）保管物的领取权

当事人对保管期间没有约定或约定不明确的，保管人可以随时要求存货人领取保管物；约定不明确的，保管人无特别事由，不得要求存货人提前领取保管物，但存货人可以随时领取保管物。

（3）获取仓储物孳息的权利

《合同法》第377条规定："保管期间届满或者寄存人提前领取保管物的，保管人应当将原物及其孳息归还寄存人。"可见，如果仓储物在保管期间产生了孳息，存货人有权获取该孳息。

学习资源：

第三方物流服务商管理

8.2.4 违约责任

《合同法》规定，当事人一方不履行合同义务或者履行合同义务不符合约定的，应当承担继续履行、采取补救措施或者赔偿损失等违约责任。由此，我国《合同法》在对待违约责任的问题上采取严格责任原则，不考虑合同当事人是否在主观上存在过错，只要一方不履行仓储合同义务或者履行合同义务不符合约定的，就应承担违约责任，除非存在法定和约定的免责事由。

1. 违约行为

（1）不履行合同义务

①履行不能

仓储合同的履行不能是债务人由于某种情形导致事实上已经不可能再履行债务。履行不能可能由于客观原因不能履行，如仓储物因毁损、灭失而不能履行，因地震库房倒塌而不能履行；也可能是由于主观过错而不能履行义务，如由于保管人的过错使库房不适于储存存货人的货物，但主要还是由于客观原因导致的。履行不能的情况自仓储合同成立时就已经存在的，则为原始不能；如果是在合同关系成立以后才发生的，则为嗣后不能，如仓储物于交付前灭失。如果仓储物部分灭失，则为部分不能；如果全部灭失的，则为全部不能。

②拒绝履行

拒绝履行是仓储合同当事人一方明确表示或者以自己的行为表明不履行合同义务。构成拒绝履行必须具备以下条件：第一，须债务人负有债务而且能够履行债务。第二，须债务人表示不履行。至于债务人不履行的意思表示为明示还是默示，则在所不问。第三，须债务人拒绝履行为无正当理由。仓储合同不履行的表现，不以明示为限，单方毁约、没有履行仓储义务的行为、将应当交付的仓储物作其他处分等，均可以推断为不履行义务的表现。如储存期间届满，保管人履行了仓储义务，存货人不支付仓储费；保管人在约定的期限内不返还仓储物或将仓储物挪作他用等。拒绝履行与不能履行存在着明显的不同，前者强调当事人有履行可能而不履行，后者则主要强调客观上不能履行。如果仓储合同的义务人拒绝履行义务，对方当事人可以在履行期限届满之前要求其承担违约责任。

（2）履行合同义务不符合约定

①履行迟延

履行迟延是仓储合同当事人的履行违反了履行期限的规定。包括给付迟延（债务人的迟延）和受领迟延（债权人的迟延）两种。在仓储合同中，保管人未在合同规定的期限内返还仓储物，存货人未在合同约定的期限内将货物入库，存货人未在约定的期限内支付仓储费用等行为均属于履行迟延。在给付迟延情形下，债务人履行迟延，经催告后在合理期限内仍未履行或不能实现合同目的的，债权人可以解除合同并请求赔偿损失。在迟延受领的情况下，债权人应依法支付违约金，如因此给债务人造成损害，则应负损害赔偿责任。债务人得依法自行消灭其债务，如以仓储物提存的方式消灭债务。

②履行不适当

履行不适当即未按法律规定、合同约定履行债务的行为。在仓储合同中，在货物的入库、验收、保管、包装、货物的出库等任何一个环节未按法律规定或合同的约定履行，即属不适当履行。如保管人交付的仓储物的数量不足或品质不合要求，或者履行的时间、地点或方式不符合要求等。债务人履行不适当的，应当采取补救措施，以使其履行符合法律规定或约定的条件。在一般情况下，债务人不适当履行的，债权人有权请求赔偿因此而受到的损害。

2. 承担违约责任的方式

违约责任的承担方式有支付违约金、赔偿损失、继续履行、采取补救措施、给付定金。

（1）支付违约金

违约金是当事人在合同中约定的在一方违约时，向对方支付的一定数额的货币。违约金是双方协商确定的，当事人双方可以约定一方违约时根据违约情况向对方支付一定数额的违约金，也可以约定因违约产生的损失赔偿额的计算方法。违约金的性质主要是补偿性，即主要是为了弥补一方违约后另一方所遭受的损失。为了体现公平、诚实信用的原则，《合同法》对违约金责任作了必要的限制。《合同法》规定，约定的违约金低于造成损失的，当事人可以请求人民法院或者仲裁机构予以增加；如果约定的违约金过分高于造成的损失的，当事人可以请求人民法院或者仲裁机构予以适当减少。

（2）赔偿损失

赔偿损失是合同的一方当事人在不履行合同义务或履行合同义务不符合约定的情形下，在违约方履行义务或者采取其他补救措施后，在对方还有其他损失时，违约方承担赔偿损失的责任。损失赔偿额应相当于因违约所造成的损失，包括直接损失和间接损失。直接损失，又称实际损失，是仓储合同的一方当事人因对方的违法行为所直接造成的财物的减少、支出的增加等。如仓储合同中仓储物本身灭失或毁损，为处理损害后果的检验费、清理费、保管费、劳务费或采取其他措施防止损害事态继续扩大的直接费用支出等。间接损失，是因仓储合同一方当事人的违约行为而使对方失去实际上可以获得的利益。它包括利润的损失，主要是指被损害的财产可以带来的利润；利息的损失、自然孳息的损失等。

（3）继续履行

继续履行，又称实际履行，是违反合同的当事人一方不论是否已经承担赔偿金或违约金责任，都必须按照对方的要求，在自己能够履行的条件下，对原合同未履行的部分进行履行，而不得以支付违约金和赔偿金的办法代替履行。

(4) 采取补救措施

所谓补救措施，是指在违约方给对方造成损失后，为了防止损失的进一步扩大，由违约方依照法律规定承担的违约责任形式。如仓储物的更换、补足数量等。从广义上而言，各种违反合同的承担方式，如损害赔偿、违约金、继续履行等，都是违反合同的补救措施，它们都是使一方当事人的合同利益在遭受损失的情况下能够得到有效的补偿与恢复。因此，这里所称的采取补救措施仅是从狭义上而言，是上述补救措施之外的其他措施。在仓储合同中，这种补救措施表现为当事人可以选择偿付额外支出的保管费、保养费、运杂费等方式，一般不采取实物赔偿方式。

(5) 给付定金

定金是指合同当事人为了确保合同的履行，由一方预先给付另一方一定数额的货币。定金作为合同的担保，具有实践性，要以定金的实际交付为成立要件，定金交付后，定金合同即成立。定金合同从定金实际交付之日起生效。定金的数额由当事人约定，但不得超过主合同标的额的20%，超过的部分，人民法院不予支持。债务人履行债务后，定金应当抵作价款或收回。给付定金的一方不履行债务的，无权要求返回定金；接受定金的一方不履行债务的，应当双倍返还定金。《合同法》规定，当事人既约定违约金，又约定定金的，一方违约时，对方可以选择适用违约金或者定金条款。可见，定金与违约金作为两种独立的违约责任形式，不能同时并用，而只能选择其一适用。适用了定金责任就不能再适用违约金责任，适用了违约金责任就不能再适用定金责任，守约方享有选择权。

7.2.5 违约责任的免除

违约责任的免除是不履行合同或法律规定的义务，致使他人财产受到损害时，由于有不可归责于违约方的事由，法律规定违约方可以不承担民事责任的情况。仓储合同订立后，如果客观上发生了某些情况阻碍了当事人履行仓储合同义务，这些情况如果符合法律规定的条件，违约方的违约责任就可以依法免除。合同法上的免责事由可分为两大类，即法定免责事由和约定免责事由。法定免责事由是指由法律直接规定、不需要当事人约定即可援用的免责事由，主要指不可抗力；约定免责事由是指当事人约定的免责条款。

1. 不可抗力

不可抗力是指当事人不能预见、不能避免并且不能克服的客观情况。它包括自然灾害和某些社会现象。前者如火山爆发、地震、火灾、台风、冰雹和洪水侵袭等，后者如战争、罢工等。因不可抗力造成仓储保管合同不能履行或不能完全履行，违约方不承担民事责任。

合同签订后因出现不可抗力的时间不同，会有几种不同的法律后果：当出现不可抗力以后，再要求义务人继续履行义务已无任何可能性时，可以全部免除当事人的履行义务；不可抗力的出现只对合同的部分履行带来影响，在此情况下只能免除不能履行部分的责任；如果不可抗力的出现只是对合同的履行暂时产生影响，等不可抗力的情势消失后，当事人应继续履行合同。但是，当事人延迟履行后发生不可抗力的，不能免除责任。

不可抗力的免责是有条件的，在不可抗力发生以后，作为义务方必须采取积极的措施才可以免除其违约责任。

2. 仓储物自然特性

根据《合同法》及有关规定，由于储存货物本身的自然性质和合理损耗，造成货物损失的，当事人不承担责任。

3. 存货人的过失

由于存货人的原因造成仓储物的损害，如包装不符合约定、未提供准确的验收资料、隐瞒和夹带、存货人的错误指示和说明等，保管人不承担赔偿责任。

4. 合同约定的免责

基于当事人的利益，双方在合同中约定免责事项，对负责事项造成的损失，不承担互相赔偿责任。如约定货物入库时不验收重量，则保管人不承担重量短少的赔偿责任；约定不检验货物内容质量的，保管人不承担非作业保管不当造成的变质损坏责任。

相关链接

仓储合同样本

保管方：_____　　住所：_____
存货方：_____　　住所：_____
合同签订地：_____

保管方和存货方根据仓储能力的情况，双方协商一致，签订本合同，共同信守。

第一条　储存货物的名称、规格、数量、质量
或者采用如下表格：

编号	包装	货物名称	品种规格	数量	质量

第二条　货物包装

1. 存货方负责货物的包装，包装标准按国家或专业标准规定执行，没有以上标准的，在保证运输和储存安全的前提下，由合同当事人议定；

2. 包装不符合国家或合同规定，造成货物损坏、变质的，由存货方负责。

第三条　保管方法：根据有关规定进行保管，或者根据双方协商方式进行保管。

第四条　保管期限：从_____年_____月_____日至_____年_____月___日

第五条　验收项目和验收方法

1. 存货方应当向保管方提供必要的货物验收资料，如未提供必要的货物验收资料或提供的资料不齐全、不及时，所造成的验收差错及贻误索赔期或者发生货物品种、数量、质量不符合合同规定时，保管方不承担赔偿责任。

2. 保管方应按照合同规定的包装外观、货物品种、数量和质量，对入库物进行验收，

如果发现入库货物与合同规定不符，应及时通知存货方。保管方未按规定的项目、方法和期限验收，或验收不准确而造成的实际经济损失，由保管方负责。

3. 验收期限：国内货物不超过＿＿＿＿天，国外到货不超过＿＿＿＿天。超过验收期限所造成的损失由保管方负责。货物验收期限，是指货物和验收资料全部送达保管方之日起，至验收报告送出之日止。日期均以运输或邮电部门的戳记或直接送达的签收日期为准。

第六条　入库和出库的手续

按照有关入库、出库的规定办理，如无规定，按双方协议办理。入库和出库时，双方代表或经办人都应在场，检验后的记录要由双方代表或经办人签字。该记录就视为合同的有效组成部分，当事人双方各保存一份。

第七条　损耗标准和损耗处理：按照有关损耗标准和损耗处理的规定办理，如无规定，按双方协议办理。

第八条　费用负担、结算办法：＿＿＿＿＿＿＿＿＿＿＿＿＿＿＿＿＿＿＿＿＿＿＿＿

第九条　违约责任

一、保管方的责任

1. 由于保管方的责任，造成退仓或不能入库时，应按合同规定赔偿存货方运费和支付违约金。

2. 对危险物品和易腐货物，不按规程操作或妥善保管，造成毁损的，负责赔偿损失。

3. 货物在储存期间，由于保管不善而发生货物灭失、短少、变质、污染、损坏的，负责赔偿损失。如属包装不符合合同规定或超过有效储存期而造成货物损坏、变质的，不负赔偿责任。

4. 由保管方负责发运的货物，不能按期发货，赔偿存货逾期交货的损失；错发到货地点除按合同规定无偿运到规定的到货地点外，并赔偿存货方因此而造成的实际损失。

二、存货方的责任

1. 易燃、易爆、有毒等危险物品和易腐物品，必须在合同中注明，并提供必要的资料，否则造成货物毁损或人身伤亡，由存货方承担赔偿责任直至由司法机关追究刑事责任。

2. 存货方不能按期存货，应偿付保管方的损失。

3. 超议定储存量储存或逾期不提时，除交纳保管费外，还应偿付违约金。

三、违约金和赔偿方法

1. 违反货物入库和货物出库的规定时，当事人必须向对方交付违约金。违约金的数额，为违约所涉及的那一部分货物的＿＿＿＿个月保管费（或租金）或＿＿＿＿倍的劳务费。

2. 因违约使对方遭受经济损失时，如违约金不足抵偿实际损失，还应以赔偿金的形式补偿其差额部分。

3. 前述违约行为，给对方造成损失的，一律赔偿实际损失。

4. 赔偿货物的损失，一律按照进货价或国家批准调整后的价格计算；有残值的，应扣除其残值部分或残件归赔偿方，不负责赔偿实物。

第十条　由于不能预见并且对其发生和后果不能防止或避免的不可抗力事故，致使直接影响合同的履行或约定的条件履行时，遇有不可抗力事故的一方，应立即将事故情况电报通知对方，并应在＿＿＿＿天内，提供事故详情及合同不能履行，或者部分不能履行，或需要延期履行的理由的有效证明文件，此项证明文件应由事故发生地区的公证机构出具。按照事故对履行合同影响的程序，由双方协商决定是否解除合同，或者部分免除履行合同的责任，或者延期履行合同。

第十一条 其他

_____。

保管方：	（盖章）	存货方：	（盖章）
法定代表人：		法定代表人：	
地址：		地址：	
银行账户：		银行账户：	

签订日期：____年____月____日

（资料来源：中国仓储物流网）

本项目小结

仓储合同，是指当事人双方约定由保管人（又称仓管人或仓库营业人）为存货人保管储存的货物，存货人支付仓储费的合同。

一般保管仓储合同是指保管人根据存货人的要求为其储存保管商品，在保管期满将仓储物原样交还给存货人，存货人向保管人支付商品储存的有关费用而订立的合同。这类仓储保管合同的仓储物是明确的、确定的，保管人必须原物返还。存货人将储存物交付给仓储经营人，其主要目的在于保管，储存物的所有权不会因交付而转移。这是最常见、最主要的仓储合同。

复习思考题

一、选择题

1. （　　）是指存货人不仅将一定数量、一定品质的种类物交付仓储保管人储存保管，而且与保管人相互约定，将储存物的所有权也移转于保管人处，在合同期满时，保管人以相同种类、相同品质、相同数量的替代品返还的仓储合同。
   A. 混藏式仓储合同　　　　　　　　B. 商品仓储合同
   C. 物资仓储合同　　　　　　　　　D. 契约式仓储合同

2. （　　）是指仓库所有者将仓库、场地、仓库设备出租给存货人，由存货人自行保管货物的合同。
   A. 契约式仓储合同　　　　　　　　B. 仓储租赁合同
   C. 仓储外包合同　　　　　　　　　D. 存货合同

3. （　　）是仓储保管行为，是指仓储合同关系中存货人与保管人的权利义务共同指向的对象，即保管人提供仓储空间、仓储时间和精心保管，存货人要为此支付仓储费。
   A. 仓储合同的内容　　　　　　　　B. 仓储合同的形式
   C. 仓储合同的标的　　　　　　　　D. 仓储合同的条件

4. （　　）是指不履行合同或法律规定的义务，致使他人财产受到损害时，由于有不可归责于违约方的事由，法律规定违约方可以不承担民事责任的情况。

A. 违约责任的撤销 B. 违约责任
C. 合同义务的免除 D. 违约责任的免除

二、问答题

1. 什么是仓储合同？
2. 仓储合同订立的原则有哪些？
3. 仓储合同的内容有哪些？
4. 保管人的义务有哪些？

三、案例分析题

2016年9月，绿叶服装公司与许昌仓储公司签订仓储合同，约定储存20万套羽绒服，储存费2万元，储存期间至同年12月20日。事后，服装公司依约存货并交纳了仓储费，仓储公司验收后签发了仓单。

同年12月，某市百货公司向绿叶服装公司订购了此20万套羽绒服，并取得该公司背书转让的仓单。绿叶服装公司事后通知了该仓储公司。

但市百货公司持仓单提货时，被仓储公司以不是合法仓单持有人为由拒绝交付。双方争执日久，天气转暖，错过了羽绒服销售高峰，百货公司遭受损失。遂向法院起诉，要求仓储公司赔偿损失。

案例思考：
（1）仓单有哪些性质？《合同法》对仓单转让有何规定？
（2）百货公司能获得损失赔偿吗？

项目 9

配送与配送中心

知识目标

1. 掌握配送与配送中心的定义、分类。
2. 掌握配送中心选址与布局的方法。
3. 了解配送中心的功能。
4. 掌握配送中心的作业流程及内部组织体系。

技能目标

1. 学会如何选择配送模式。
2. 学会配送中心的管理方法。

引导案例

沃尔玛的配送中心

沃尔玛配送中心的运作流程：供应商将商品的价格标签和 UPC 条形码（统一产品码）贴好，运到沃尔玛的配送中心；配送中心根据每个商店的需要，对商品就地筛选，重新打包，从"配区"运到"送区"。

由于沃尔玛的商店众多，每个商店的需求各不相同，这个商店也许需要这样一些种类的商品，那个商店则有可能又需要另外一些种类的商品，沃尔玛的配送中心根据商店的需要，把产品分类放入不同的箱子当中。这样，员工就可以在传送带上取到自己所负责的商店所需的商品。那么在传送的时候，他们怎么知道应该取哪个箱子呢？传送带上有一些信号灯，有红的、绿的，还有黄的，员工可以根据信号灯的提示来确定箱子应被送往的商店，来拿取这些箱子。这样，所有的商店都可以在各自所属的箱子中拿到需要的商品。

在配送中心内，货物成箱地被送上激光制导的传送带，在传送过程中，激光扫描货箱上的条形码，全速运行时，只见纸箱、木箱在传送带上飞驰，红色的激光四处闪射，将货物送到正确的卡车上，传送带每天能处理 20 万箱货物，配送的准确率超过 99%。

沃尔玛的配送中心虽然面积很大，但它只有一层，之所以这样设计，主要是考虑到货物流通的顺畅性。有了这样的设计，沃尔玛就能让产品从一个门进，从另一个门出。如果产品不在同一层就会出现许多障碍,如电梯或其他物体的阻碍,产品流通就无法顺利进行。

在沃尔玛的配送中心,大多数商品停留的时间不会超过 48 小时,但某些产品也有一定数量的库存,这些产品包括化妆品、软饮料、尿布等各种日用品,配送中心根据这些商品库存量的多少进行自动补货。

(资料来源:http://www.chinawuliu.com.cn/oth/content 中国物流与采购网 经作者整理)

思考题

沃尔玛建立配送中心的目的是什么?

9.1 配送概述

配送是指按用户或收货人的订货要求,在配送中心或其他物流结点进行集货、分货、配货业务,并将配置货物送交客户或收货人。这一过程由集货、配货和送货三部分有机构成。

9.1.1 配送的概念

配送是指在经济合理区域范围内,根据客户要求,对物品进行分拣、加工、包装、分割、组配等作业,并按时送达指定地点的物流活动。

配送是物流中一种特殊的、综合的活动形式,是商流与物流的结合,也是包含了物流中若干功能要素的一种形式。

第一,由于在买方市场条件下,顾客的需求是灵活多变的,消费特点是多品种、小批量的,因此从这个意义上说,配送活动绝不是简单的送货活动,而应该是建立在市场营销策划基础上的企业经营活动。配送是从用户利益出发,按用户要求进行的一种活动,体现了配送服务性的特征。配送的时间、数量、品种规格都必须按用户要求进行,以用户满意为最高目标。

第二,以往单一的送货功能,已经无法较好地满足广大顾客对物流服务的需求,而配送活动则是多项物流活动的统一体。配送过程包含了采购、运输、储存、流通加工、物流信息处理等多项物流活动,是一种综合性很强的物流活动(如我国《物流术语》所述)。更有些学者认为:配送就是"小物流"。只是比大物流系统在程度上有些降低和范围上有些缩小罢了。从这个意义上说,配送活动所包含的物流功能,应比我国《物流术语》提出的功能还要多而全面。

另外一个被广泛认同的定义是:配送就是根据客户的要求,在物流据点内进行分拣、配货等工作,并将配好的货送交收货人的过程。

配送是从发送、送货等业务活动中发展而来的。原始的送货是作为一种促销手段而出现的。随着商品经济的发展和客户多品种、小批量需求的变化,原来那种有什么送什么和生产什么送什么的发送业务已不能满足市场的要求,从而出现了"配送"这种发送方式。

1. 关于配送的概念反映出的信息

(1) 配送是接近客户资源配置的全过程。

(2) 配送的实质是送货。配送是一种送货,但和一般送货又有区别:一般送货可以是一种偶然的行为,而配送却是一种固定的形态,甚至是一种有确定组织、确定渠道,有一套装备和管理力量、技术力量，有一套制度的体制形式。所以，配送是高水平的送货形式。

(3) 配送是一种"中转"形式。配送是从物流结点至客户的一种特殊送货形式。从送货功能看，其特殊性表现为：从事送货的是专职流通企业，而不是生产企业；配送是"中转"型送货，而一般送货尤其从工厂至客户的送货往往是直达型；一般送货是生产什么送什么，有什么送什么，配送则是企业需要什么送什么。所以，要做到需要什么送什么，就必须在一定中转环节筹集这种需要，从而使配送必然以中转形式出现。

(4) 配送是"配"和"送"的有机结合。配送与一般送货的重要区别在于，配送利用有效的分拣、配货等理货工作，使送货达到一定的规模，以便利用规模优势取得较低的送货成本。如果不进行分拣、配货，有一件运一件，需要一点送一点，这就会大大增加劳动力的消耗，使送货并不优于取货。所以，追求整个配送的优势，分拣、配货等项工作是必不可少的。

(5) 配送以客户要求为出发点。在定义中强调"按客户的订货要求"，明确了客户的主导地位。配送是从客户利益出发，按客户要求进行的一种活动，因此，在观念上必须明确"客户第一""质量第一"，配送企业的地位是服务地位而不是主导地位，因此不能从本企业利益出发，而应从客户利益出发，在满足客户利益的基础上取得本企业的利益。更重要的是，不能利用配送损害或控制客户，不能利用配送作为部门分割、行业分割、割据市场的手段。

(6) 概念中"根据客户要求"的提法需要基于这样一种考虑：过分强调"根据客户要求"是不妥的，客户要求受客户本身的局限，有时会损害自我或双方的利益。对于配送者来讲，必须以"要求"为依据，但是不能盲目，应该追求合理性，进而指导客户，实现双方共同受益的商业目的。

2. 配送的特点

(1) 满足顾客对物流服务的需求是配送的前提

①由于在买方市场条件下，顾客的需求是灵活多变的，消费特点是多品种、小批量的，因此从这个意义上说，配送活动绝不是简单的送货活动，而应该是建立在市场营销策划基础上的企业经营活动。配送是从用户利益出发，按用户要求进行的一种活动，体现了配送服务性的特征。配送的时间、数量、品种规格都必须按用户要求进行，以用户满意为最高目标。

②以往单一的送货功能，已经无法较好地满足广大顾客对物流服务的需求，而配送活动则是多项物流活动的统一体。配送过程包含了采购、运输、储存、流通加工、物流信息处理等多项物流活动，是一种综合性很强的物流活动。

(2) 配送是一种末端物流活动

配送的对象是零售商或用户（包括单位用户、消费者），故配送处于供应链的末端，是一种末端物流活动。

(3) 配送是"配"与"送"的有机结合

所谓"合理地配"，是指在送货活动之前必须依据顾客需求对其进行合理的组织与计划。只有"有组织有计划"地"配"才能实现现代物流管理中所谓的"低成本、快速度"地"送"，进而有效满足顾客的需求。

(4) 配送是在积极合理区域范围内的送货

配送不宜在大范围内实施，通常仅局限在一个城市或地区范围内进行。

（5）配送是物流活动和商流活动的结合

配送作业的起点是集货，必然包括订货、交易等商流活动。在买方市场占优势的当代社会，商流组织相对容易，故配送仍视做一种以物流活动为主的业务形式。

良好的配送活动有利于物流运动实现合理化；完善运输和整个物流系统；提高了末端物流的效益；通过集中库存使企业实现低库存或零库存；简化事务，方便用户；提高供应保证程度；为电子商务的发展提供了基础和支持。

9.1.2 配送的分类

配送有许多种类和形式，可以从以下三个角度加以分类。

1. 按配送的数量及时间不同分

（1）定时配送

所谓定时配送指按规定的时间间隔进行配送。其特点是间隔时间固定，配送数量和品种可按计划或按一定联络方式（电话、电子计算机网络）进行确定。有时，这种配送临时性较强，在一定程度上增加了配送难度。

（2）定量配送

所谓定量配送指按规定的批量在一定时间范围内进行配送。其特点是配送数量相对固定或稳定，时间要求不十分严格，备货工作相对简单，运输效率较高。

（3）定时定量配送

所谓定时定量配送指按规定时间、规定的货物品种数量进行配送。其特点兼有定时和定量配送两种优点。但计划性很强、稳定性要求很高，故选用此类配送不很普遍。

（4）定时定量定点配送

所谓定时定量定点配送指按照确定周期、货物品种和数量，计划确定客户或用户进行配送。其特点表明配送中心与用户签有配送协议，并严格执行。适用于重点企业和重点项目的物流支持。

（5）即时配送

所谓即时配送指完全按用户的配送时间、品种、数量要求进行随时配送。其特点以当天任务为目标，对临时性或急需货物进行配送。这种方式要求配送企业的配送资源相对富余。

2. 按配送的品种和数量分

（1）少品种大批量配送。所谓少品种大批量配送指对制造业所需的货物品种少但需求量大实行的配送。其特点是配送工作简单、配送成本低廉。

（2）多品种少批量配送。所谓多品种少批量配送指针对零售企业所需的货物品种多批量少的特点，配备齐全后，送达该企业或用户的配送。其特点除了配备良好硬件设备外，还需一流的业务操作水平和训练有素的管理水平。

（3）成套配套配送。所谓成套配套配送指对那些装配型或流水线制造企业生产的需要，集合各种产品一切的零部件，按生产节奏定时定量地配送。其特点适应于专业化生产和实现制造企业"零库存"的需要。

3. 按配送的组织形式分

（1）分散配送。所谓分散配送指销售网点或仓库根据自身或用户的需要，对小批量多品种货物进行配送。其特点适于分布广、服务面宽、近距离、品种繁多的小量货物的配送。

（2）集中配送。集中配送又称配送中心配送，是指专门从事配送业务的配送中心对社会性用户的货物需要而进行的配送。其特点是规模大、专业性强、计划性强、与客户关系稳定和密切；配送品种多、数量大，是配送的主要形式。

（3）共同配送。所谓共同配送指若干企业集中配送资源，制订统一计划，满足用户对货物需求的配送形式。一般分成两种类型：第一种是中小生产企业间通过合理分工和协商，实行共同配送；第二种是中小企业配送中心之间实现联合、共同配送。前者可以弥补配送资源不足的缺点；后者可以实现配送中心联合作业的优势，两者均可实现配送目的。

此外按实施配送的结点不同进行分类，可分为配送中心配送、仓库配送和商店配送；按经营形式不同进行分类，可分为销售配送、供应配送、销售—供应一体化配送和代存代供配送。

学习资源：

做好生产现场清扫活动

9.1.3 配送模式及其选择

1. 配送模式

配送模式是企业对配送所采取的基本战略和方法。根据国内外的发展经验及我国的配送理论与实践，目前，主要形成了以下几种配送模式：

（1）自营配送模式

自营配送模式是指企业物流配送的各个环节由企业自身筹建并组织管理，实现对企业内部及外部货物配送的模式。这种模式有利于企业供应、生产和销售的一体化作业，系统化程度相对较高，既可满足企业内部原材料、半成品及成品的配送需要，又可满足企业对外进行市场拓展的需求。其不足之处表现在，企业为建立配送体系的投资规模将会大大增加，在企业配送规模较小时，配送的成本和费用也相对较高。

一般而言，采取自营配送模式的企业大都是规模较大的集团公司。有代表性的是连锁企业的配送，其基本上都是通过组建自己的配送系统来完成企业的配送业务，包括对内部各场、店的配送和对企业外部顾客的配送。

（2）共同配送模式

共同配送是物流配送企业之间为了提高配送效率以及实现配送合理化所建立的一种功能互补的配送联合体。共同配送的优势在于有利于实现配送资源的有效配置，弥补配送企业功能的不足，促使企业配送能力的提高和配送规模的扩大，更好地满足客户需求，提高配送效率，降低配送成本。

（3）第三方配送模式

第三方就是为交易双方提供部分或全部配送服务的一方。第三方配送模式就是指交易双方把自己需要完成的配送业务委托给第三方来完成的一种配送运作模式。随着物流产业的不断发展以及第三方配送体系的不断完善,第三方配送模式应成为工商企业和电子商务网站进行货物配送的首选模式和方向。

2. 配送模式的选择

在物流管理中,极其需要创建配送业务平台,支撑商品流转,满足生产和消费需要。但是,配送新理念在我国传播时间相当短暂,由于社会缺乏对配送的支持和投入,到目前为止尚未形成集约化和规模化的配送体系,因此,配送业务始终处于低谷时期,一定程度上造成资源的浪费。

由于传统批发体制的解体,使得相当的物流设施和设备、物流专业技术人员等资源闲置,在这种状况下,物流企业租赁资源,依靠承揽单项服务外包配送业务,实现经济利益,这也是一种选择。

社会化的中介型配送企业模式是一种地道的独立经济模式,其实质是一种规模经营模式,根据我国巨大生产能力和消费能力,社会化中介配送和共同配送两种模式将是我国今后经济发展的巨大平台。

相关链接

7-11便利店的物流配送系统

7-11是全球最大的便利连锁店,在全球20多个国家拥有2.1万家左右的连锁店。其中日本是最多的,有8 478家。7-11拥有一个高效的物流配送系统。

7-11的物流管理模式先后经历了三个阶段三种方式的变革。起初,7-11并没有自己的配送中心,它的货物配送依靠的是批发商来完成的。以日本的7-11为例,早期日本7-11的供应商都有自己特定的批发商,而且每个批发商一般都只代理一家生产商,这个批发商就是联系7-11和其供应商间的纽带,也是7-11和供应商间传递货物、信息和资金的通道。供应商把自己的产品交给批发商以后,对产品的销售就不再过问了,所有的配送和销售都会由批发商来完成。对于7-11而言,批发商就相当于自己的配送中心,它所要做的就是把供应商生产的产品迅速有效地运送到7-11手中。为了自身的发展,批发商要最大限度地扩大自己的经营,尽力向更多的便利店送货,并且要对整个配送和订货系统做出规划,以满足7-11的需要。

渐渐地,这种分散化的由各个批发商送货的方式无法再满足规模日渐扩大的7-11便利店的需要,7-11开始和批发商及合作生产商构建统一的集约化的配送和进货系统。在这种系统下,7-11改变了以往由多家批发商分别向各个便利点送货的方式,改由在一定区域内的特定批发商统一管理该区域内的同类供应商,然后向7-11统一配货,这种方式称为集约化配送。集约化配送有效地降低了批发商的数量,减少了配送环节,为7-11节省了物流费用。

配送中心的好处提醒了7-11,何不自己建一个配送中心?与其让别人掌控自己的经脉,不如自己来控制。7-11的物流共同配送系统就这样浮出水面,共同配送中心代替了特定批发商,分别在不同的区域统一集货、统一配送。配送中心有一个计算机网络配送系统,分别与供应商及7-11店铺相连。为了保证不断货,配送中心一般会根据以往的经验保留4天左右的库存,同时,中心的计算机系统每天都会定期收到各个店铺发来的库存报告和要货报告,配送中心把这些报告集中分析,最后形成一张张向不同供应商发出的订单,由计算机网络传给供应商,而供应商则会在预定时间之内向中心派送货物。7-11配送中心在收到所有货物后,对各个店铺所需要的货物分别打包,等待发送。第二天一早,派送车就会从配送中心鱼贯而出,择路向自己区域内的店铺送货。整个配送过程就这样每天循环往复,为7-11连锁店的顺利运行保驾护航。

配送中心的优点还在于7-11从批发商手上夺回了配送的主动权,7-11能随时掌握在途商品、库存货物等数据,对财务信息和供应商的其他信息也能了如指掌,对于一个零售企业来说,这些数据都是至关重要的。

有了自己的配送中心,7-11就能和供应商谈价格了。7-11和供应商之间定期会有一次定价谈判,以确定未来一定时间内大部分商品的价格,其中包括供应商的运费和其他费用。价格一旦确定,7-11就省下了每次和供应商讨价还价这一环节,少了口舌之争,多了平稳运行,7-11为自己节省了时间也节省了费用。

随着店铺的扩大和商品的增多,7-11的物流配送越来越复杂,配送时间和配送种类的细分势在必行。以我国台湾地区的7-11为例,全省的物流配送就细分为出版物、常温食品、低温食品和鲜食食品四个类别,各区域的配送中心需要根据不同商品的特征和需求量每天做出不同频率的配送以确保食品的新鲜度,以此来吸引更多的顾客。新鲜、即时、便利和不缺货是7-11配送管理的最大特点,也是各家7-11店铺的最大卖点。

和我国台湾地区的配送方式一样,日本的7-11也是根据食品的保存温度来建立配送体系的。日本的7-11对食品的分类是:冷冻型(-20℃),如冰激凌等;微冷型(5℃),如牛奶、生菜等;恒温型,如罐头、饮料等;暖温型(20℃),如面包、饭食等。不同类型的食品会用不同的方法和设备配送,如各种保温车和冷藏车。由于冷藏车在上下货时经常开关门,容易引起车厢温度的变化和冷藏食品的变质,7-11还专门用一种两仓式货运车来解决这个问题,一个仓中温度的变化不会影响到另一个仓,需冷藏的食品就始终能在需要的低温下配送了。

除了配送设备,不同食品对配送时间和频率也会有不同要求。对于有特殊要求的食品如冰激凌,7-11会绕过配送中心,由配送车早中晚三次直接从生产商门口拉到各个店铺。对于一般的商品,7-11实行的是一日三次的配送制度,早上3~7点配送前一天晚上生产的一般的商品,早上8~11点配送前一天晚上生产的特殊食品如牛奶,新鲜蔬菜也属于其中,下午3~6点配送当天上午生产的食品,这样一日三次的配送频率在保证了商店不缺货的同时,也保证了食品的新鲜度。为了确保各店铺供货的万无一失,配送中心还有一个特别配送制度来和一日三次的配送相搭配。每个店铺都会随时碰到一些特殊情况造成缺货,这时只能向配送中心打电话告急,配送中心则会用安全库存对店铺紧急配送,如果安全库也已告罄,中心就转而向供应商紧急要货,并且在第一时间送到缺货的店铺手中。

9.2 配送中心业务管理

配送中心不仅是一种"门到门"的服务,更是一种现代化送货方式,是大生产、专业化分工在流通领域的反映,它完善了整个物流系统,将支线运输和小搬运统一起来,使运输得以优化,提高末端物流的经济效益。同时,配送中心使分散库存得以集中,加强了调控能力,实现企业低库存或零库存,最大限度地满足企业生产或商品流通需要。因此,配送中心不仅只是一种服务供应性的工作方式,更是一种重要的流通渠道。

学习资源:

巧用作业流程改善现场

9.2.1 配送中心的概念和类型

1. 配送中心的概念

配送中心是位于物流结点上,专门从事货物配送活动的经营组织或经营实体,实现物流中的配送行为。配送中心的核心任务就是将货物送到指定用户或客户。为了实现这一核心任务,配送中心还需进行收集信息、订货、储存等一系列活动,基本集中了所有物流功能,因此,配送中心还有"小物流"之称。

配送中心是开展货物配送及其相关业务的场所,一个完整的配送中心其结构除了基本的硬件设施(包括货物场地、仓库和运输车辆)外,还必须具备保障配送中心各项业务活动有效运作的各种设备,以及具备现代化经营和管理的计算机硬件和软件。

2. 配送中心的类型

根据配送中心所发挥功能的不同,一般将其分为三类,即流通型配送中心(TC)、储存型配送中心(DC)、加工型配送中心(PC)。

(1) TC(Transfer Center)。TC 这种配送中心没有长期货物储存功能,仅以暂存或随进随出的方式进行配货、送货。比较典型的是:大量货物整进并按一定批量零出。其过程采用大型分货机对货物进行分拣传送,分送到用户单位或配送车辆上。其主要功能是分货与转运。货物流通路线为:用户向企业总部发出订货后,总部随即通知制造商送货到 TC,TC 负责对货物进行检验并进行分配,将属于同一区域客户的货物集合在车辆内,及时配送到各客户。

(2) DC(Distribution Center)。DC 配送中心具有极强的储存功能,这一功能的表现体现出适应和调节用户或市场的需要。其主要功能是储存与转运。货物流通路线为:用户通过电脑向企业总部发出订货,DC 根据总部要求,下达出货指示,并配送到各客户。

(3) PC(Process Center)。PC 配送中心具有货物再加工功能,货物进入该中心后,经过进一步的简单加工后再进行配送。其主要功能是加工、包装和转送。货物流通路线与 DC 相类似,所不同的是货物的加工过程和货物再包装等作业过程。

9.2.2 配送中心的功能及作业流程

1. 配送中心的功能

配送中心为实现各用户货物需求目标,必须通过自身具体功能的体现,才能满足用户需求。其功能表现在以下方面。

(1) 采购集货功能。配送中心从制造业或供应商那里采购大量的、品种齐全的货物。

（2）储存保管功能。配送中心必须保持一定水平的货物储存量。一方面，如果低于合理的储存量水平，可能带来负面效应；另一方面，储存量水平与一般仓库储存量却有诸多不同，如品种花色、数量、要求等内容。因此，配送中心必须掌握或考虑其流动性很大这一特点，严格控制储存水平。

（3）分拣功能。由于配送中心面对广泛的用户且用户之间存在相当的差异性，因此，必须对所需货物进行规模性分离、拣选，从而筛选出所需货物。

（4）加工功能。配送中心的加工主要是为了扩大和提高经营范围和配送服务水平，同时，还可以提高货物价值。

（5）连接功能。配送的连接功能主要表现在两个方面：

①连接生产领域和消费领域的空间距离。许多供应商制造的货物通过配送中心送达各用户。

②连接生产领域和消费领域的时间距离。由于货物的制造与货物的消费不可能保持时间一致，因此客观上存在供需矛盾，而配送中心就是通过其功能的发挥，有效地解决这一矛盾。

（6）信息处理功能。配送中心的整个业务活动必须严格按照订货计划或通知、各用户订单、库存准备计划等内容进行有效操作，而这一过程本身就是信息处理过程。如果没有信息，配送中心就会死水一潭。信息处理具体表现在：

①接受订货。接受用户订货要求，经综合处理后，确定相应供货计划。

②指示发货。接受订货后，根据用户分布状况确定发货网点，通过计算机网络或其他方式向发货网点下达发货指令。

③确定配送计划。确定配送路线和车辆，选定最优配送计划并发出配送命令。

④控制系统。配送中心即时或定时了解采购情况、库存情况、加工情况、配送情况，以便准确、迅速、有效处理业务。

⑤与制造商和用户的衔接。掌握制造商的情况，就能及时向制造商发出采购通知以便于进货，同时了解各用户对货物的要求，也便于及时储存货物和运输货物，满足用户需求。

2. 配送中心的作业流程

配送中心的作业流程形式有许多种类，主要取决于配送中心本身规模大小、设施条件、服务功能等诸多因素。

（1）集货。集货过程包括集货采购、接货、验货和收货等具体内容。配送中心的信息中心每天汇总各用户销售和生产信息，汇总库存信息，然后向总部采购部门发出以上信息，由采购部门与制造商联系，发出订单，组织货物采购。配送中心根据制造商送来的订购货物组织入库作业，通过接货、验货和收货等不同程序，最终将合格货物存入库中。

（2）储存。储存的目的是保证货物生产和销售的需要，在保持合理库存的同时还要求货物储存不发生任何数量和质量变化。

（3）分拣、配货、分放。分拣和配货作业是在配送中心理货区内进行的。分拣是对确定需要配送的货物种类和数量进行挑选，其方式采用自动化分拣设备和手工方式两种。配货也有两种基本形式：播种方式和摘果方式。所谓播种方式是指将需要配送的同种货物从库区集中于发货区，再根据每个用户对货物的需求进行二次分配。这种方式适用于品种集中或相同、数量比较大的情况。另一种方式适用于货物品种多但分散、数量少的情况。分放往往是对已经分拣并配备好的货物由于不能立即发送,而需要集中在配装区或发货区等待统一发货。

(4) 配装。为了提高装货车厢容积和运输效率,配送中心把同一送货路线上不同客户的货物组合、配装在同一载货车上,这样不但可以降低送货成本,而且减少运输数量,避免交通拥挤状况。

(5) 送货。送货是配送中心作业流程的最终环节。一般情况下,配送中心利用自备运输工具或借助社会专业运输力量来完成送货作业。送货有的按照固定时间和路线进行;有的不受时间和路线的限制,机动灵活完成送货任务。

相关链接

某仓库的商品出库作业规范

1. 保管员须认真审核《商品出库单》,审核内容包括提货日期、提货地点、商品名称、规格、数量、印鉴等,发现问题,不予付货。
2. 除非货主有特殊要求,否则按先进先出、易坏先出的原则办理商品出库。
3. 商品出库时,保管员必须严格执行我司的安全管理规定,严禁机动车进入库房。
4. 应逐批逐层按阶梯式组织拆垛付货作业,按批装车,并在《商品出库单》第二联"仓储保管"联后背书。
5. 商品出库期间,应及时清理,并对破损包及时串整,使库耗控制在0.3‰以内(因包装质量造成超耗的除外,但必须及时申报处理),回收率达到90%以上。
6. 提货人装车完毕,保管员应再次核对,确认无误后放行,并及时销垛卡。
7. 出库作业完毕,保管员要及时清理现场,露天货垛须苫盖整齐、牢固。
8. 离开作业现场时,应切断电源并锁好库门。
9. 认真执行"动点制",做好每个工作日的盘库工作,并做好动点记录。

学习资源:

做好渠道窜货管理

9.2.3 配送中心的内部组织体系

配送中心内部组织机构一般由行政、职能、信息中心、账务处理、仓库和运输等部门组成。

1. 行政职能部门

行政职能部门包括行政经理室和职能管理部门。行政经理室的主要职责是负责配送中心全面、高效的货物配送业务运转,保证货物顺利流通,满足各用户对货物的需要。职能管理部门则从不同管理角度深层次配合和协调配送业务的展开,是经理室管理职能的延续。

2. 信息中心

信息中心是配送中心的信息处理部门。它的主要职责是对外负责和汇总各项信息，包括各用户的生产和销售信息、订货信息以及制造商或供应商信息；对内负责汇总各项业务活动信息等。

3. 账务处理部门

账务处理部门是配送中心专职处理业务单据的业务部门。其主要职责是记账和完成各类账单和报表，并保存其完整性，做好并监督业务单据的移交和签署；随时提供仓库和配送业务的进出存以及运输数据；改进和设计业务单据和数量，使之更趋合理性和科学性。

4. 仓库和运输部门

仓库和运输部门是配送中心的具体业务运作部门，是肩负着整个配送中心完成配送任务的两大力量。仓库除了储存货物外，还承担配送环节的其他业务，因此，设有理货区、配装区、加工区等功能区域。仓库的主要职责是及时、有效地安排货物进出库，保证货物的完整性，同时根据用户或客户的不同要求组织不同货物的加工、分拣、配装以满足业务单位的需要。运输部门的主要职责是接受指令将已经完成单元货物按照最优运送路线送至各用户单位或指定地点，最终实现配送业务。

9.2.4 配送路线

1. 确定配送路线的原则

配送路线的选择对配送货物的速度、成本、利润有相当大的影响，所以采用合理和科学的方法确定路线尤为重要。

①路程最短原则。如果路程与成本相关程度高，其他因素可忽略不计时，作为首选考虑。

②成本最低原则。成本是配送核算的减项部分，是诸多因素的集合，较为复杂，在具体计算过程中，必须在同一范围内加以考虑，认可其最小值。

③利润最高原则。利润是配送中心的核心，也是业务成果的综合体现。因此在计算时，力争利润数值最大化。

④吨公里最小原则。这一原则在长途运输时被较多地利用和选择。在多种收费标准和到达站点情况下，最为适用。在共同配送时，也可选用此项原则。

⑤准确性原则。准确性内容包括配送到各大用户的时间要求和路线合理选择的要求。如何协调这两个因素，有时操作起来比较困难，会造成与成本核算相矛盾。因此，要有全局观念。

⑥合理运力原则。运力包括组织配送人员、配送货物和各项配送工具。为节约运力，必须充分运用现有运力，实现运送任务。

2. 确定配送路线的约束条件

①满足用户或收货人对货物品种、规格、数量和质量的要求。

②满足用户或收货人对货物送达时间限制的要求。

③在允许通行的时间进行配送。

④配送的货物量不得超过车辆载重量和容积等指标要求。

⑤在配送中心现有生产力范围之内。

相关链接

华联超市的配送管理

1. 华联超市的配送情况

华联超市成立于1992年9月,多年来,公司以连锁经营为特征,以开拓全国市场为目标,不断提高集约化水平和自我滚动发展的扩张能力。2006年,实现销售额90亿元、净利润8 000万元,净资产收益率高达30%,在中国超市行业遥遥领先,成为中国第一家上市的连锁超市公司。

2. 华联超市的配送管理

(1) 注重配送中心的建设,健全物流配送网络

华联超市在配送中心的选设、规模、功能上都具有独到的眼光,目前已投入运行的新物流中心位于享有"上海物流第一站"美誉的桃浦镇,可见1 000家门店配货,其智能化、无纸化、机械化程度在国内首屈一指;随着特许经营网络的扩展,还兴建了4个大型配货中心。根据公司全力开拓北京大市场的战略,又在北京选址,与中国第三方物流"大哥大"——中远集装箱运输有限公司共同开发了华联超市的北京配送中心。

(2) 制定系列措施,提高配送的服务水平

华联超市配送中心的目的就是要向门店或客户提供满意的物流服务,主要有10个服务项目:商品结构与库存问题;门店紧急追加、减货的弹性;根据需要确定配送时间安排;缺货率控制;退货问题;流通加工中的拆零工作;配送中心服务半径;废弃物的处理与回收;建立客户服务窗口。

为了提高配送的服务水平,华联超市做了大量工作,如采用机械化作业与合理规划,减少搬运次数,防止商品保管与配送过程中破损与差错;通过科学、合理的调度,提高送货的准点率;通过计算机信息管理系统等手段控制商品的保质期;通过调查,制定门店加减货条件,增加配送系统"紧急加减货功能";根据门店的销售实绩、订货门店周围的交通状况、门店的规模大小以及节假日来确定配送时间。

(3) 依靠管理创新,提高配送中心运作质量

①零库存管理创新

根据供应链管理理论,"零库存"是商品流通中各个环节在高度信息化的条件下,实行合作而产生的一种新型的经销方式,"零库存"使零售或批发环节减少了因库存而产生的各种费用,是流通企业提升效率的重要途径。华联超市自一开始,在各门店推行"零仓经营"。配送中心实行24小时的即时配销制度,各门店因取消了店内小仓库,全公司一下子就增加了5 000平方米的营业面积,相当于新开了16家300平方米的门店,月销售额上升了1 800万元,并降低了库存资金占用额,减少了商品周转天数,提高了资金周转率。

②物流成本管理创新

降低总成本是华联超市力推的战略,有着一套有效和严密的体系,运用计算机从"有效控制管理费用"和"有效控制营业费用"两方面着手,注意抓配送中心"配送商品破损率"和"配送准点率"。

为了降低商品的破损率,公司广泛深入地进行调查研究,找到了一整套有效的解决方法。例如加强对配送过程的全面控制,做到事前控制、事中控制和门店及时反馈后的退货处

理。通过层层把关、步步设防、责任到人，终于使配送商品的破损率降低到行业的最低水平。

为了提高配送水平的准点率，公司对配送中心的人力资源、运输总量进行了统计分析，并结合配送信息，对运载方式和时段进行合理调整。加强了准点率的考核力度，把"准点"的标准数字化，规定货车抵达门店的数据与车队调度通知门店的"到店时间"，误差在 15min 到 −15min 之内为准点。门店在收货的签收单上，注明收到商品的时间，总协办根据记录，每月对配送中心的准点率进行考核。

在联华配送中心全体人员的努力下，配送中心的物流成本得到控制，实现了物流费用为配送中心处理商品进价 1%～1.15% 的低成本运作。

（4）运用现代物流技术，采用计算机管理，提高配送中心作业效率

新建的上海桃浦配送中心具有较高的科技含量。

第一是仓储立体化。配送中心采用高层次立体货架和拆零商品拣选货架相结合的仓储系统，大大提高了仓库空间的利用率。在整托盘（或整箱）水平存储区补货；在拆零商品补货区，拆零商品上放置 2 500 种已打开物流包装箱的商品，供拆零商品拣选用。

第二是装卸搬运机械化。配送中心采用前移式蓄电池叉车、电动搬运车、电动拣选车和托盘，实现装卸运作机械化。

第三是拆零商品配送电子化。近年来，连锁超市对商品的"拆零"作业需求越来越强烈，国外同行业配送中心拣货、拆零的劳动已占整个配送中心劳动力的 70%。华联超市配送中心拆零商品的配送作业已采用电子标签拣货系统。电子标签拣货系统大大提高了商品处理速度，减轻作业强度，大幅度降低差错率。

第四是物流管理条码化与配送过程无纸化。采用无线通信的计算机终端，开发了条码技术，从收货验货、入库到拆零、配货，全面实现条码、无纸化。

第五是组织好"越库中转型物流"、"直送型物流"和"配送中心型物流"，完善"虚拟配送中心"技术在连锁超市配送体系中的应用。

9.3　配送中心的规划与设计

配送中心规划属于配送中心建设项目的总体规划，是可行性研究的一部分，配送中心设计则属于项目初步设计的一部分内容。

学习资源：

建立在制品管理标准

9.3.1　配送中心的规划

配送中心规划是对于拟建配送中心的长远的、总体的发展计划。"配送中心规划"与"配送中心设计"是两个不同但是容易混淆的概念，二者有密切的联系，但是也存在着很大

的差别。在配送中心建设的过程中,如果将规划工作与设计工作相混淆,必然会给实际工作带来许多不应有的困难。因此,比较配送中心规划与配送中心设计的异同,阐明二者的相互关系,对于正确理解配送中心规划的界定,在理论和实践上都具有重要意义。

建设项目管理中,将项目设计分为高阶段设计和施工图设计两个阶段。高阶段设计又分为项目决策设计和初步设计两个阶段。项目决策设计阶段包括项目建议书和可行性研究报告。通常也将初步设计和施工图设计阶段统称为狭义的二阶段设计。对于一些工程,在项目决策设计阶段中进行总体规划工作,作为可行性研究的一个内容和初步设计的依据。

1. 配送中心规划与配送中心设计的相同之处

①配送中心的规划工作与设计工作都属于项目的高阶段设计过程,内容上不包括项目施工图等的设计。

②理论依据相同,基本方法相似。配送中心规划与设计工作都是以物流学原理作为理论依据,运用系统分析的观点,采取定量与定性相结合的方法进行的。

2. 配送中心规划与配送中心设计的不同之处

①目的不同。配送中心规划是关于配送中心建设的全面长远发展计划,是进行可行性论证的依据。配送中心设计是在一定的技术与经济条件下,对配送中心的建设预先制订详细方案,是项目施工图设计的依据。

②内容不同。配送中心规划强调宏观指导性;配送中心设计强调微观可操作性。

9.3.2 配送中心的设计

一是建立物流配送中心的战略意义和要求,进行环境调查销售额的调查与分析;二是控制物料平衡流(物量流)包括把握物料平衡流的要素和物量流的记法;三是储存作业,有定位储存、随机储存、分类储存、分类随机储存和共同储存等;四是进行物流设备规格设计,要把握基本设计原则和物流设备设计原则,其中的工作是对单位容器的选择和物流系统设备规格型号的设计;五是详细布置规划,包括设备面积与实际位置的设计和物流与周边设施的统一规划设计;六是物流中心布置与规划的评估;七是物流中心的成本分析与效益评估。

相关链接

配送中心的选址与布局

首先,遵守配送中心的选址和布局原则:一是适应性原则;二是协调性原则;三是经济性原则;四是前瞻性原则。

其次,配送中心选址的影响因素:一是自然环境因素,有气象条件、地质条件、水文条件、地形条件等。二是经营环境因素,有产业政策、主要商品特性、物流费用、服务水平等。三是基础设施状况,如道路、交通条件以及公共设施状况。其他还有诸如国土资源利用和环境保护要求等情况。

接着,配送中心规模的确定,要根据物流量预测(吞吐量预测),确定单位面积作业量的定额和配送中心的占地面积。

再次,配送中心的布局,进行活动关系的分析和作业空间规划,比如通道空间的布置规划，进行货区的作业空间规划（进出货平台的规划、进出货码头配置形式的设计、码头的设计形式、月台数量计算）包括仓储区的作业空间规划、拣货区作业空间规划、集货区的规划、行政区的规划。其中行政区的规划主要是指非直接从事生产、物流、仓储或流通加工部门的规划。如办公室、会议室、福利休闲设施等。

最后，各区域位置的设计，主要这五种形式。一是双直线式：适合于出入口在厂房两侧，作业流程相似但有两种不同进出货形态；二是锯齿形：通常适用于多排并列的库存货架区内；三是U形：适合于出入口在厂房同侧，根据进出频率大小安排靠近进出口端的储区，缩短拣货搬运路线；四是分流式：适用于批量拣货的分流作业；五是集中式：这种方式适用于因储区特性把订单分割在不同区域拣货后再进行集货作业。

本项目小结

本项目主要介绍了配送中心的概念、作用、设计等相关的内容。配送是指在经济合理区域范围内，根据客户要求，对物品进行分拣、加工、包装、分割、组配等作业，并按时送达指定地点的物流活动。

配送是从发送、送货等业务活动中发展而来的。原始的送货是作为一种促销手段而出现的。随着商品经济的发展和客户多品种小批量需求的变化，原来那种有什么送什么和生产什么送什么的发送业务已不能满足市场的要求，从而出现了"配送"这种发送方式。

配送是物流中一种特殊的、综合的活动形式，是商流与物流的结合，也是包含了物流中若干功能要素的一种形式。

复习思考题

一、选择题

1. 配送就是根据（　　），在物流据点内进行分拣、配货等工作，并将配好的货送交收货人的过程。

  A. 客户的要求　　　　　　　　B. 生产企业的要求
  C. 供应商的要求　　　　　　　D. 采购商的要求

2. 配送是一种（　　）物流活动。

  A. 中端　　　　B. 末端　　　　C. 开端　　　　D. 连锁

3. （　　）是物流配送企业之间为了提高配送效率以及实现配送合理化所建立的一种功能互补的配送联合体。

  A. 分别配送　　B. 零星配送　　C. 共同配送　　D. 集中配送

4. （　　）是位于物流结点上，专门从事货物配送活动的经营组织或经营实体，实现物流中配送行为。

  A. 物流中心　　B. 配送环节　　C. 送货中心　　D. 配送中心

5. （　　）是指按规定时间、规定的货物品种和数量进行配送。

  A. 定时定量配送　B. 定时配送　　C. 定量配送　　D. 即时配送

二、问答题

1. 什么是配送？

2. 配送有哪些特点？
3. 配送的模式主要有哪些？
4. 配送中心的内部组织体系有哪些部门？
5. 配送中心的功能有哪些？

三、实训题

长虹的流动仓库

电器行业的一个重要特点就是物品的贬值率特别高，物品存放在仓库一天要损失5%的利润。这对已经趋于"微利"的家电企业来说，无疑是制约企业发展的重要因素。作为中国家电业"龙头"的长虹也不例外。

以往长虹物流信息集成度不高，信息处理点分散，时效滞后，数据准确度不高，这些问题严重制约了公司的运营决策。长虹管理层认为，目前家电企业的竞争力不单纯体现在产品质量能否满足市场要求，更重要的是如何在市场需求的时候，生产和递交顾客满意的产品及服务。这就要求企业不仅要保证高节奏的生产，而且要实现最低库存下的仓储。由此，长虹提出了"物流是流动的仓库"的观点，用时间消灭空间，摒弃了以往"存货越多越好"的落后观念，全面提升速度观念。

长虹在绵阳拥有40多个原材料库房，50多个成品库房，200多个销售库房。过去的仓库管理主要由手工完成，各种原材料信息通过手工录入。虽然应用了 ERP 系统，但有关原材料的各种信息仍记录在纸面上，存放地点完全依靠工人记忆。货品入库之后，所有数据都通过手工录入到电脑中。对于制造企业来说，仓库的每种原材料都有库存底线，库存过多影响成本，库存不够时需要及时订货，但是，纸笔方式具有一定的滞后性，因此，真正的库存与系统中的库存永远存在差距，无法达到实时。这导致总部无法做出及时和准确的决策。而且手工录入方式效率低、差错率高，在出库频率提高的情况下，问题更为严重。

为了解决上述问题，长虹决定应用条码技术以及无线解决方案。经过慎重选型，长虹选择了美国讯宝科技公司及其合作伙伴——高立开元公司共同提供的企业移动解决方案。该解决方案采用讯宝科技的条码技术，并以 Symbol MC3000 作为移动处理终端，配合无线网络部署，进行仓库数据的采集和管理。目前在长虹主要利用 Symbol MC3000 对其电视机生产需要的原材料仓库以及2 000多平方米的堆场进行管理，在入库、出库以及盘点环节的数据进行移动管理。

1. 入库操作

一个完整的入库操作包括收货、验收、上架等。长虹在全国有近200家供应商，根据供应商提供的条码对入库的原材料进行识别和分类。通过条形码进行标识，确保系统可以记录每个单体的信息，进行单体跟踪。仓库收货员接到供应商的送货单之后，利用 Symbol MC3000 扫描即将入库的各种原材料的条码，并扫描送货单上的条码号，通过无线局域网络传送到仓库数据中心，在系统中检索出订单，实时查询该入库产品的订单状态，确认是否可以收货，提交给长虹的 ERP 系统。

收货后，长虹的 ERP 系统会自动记录产品的验收状态，同时将订单信息发送到收货员的 Symbol MC3000 手持终端，并指导操作人员将该产品放置到系统指定的库位上。然后扫描库位条码，系统自动记录该物品存放库位并修改系统库存，记录该配件的入库时间。通过这些步骤，长虹的仓库管理人员可以在系统中追踪到每一个产品的库存状态，实现实时监控。

2. 出库操作

一个完整的出库操作包括下架、封装、发货等。通过使用无线网络，长虹的仓库管理人员可以在下架时实时查询待出库产品的库存状态，实现先进先出操作，为操作人员指定需发货的产品库位，并通过系统下发动作指令，实现路径优化。封装时系统自动记录包装内的货物清单并自动打印装箱单。发货时，系统自动记录发货的产品数量，并自动修改系统库存。

通过这些步骤，长虹可以在系统中追踪到每个订单产品的发货情况，实现及时发货，提高服务效率和客户响应时间。仓库操作人员收到仓库数据中心的发货提示时，会查阅无线终端上的任务列表，并扫描发货单号和客户编码，扫描无误后确认发送，中心收到后关闭发货任务。

3. 盘点操作

长虹会定期对库存商品进行盘点。在未使用条码和无线技术之前，长虹的仓库操作人员清点完物品后，将盘点数量记录下来，将所有的盘点数据单提交给数据录入员输入电脑。由于数量清点和电脑录入工作都需要耗费大量的时间且又不能同时进行，因此往往会出现电脑录入员无事可做，然后忙到焦头烂额的情况；而仓库人员则是盘点时手忙脚乱，而后围在电脑录入员身边等待盘点结果。这样的场面，几乎每个月都要出现一次。

实施了讯宝科技的企业移动解决方案后，长虹杜绝了这种现象。仓库操作人员手持Symbol MC3000移动终端，直接在库位上扫描物品条码和库位，系统自动与数据库中记录进行比较，通过移动终端的显示屏幕将盘点结果返给仓库人员。通过无线解决方案可以准确反映货物库存，实现精确管理。

成果

条形码结合无线技术的企业移动解决方案使长虹的库存管理取得非常明显的效果，为长虹降低了库存成本，大大提高了供应链效率，更为重要的是，准确及时的库存信息，让长虹的管理层可以对市场变化及时做出调整，大大提高了长虹在家电市场的竞争力，具体体现在以下四个方面：

1. 库存的准确性提高

无线手持移动终端或移动计算机与仓库数据中心实现了数据的实时双向传送后，保证了长虹原材料仓库和堆场中的货物从入库开始到产品出库结束的整个过程，各环节信息都处在数据中心的准确调度、使用、处理和监控之下，使得长虹库存信息的准确性达到100%，便于决策层做出准确的判断，提高长虹的市场竞争力。

2. 增加了有效库容，降低了企业成本

由于实现了实时数据交换，长虹仓库货物的流动速度提高，使得库位、货位的有效利用率随之提高。增加了长虹原材料仓库的有效库容，降低了产品的成本，提高了利润率。

3. 实现了无纸化操作，减少了人工误差

整个仓库都通过无线技术传递数据，订单、入库单、调拨单、装箱清单、送货单等都实现了与仓库数据中心的双向交互、查询，大大减少了纸面单据，而采用Symbol MC3000手持移动终端进行条码扫描识别，让长虹在提高数据记录速度的同时减少了人员操作错误。

4. 提高了快速反应能力

现在长虹可以在第一时间掌握仓库的库存情况,这让长虹可以对复杂多变的家电市场迅速做出反应和调整。

在仓库管理中应用讯宝科技的移动解决方案,进行现场数据采集和分析,使成品信息、物料信息及配送信息全部集成到公司的 ERP 等信息系统上,长虹基本上形成了一体化的物流信息系统,实现无线网络的仓储管理,极大提升了长虹物流的整体水平。

(资料来源:互联网 经作者修改)

思考:如何理解长虹提出了"物流是流动的仓库"的观点?

项目 10

仓储安全管理

学习目标

1. 掌握仓储安全管理的各项要求。
2. 掌握火灾的种类及灭火的几种方法。
3. 理解仓储安全管理中防火防盗新技术。

技能目标

1. 了解仓储安全管理措施。
2. 掌握仓储安全管理新技术。

引导案例

化工厂安全事故的处理

2016年6月15日11时,天津某化工厂合成车间加氨阀填料压盖破裂,有少量的液氨滴漏。维修工徐某遵照规定,对加氨阀门进行填料更换。徐某没敢大意,首先找来操作工,关闭了加氨阀门前后两道阀门,并牵来一根水管浇在阀门填料上,稀释和吸收氨味,消除氨液释放出的氨雾,又从厂安全室借来一套防化服和一套过滤式防毒面具,佩戴整齐后即开始阀门检修。当他卸掉阀门压盖时,阀门填料跟着冲了出来,瞬间一股液氨猛然喷出,并释放出大片氨雾,包围了整个检修作业点,临近的甲醇岗位和铜洗岗位也被笼罩在浓烈的氨雾中,情况十分危急。临近岗位的操作人员和安全环保部的安全员发现险情后,纷纷从各处提消防、防护器材赶来。有的接通了消防水带打开了消火栓,大量喷水压制和稀释氨雾;有的穿上防化服,戴好防毒面具,冲进氨雾中协助处理。闻讯后赶到的厂领导协助车间指挥,生产调度抓紧指挥操作人员减量调整生产负荷,关闭远距离的相关阀门,停止系统加氨,事故很快得到有效控制和妥善处理,并快速更换了阀门填料,堵住了漏点。一起因严重氨泄漏而即将发生的中毒、着火甚至可能爆炸的重特大事故避免了。

思考题

天津某化工厂应从该事故隐患中吸取哪些教训?

10.1 仓储安全管理概述

仓储的安全管理是其他一切管理工作的基础和前提,并始终贯穿于整个仓储管理的全过程。本项目主要阐述仓储安全管理的意义、要求,仓储防火灭火、防盗等工作及安全操作技术。

学习资源:

决胜安全检查

10.1.1 仓储安全管理的意义和内容

仓库的安全管理是为了防范、制止恶性侵害行为、意外事故对仓库及仓储财产的损害和破坏,并维护仓储环境的稳定,保证仓储生产经营的顺利开展所进行的管理工作。具体内容就是执行国家安全管理的规章制度,做到防火、防盗、防抢、防骗、防破坏、防止财产受到侵害,以及防止作业事故等仓库安全事故,协调与外部的治安保卫关系,维持仓库内部安定局面和员工人身安全。仓库安全管理是仓库管理的重要组成部分,也是降低和防止经营风险的手段。仓储的安全管理是其他一切管理工作的基础和前提,具有十分重要的意义。

1. 仓储安全管理的意义

(1) 仓储安全管理的重要性

生产与安全,是一个整体的两个方面,即生产必须安全,安全为了生产。安全对于现代仓库来说具有特殊的重要意义,因为,仓库是商品重要的集散地,也是储藏和保管商品的场所,其价值和使用价值均很高,一旦发生火灾或爆炸等严重的事故,不仅仓库的一切设施可能被毁坏,而且客户存放在仓库中的所有商品也全部变成一堆废品,其损失之大,远远超过一般厂房的火灾。因此,仓库的安全工作应该位于一切管理工作的首位,必须警钟长鸣,做好一切防范工作。

在仓库的安全工作中,造成不安全的因素主要有两大类:一类是由管理人员认识上的局限性造成的,如对某些化学物品、危险品、易燃品、腐蚀品的性质不了解,对某些商品储存的规律没有完全掌握,以至于发生事故;另一类是管理人员素质不高引起的,如有的仓库管理人员失职,也有的管理人员贪图小利而出卖仓库利益,还有个别仓库领导官僚主义严重等。对于第一类因素克服的方法是,应加强对仓库保管人员的培训,让上岗的每一位保管人员都能较全面地掌握各类商品的特性及储存、保管的方法。对于第二类因素克服的方法是,努力提高仓库管理人员的素质,增强仓库管理人员的道德素养和工作责任感;对于腐败成风、不学无术的个别管理人员及仓库领导,则应该采取必要的措施,如调岗、开除,甚至追究刑事责任。总之,必须杜绝一切不安全的因素,确保仓库的安全运转。

(2) 仓库安全的要求

1) 为了确保仓库人、财、物的安全,必须建立和健全消防、保卫、保密、安全操作等规章制度，并设专人负责。

2）应建立和健全各项安全制度相应的执行、监督机制，组织日常检查、定期检查、节假日重点检查等，真正把各项安全制度落到实处。

3）必须培养一支消防队伍，设立专职或兼职的消防人员，仓库领导中应有人分管消防工作；配备相关的消防设备，并确定专人负责。

4）应严格管理各类火种、火源、电源、水源等，严禁各类火种及易燃品带入仓库。储货区与生活区应该严格隔离，储货区内不允许居住家属。

5）应建立警卫值班和干部值宿制度，重要的仓库、危险品仓库还须配备武装警卫人员。仓库应组织巡逻和夜间值班，严防偷窃和破坏。门卫要加强对进出仓库的车辆、人员及商品的检查，凭进出仓的有效凭证放行，并做好登记工作。

6）现代仓库中装卸、搬运、堆垛及各种机械设备操作使用时，必须严格遵守操作程序和规则，防止各类工伤事故的发生。

7）仓储商品的品名、数量、规格、种类等，仓库管理人员必须严格保密。

2. 仓储安全管理的内容

仓库的安全管理应始终贯穿于整个仓储管理的全过程，并尽全力抓好。从商品入库验收、堆垛，到商品保管、养护，直至商品出库点交，都离不开安全工作。现代仓库安全管理工作归纳起来可以分为三大类：

①仓库的警卫和保卫工作，主要负责仓库的治安、保卫、警卫工作。

②仓库的消防工作，主要承担仓库的防火、灭火工作。

③仓库的安全作业，主要是包括仓库保管员在进出仓及储存、保管商品作业过程中的安全技术操作工作。

案例分析

深圳市安贸危险品仓库事故

2014年8月5日13时，深圳市安贸危险品储运公司清水河仓库4库，因违规操作将过硫酸铵、硫化钠等化学危险品混储，引起化学反应而发生火灾爆炸事故。

此事故的发生是由于违反了安全规定。

（1）违反消防法规，丙类物品仓库当甲类仓库使用。1987年5月，该公司以丙类杂品干货仓库使用性质向深圳市消防支队报请建筑消防审核。1989年该仓库部分库房存储危险品，违反了消防规范要求。

（2）消防安全管理工作不落实。第一，没有称职的防火安全干部；第二，化学危险品进库没有进行安全检查和技术监督，账目不清，管理混乱；第三，仓库搬运工和部分仓管员是外来临时工，上岗前未经必要的培训，发生火灾后不懂如何扑救。

（3）拒绝消防监督提出的整改建议，对隐患久拖不改。

（4）消防基础设施、技术装备与扑救大火不适应。深圳市是缺水城市，清水河地区更是缺水区，仓库区虽然有些消防栓，但因压力达不到国家消防技术标准规定，使灭火工作受到影响。

问题：结合案例，说明仓库的安全管理有何重大意义，谈一下仓库治安保卫管理措施包括哪些？

10.1.2 防火

防火是仓储安全管理的重点之一。仓库火灾是仓库的灾难性事故，不仅会造成仓储货物的损失，还损毁仓库设施，而且产生的有毒气体直接危及人身安全。仓储防火必须认真贯彻"预防为主，防消结合"的消防方针，执行《中华人民共和国消防法》和公安部制定的《仓库防火安全管理规则》。仓库防火工作应该做到重点突出、依法办事，按照"谁主管谁负责"的原则，建立仓储防火岗位责任制，结合仓库环境条件的具体情况，制定相应的防火和火灾救治应急方案，落实各项检查措施，消除火灾隐患，及时处理仓储安全事故。

1. 仓库火灾基本知识

仓库中储存着大量的物品，有些属于可燃性物质。条件适宜时，就会发生燃烧。所谓燃烧，是指可燃物分解或挥发出的可燃气体，与空气中的氧剧烈化合，同时发出光热的反应过程。火灾是由燃烧引起的。

燃烧必须同时具备三个必要条件：可燃物、助燃物和着火热源，并且它们相互作用时，燃烧才能发生。可燃物是指在常温条件下能燃烧的物质，包括一般植物性物料、油脂、煤炭、蜡、硫黄；大多数的有机合成物等，如火柴、草料、棉花、纸张、油品等。助燃物是指支持燃烧的物质，包括空气中的氧气、释放氧离子的氧化剂。着火热源（简称"火源"）则是物质燃烧的热能源，实质上就是引起易燃物燃烧的热能。

仓库火灾的火源主要有直接火源和间接火源。直接火源有明火与明火星，如生产、生活用的炉火、灯火、焊接火、火柴或打火机的火焰、香烟头等；电气火、摩擦冲击产生的火花、静电产生的火花，如电气设备产生的电火花、用电器短路产生的火花等；雷电产生的火花，瞬时间的高压放电，能够引起任何可燃物品的燃烧。间接火源有：化学火源和爆炸性火源、自燃（即在既无明火，又无外来火源的情况下，物品本身发热或物品间发生化学反应，燃烧起火，如露天煤场的煤自燃等）；加热阴燃起火，如棉布、纸张靠近灯泡，木板、木器靠近火炉烟道被烤焦起火等；另外还有聚光、人为破坏纵火等间接火源。

以上三条件同时具备，相互作用、相互结合，燃烧才能发生。因此仓储防火和消防的重点就是破坏燃烧条件，采取隔离、窒息、冷却等方式方法，消除引起燃烧的三个条件，防止火灾发生。

2. 防火的基本措施

仓储防止火灾，必须严格做好每一项预防工作，以不存在火灾隐患为管理目标，进而确保仓储安全。防火的基本措施有：

①仓库应执行国家的各项法律法规，新建、扩建、改建仓库，应按《建筑设计防火规范》有关规定办理，面积过大的库房要设防火墙。仓库防火工作要实行分区管理、分级负责的制度，按区、按级、按人对责任区的安全负责。

②仓库的存货区要和办公室、生活区、汽车库、油库等严格分开。不得紧靠库房、货场收购和销售商品区域，规模很小的仓库也要根据条件尽量做到分区管理。

③根据库区物品的性质,设置消防设备、安全设施和符合规定的消防系统,做到摆布合理、数量充足、专人管理、保持有效、严禁挪作他用。保持消防通道顺畅无阻,大中型仓库还要安装避雷设施。

④严控火源,控制可燃物,隔绝助燃物。严禁携带火种、危险品进入存货区;仓储区禁止吸烟、用火;机动车进入存货区要严戴防火"安全帽"。仓库的生活用电和生产用电必须严格分开。仓库消防用水要经常备足,冬季要有防冻措施。

⑤发生任何火警和爆炸事故,必须立即报告给公安消防部门,认真查清事故原因,严肃处理事故责任人,直至追究刑事责任。

⑥不断学习和掌握新的引发火灾的火源知识,跟踪科学技术的发展,创新防火、灭火的消防技术。随着科学技术的不断进步和发展,涌现出很多新的技术,如微电子技术的发展,也会产生新的火源,但也产生了新的消防技术,因而我们必须学习新的知识,才能做好仓储消防工作。

3. 灭火的基本方法

一旦发生火灾,必须首先灭火,灭火的基本方法有以下几种:

(1) 冷却法

即把燃烧物的温度降低到其燃烧点之下,使之不能燃烧。常用的冷却法有用大量冷水、干冰、酸碱灭火器、二氧化碳灭火器等,均有一定的冷却降温作用。

(2) 窒息法

这种方法是将燃烧物与氧气隔绝,使火熄灭。如将燃烧空间密闭或充注不燃气体等方法使火熄灭。窒息法常用的充注气体或覆盖物有二氧化碳、水蒸气、黄沙、惰性泡沫、湿棉被等。

(3) 拆移隔绝法

这种方法是将可燃烧的物品搬开、拆移,使火不能蔓延。拆移隔绝法是灭火的基本方法,一方面可减少货物受损,另一方面能控制火势。如衍生出来的遮断法,是将浸湿的麻袋、旧棉絮等遮盖物遮盖在附近的其他易燃物品上和未燃烧物上,防止火势蔓延。还有分散法,是将集中的货物迅速分散,孤立火源。这两种方法均为拆移隔绝法的衍生方法。

(4) 化学抑制法

即通过多种化学物质在燃烧物上的化学反应,产生降温、绝氧等效果以消除燃烧。

(5) 综合灭火法

这种方法是将各种有效的灭火方法加以综合利用,达到快速灭火的目的。

4. 消防设施和灭火器的配置

仓库应当按照规定配备消防设施和器材。消防设施包括:消防水系统,如消防水源、水泵、水池、消防栓、消防带、消防供水管道、消防车、消防泵等。消防器材主要有:各类灭火器、沙箱、大小水罐等(如图10-1a~图10-1c所示)。

(1) 常用的灭火剂

水、泡沫、二氧化碳、干冰、卤代烷、沙土等。

(2) 常见的灭火器

干粉灭火器、泡沫灭火器、二氧化碳灭火器等(如图10-1d~图10-1f所示)。

图 10-1a 消防车

图 10-1b 消防水带

图 10-1c 室外消防地栓

图 10-1d 手提式二氧
化碳灭火器

图 10-1e 手提式干粉
灭火器

图 10-1f 推车贮压式干粉
灭火器

(3) 干粉灭火器适应火灾类型和使用方法

碳酸氢钠干粉灭火器适用于易燃、可燃液体、气体及带电设备的初起火灾；磷酸铵盐干粉灭火器除可用于上述几类火灾外，还可扑救固体类物质的初起火灾，但都不能扑救金属燃烧火灾。

灭火时，可手提或肩扛灭火器快速奔赴火场，在距燃烧处5米左右，放下灭火器。如在室外，应选择在上风方向喷射。使用的干粉灭火器若是外挂式储压式的，操作者应一手紧握喷枪、另一只手提起储气瓶上的开启提环。如果储气瓶的开启是手轮式的，则向逆时针方向旋开，并旋到最高位置，随即提起灭火器。当干粉喷出后，迅速对准火焰的根部扫射。使用的干粉灭火器若是内置式储气瓶的或者是储压式的，操作者应先将开启把上的保险销拔下，然后握住喷射软管前端喷嘴部，另一只手将开启压把压下，打开灭火器进行灭火。有喷射软管的灭火器或储压式灭火器在使用时，一手应始终压下压把，不能放开，否则会中断喷射。

干粉灭火器扑救可燃、易燃液体火灾时，应对准火焰要部扫射，如果被扑救的液体火灾呈流淌燃烧时，应对准火焰根部由近而远，并左右扫射，直至把火焰全部扑灭。如果可燃液体在容器内燃烧，使用者应对准火焰根部左右晃动扫射，使喷射出的干粉流覆盖整个容器开口表面；当火焰被赶出容器时，使用者仍应继续喷射，直至将火焰全部扑灭。在扑救容器内可燃液体火灾时，应注意不能将喷嘴直接对准液面喷射，防止喷流的冲击力使可燃液体溅出而扩大火势，造成灭火困难。如果当可燃液体在金属容器中燃烧时间过长，容器的壁温已高于扑救可燃液体的自燃点，此时极易造成灭火后再复燃的现象，若与泡沫类灭火器联用，则灭火效果更佳。

使用磷酸铵盐干粉灭火器扑救固体可燃物火灾时，应对准燃烧最猛烈处喷射，并上下、左右扫射。如条件许可，使用者可提着灭火器沿着燃烧物的四周边走边喷，使干粉灭火剂均匀地喷在燃烧物的表面，直至将火焰全部扑灭。

(4) 二氧化碳灭火器的原理及使用方法

灭火原理：灭火器瓶体内贮存液态二氧化碳，工作时，当压下瓶阀的压把时，内部的二氧化碳灭火剂便由虹吸管经过瓶阀到喷筒喷出，使燃烧区氧的浓度迅速下降，当二氧化碳达到足够浓度时火焰会熄灭，同时由于液态二氧化碳会迅速气化，在很短的时间内吸收大量的热量，因此对燃烧物起到一定的冷却作用，也有助于灭火。

使用方法：将灭火器提至火灾现场，拔出保险销，对准火焰根部，压下压把，药剂即喷出灭火；放开手把，可停止喷射，从而实现间隙喷射。

(5) 泡沫灭火器的使用方法

泡沫灭火器适用于扑救油制品、油脂等火灾，但不能扑救水溶性可燃、易燃液体的火灾，如醇、酯、醚、酮等物质火灾；也不能扑救带电设备火灾。使用时，可手提筒体上部的提环，迅速奔赴火场。这时应注意不得使灭火器过分倾斜，更不可横拿或颠倒，以免两种药剂混合而提前喷出。当距离着火点10米左右时，即可将筒体颠倒过来，一只手紧握提环，另一只手扶住筒体的底圈，将射流对准燃烧物。在扑救可燃液体火灾时，如已呈流淌状燃烧，则将泡沫由远而近喷射，使泡沫完全覆盖在燃烧液面上；如在容器内燃烧，应将泡沫射向容器的内壁，使泡沫沿着内壁流淌，逐步覆盖着火液面。切忌直接对准液面喷射，以免由于射流的冲击，反而将燃烧的液体冲散或冲出容器，扩大燃烧范围。在扑救固体物质火灾时，应将射流对准燃烧最猛烈处。灭火时随着有效喷射距离的缩短，使用者应逐渐向燃烧区靠近，并始终将泡沫喷在燃烧物上，直到将火扑灭。使用时，灭火器应始终保持倒置状态，否则会中断喷射。

(6) 酸碱灭火器的使用方法

酸碱灭火器适用于扑救如木、织物、纸张等物质燃烧的火灾，不适用其他类型的火灾。使用方法如下：

使用时应手提筒体上部提环，迅速到达着火地点。绝不能将灭火器扛在背上，也不能过分倾斜，以防两种药液混合而提前喷射。在距离燃烧物6米左右，即可将灭火器颠倒过来，并摇晃几次，使两种药液加快混合；一只手握住提环，另一只手抓住筒体下的底圈将喷出的射流对准燃烧最猛烈处喷射。同时随着喷射距离的缩减，使用人应向燃烧处推近。

5. 特殊物品的火灾扑救

火灾分为A、B、C、D四种类型。

A类火灾：固体材料着火，又称普通火灾。主要是有机物所造成的起火，形成火苗及灰烬。例如，木块、纸及煤炭。灭火的方法是冷却，可以用水来灭火。

B类火灾：液体或液化固体着火，又称油性火灾，是液体或液化的固体形成的火灾。其种类可以进一步划分为溶于水的液体着火，如甲醇。此类火灾可以用二氧化碳、干粉、水及可蒸发气体来扑灭；不溶于水的液体着火：如石油、油。此类着火可以用泡沫、二氧化碳、干粉、水及可蒸发气体来灭火。

气体或液化气泄漏着火也属于B类火灾。由管道、容器破坏而溢出、溅出、泄出的气体、液化气等引起的着火，如甲烷或丁烷。其扑灭方法是使用泡沫或干粉灭火，并且用水对相关容器进行冷却。

C类火灾：电器类火灾，涉及通电中的电器设备，如电器、变压器、电线、配电盘等引起的火灾。

D类火灾：金属粉尘燃爆起火，是因金属如铝或镁引起的火灾。灭火要用含有石墨粉或滑石粉的特殊的干粉灭火器，不能使用其他类型的灭火器。

电器类火灾和危险品火灾属于较特殊的火灾，在扑救时应予特别注意。

（1）电气设备火灾扑救

电气设备出现火灾时，首先应切断电源，应用灭火器等消防器材扑救，提取灭火器时要注意筒身不宜过度倾斜。由于水能导电，对电气设备不能用水来灭火，以免造成更大的人身伤亡事故。

（2）危险品火灾扑救

危险品的火灾扑救有其特殊要求。爆炸品引起的火灾主要用水扑救。氧化剂引起的火灾一般用雾状水扑救，也可用二氧化碳灭火器、泡沫灭火器和沙扑救。易燃液体用泡沫灭火器最有效，也可用干粉灭火器、沙土、二氧化碳灭火器扑救；但由于绝大多数易燃物品都比水轻，且不溶于水，所以不能用水来扑救。

毒害性大的物品发生火灾，一般用大量的水扑救，液体有毒的用雾状水或沙土、二氧化碳灭火器扑救。但若是氰化物火灾，绝不可使用酸碱灭火器和泡沫灭火器，因酸与氰化物产生化学反应能产生剧毒的氰化氢气体，具有更大的危害性。

腐蚀性物品中，碱类和酸类的水溶液火灾可用雾状水扑救；但遇水分解的多卤化合物、氯磺酸、发烟硫酸等，决不能用水扑救，只能用二氧化碳灭火器扑救，有的也可用干沙灭火。

遇水燃烧的物品，只能用干沙土和二氧化碳灭火器灭火。

自燃性物品着火，可用大量的水或其他灭火器材灭火。

放射性物品着火，可用大量的水或其他灭火剂扑救。

10.1.3 防盗

防盗是仓储安全管理的另一项重点任务。要做好仓储防盗工作，要根据仓库规模的大小、人员的多少、任务的繁重程度和仓库所在地的社会环境设置专门的仓库治安保卫的执行机构和人员配备，专人负责仓储物品的防盗安全工作，明确其职责范围和权限。同时，制定专门制度，加强对往来人员和进出库货物的管理。

1. 仓库盗窃的基本形式

仓库盗窃有内盗、外盗和内外勾结盗窃等多种形式。

内盗即内部偷盗，是员工通过不正当或违法的行为实施使仓储的财产和资金受到损失的行为。内部偷盗的主要原因有以下几点：

①仓库管理松懈、混乱，制度不全，给员工有机可乘的漏洞，诱发盗窃。

②员工怀着侥幸的心理进行偷盗。

③个人的经济条件无法满足私欲。

④贪图小利或便宜。

⑤觉得在工作中受到不公平待遇后进行报复等。

外盗即外部盗窃，顾名思义是外来人员实施的盗窃或哄抢活动。内外勾结盗窃即内部员工与外部人员合谋实施盗窃的活动。形成外部盗窃和内外勾结盗窃的原因是多方面的，有的甚至是团伙预谋所为。

2. 防盗的措施和技术

对于不同的仓储盗窃形式，应采取不同的措施，目前我国国内常用的治安防范手段有人防、犬防和技防等方式方法。

(1) 人防技术

人防技术，指保安人员在一定范围内进行的值班、巡逻工作，就是依靠人力和规章制度防止盗窃的方法。人防技术的关键是建立健全仓库管理制度，以人为本，建立岗位责任制，加强员工的思想教育，牢牢树立防盗的思想基础。主要措施有：

①加强出入口和要害部位的管理

仓库大门是仓库与外界的连接点，也是仓储承担货物保管责任的分界线。大门守卫是维持仓库治安的第一道防线，大门守卫负责开关大门，限制无关人员、车辆进入，接待入库办事人员并实施身份核实和登记，检查入库人员和车辆的防火条件，指挥车辆安全行驶、停放，登记入库车辆，检查出库车辆，核对出库货物和物品放行通知单和实物，并收留放行通知单，查问和登记出库人员携带的物品，特殊情况下查扣物品、封闭大门。

对于危险品仓、贵重物品仓、特殊品储存仓等要害部位，需要安排专职守卫看守，限制人员接近、防止危害、防止破坏和失窃。

②巡逻检查

由专职保安员不定时、不定线、经常地巡视整个仓库区的每一个位置。巡逻中检查发现不符合治安保卫制度要求的情况，采取相应的措施处理或者通知相应部门处理。

③熟悉防盗设施、设备的使用方法

仓库使用的防盗设备除了专职保安员的警械外，还有视频监控设备、自动警报设备、报警设备，仓库应按照规定使用所配置的设备，专人负责操作和管理，熟练使用设备，确保设备的有效运转，监控和防止盗窃行为发生。

④加强治安检查

治安责任人应经常检查治安保卫工作，督促照章办事，防止内外勾结盗窃事件发生。治安检查实行定期检查与不定期检查相结合的制度，班组每日检查、部门每周检查、仓库每月检查，及时发现治安保卫漏洞、安全隐患，采取有效措施及时消除。

⑤加强治安应急事件的处理

治安应急是仓库发生治安事件时，采取紧急措施，防止和减少事件所造成的损失的制度。一旦盗窃事件发生，应在第一时间报警，保护现场，以便早日破案，减少损失。

(2) 犬防技术

犬防技术是近些年来新兴的一种防盗技术，是利用犬的服从性、依恋性、可塑性、灵活性、衔取兴奋性、有胆量和对主人的忠诚性，经过训练后，成为防卫的重要方式方法。近年来，犬类在我国重大事件中发挥着重要的作用，如在四川汶川大地震、青海玉树大地震中，生命搜救犬都发挥了重要作用，做出了重大贡献。

犬类中狼种犬是人们公认其禀性、作业的价值的，是所有犬中最优秀的。因此，选择受训犬时，从狼犬中选择者居多。幼犬的优劣差异很大，其禀性自出生开始就已决定。现列举一些鉴定方法以供参考：

①幼犬要活泼爱动。经常蜷伏于舍角落，或成天睡觉的幼犬，很难判断其真性。若富于探求性的幼犬，一定是时常精力充沛地活动着。

②幼犬要食欲旺盛，并且排便正常，若排便不正常的也不算佳者，必须有正常的食量及正常的排便，才符合健康的标准。

③不会弄脏犬舍的幼犬。一般幼犬可分为两种，一种是将屎、尿排在犬舍中；另一种则是跑至外面排泄的，后者可视为具有胆量且爱干净的犬。

④幼犬听到呼叫后能立刻前来。一般的幼犬都极为淘气，当它们玩耍的时候，很少会顾及他事。若服从性好的幼犬，即使正在玩耍得兴致高昂时只要一听到呼叫，便会立刻前来，这种幼犬，长成后十分具有利用价值。

⑤幼犬要经常喜欢衔物玩耍。幼犬喜欢衔东西是很好的现象。在进行训练时，应善加利用这项优点。此外，在一群幼犬当中，经常立于前面者，亦属佳者。总之，选择幼犬时，应以衔物欲强者为优先。

⑥幼犬不易因突发声响而受到惊吓。稍大的声音就会受到惊吓的幼犬，不适于选择为受训犬。其将来长大后会对雷声之类的巨响感到惧怕，而躲避逃跑，所以观察幼犬，对于突发声音的反应，也是很重要的。

⑦对于出生30多天，耳朵就能完全竖立的幼犬，应该特别注意。得到平衡营养而顺利成长的幼犬，约需3个月，耳朵才会完全竖立。太早竖立者，必是营养状态不佳，或是腹中有寄生虫所致。在选择时应该特别注意。

⑧要考察幼犬的双亲。在可能的情况下，对于幼犬的双亲，要仔细考察。即使双亲均属优良犬，也各有其不同的优劣。我们所需要的并非双亲的名誉，而是要判断其生出的幼犬，是否遗传其优点而已。

要将一条犬训练成优良的工作犬，对于幼犬的选择是非常重要的。有些人认为反正是幼犬无所谓，只要在以后的训练上下功夫即可，而疏于选择，或认为是狼种犬必属优良，而不仔细选择，这两种态度都是要不得的，我们应该严加注意才能避免选择失误。

犬防技术应用中应注意犬误伤人，一旦发生犬误伤人的现象，应立即到医院救治。最好实行人犬共防（如图10-2a所示）。

（3）技防技术

仓储防盗技防技术指用远红外线接头、电视监控等手段防范某一范围的安全，即利用仓储实时监控系统实施的一种防盗技术（如图10-2b所示）。仓储监控系统设施大至围墙、大门，小到门锁、防盗门、窗，仓库根据法规规定和治安保管的需要设置和安装。主要功能包括闭路电视视频监控功能、防盗报警功能、火警报警与控制功能、出入库监控功能、应急功能和智慧卡系统等。随着科学技术的发展，仓储监控系统也在不断完善中，主要发展趋势如下。

①计算机技术的发展促进了仓储监控系统设备质量的提高和功能的增强。如计算机网络系统的发展，使防盗监控系统的声光电技术结合在一起，功能更加强大。在普通摄像头内植入CPU芯片，使摄像设备更易于单独使用和普及。为盗窃案件提供证据，提高破案率，提供了第一手的材料。

②传送信号技术和手段多样化发展。目前信号传送的方式有直接线缆传送、电话线传送、同轴电缆传送、电力线传送、网络线传送、光纤传送和混合传送、红外传送、无线传送等多种方式。仓库管理者可根据具体情况选用信号传送方式。

③多媒体技术、计算机技术和现代通信技术的综合应用，使仓储防盗监控系统成本更

低、系统更可靠、内容更直观。

④仓储监控模式将由集中监控向集中管理、集中监视、分散控制转变。中央计算机使区域内监控处理、报警处理实现了联动控制,促进了区域防盗一体化防范系统的形成。

仓库应按照规定使用所配置的仓储监控系统,专人负责操作和管理,发现设备故障,及时申报维修,确保设备处于有效的运作状态。

图10-2a 人犬并防

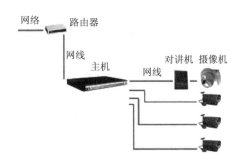

图10-2b 防盗监控系统示意

10.1.4 防洪

仓储防洪重点要做好排水、防汛工作。仓库排水是指库房建筑、露天货仓以及道路上雨水和雪水的排除,以及库、仓周围积水的排除。排水和防潮关系密切,通过排水系统排除积水或渗漏水,可以消除或减少库区水源,保持空气干燥,达到防潮、防霉、防锈的目的。

1. 仓库排水系统

(1) 库房排水系统

单体库房排水系统,主要考虑两个因素:一是库房屋面的坡度;二是库房屋面排水方式。在多雨的地区,进出频繁的库房,应采用天沟、雨水管组成的排水系统;而少雨的地方,一般采用自然排水。

(2) 货场和库区道路排水系统

货场主要指露天的货仓,货场和库区道路的排水系统均由规划设置的排水沟渠利用高差将水排出。因此,在场区和道路规划时应考虑到排水系统,设计纵横干支等排水沟渠网络,可以是明渠,也可以是暗道即地下排水道。

(3) 地下仓库的排水防漏系统

地下仓库的排水防漏系统尤为重要,它是地下仓库内温度、湿度不受地下水影响的重要保证。地下仓库的排水防漏系统,应根据仓库的具体情况,设计专门的工程。

2. 仓库防汛

由于雨汛是造成仓库洪水的主要原因,因而防雨汛是仓库防洪的主要内容。仓库防雨汛应做好以下工作:

①仓库要有足够的防雨建筑。仓库规划建设时,就要根据仓库经营的定位,预计储存货物的防雨需要,建设足够的室内仓库、货棚等防雨建筑,以保证最大限度地满足怕湿、怕潮物品的仓储需要。

②仓库要建好排水系统,具有良好的排水能力。仓库建筑、货场场地要有良好的排水系统,做到沟渠不堵塞、不淤积,排水顺畅,不留积水。

③做好物品货垛的支垫。货场堆放的货物、地势较低的仓库或地面较低的仓库室内,雨季时都要采用防水防湿垫垛。垫垛要有一定的高度,货场支垫垛 30~50cm,库房防水垫垛 10~30cm,尽可能将货物建设成平台货位,高出地面 30~50cm。

④及时苫盖货物。在货场存放需防潮的货物,从入库开始就要在现场准备好苫盖物料。出现雨天等不良天气,要用苫盖物料盖好。对于怕水怕湿的货物,不能露天堆放。

如果仓库受台风的影响,在防洪的同时,还要做好防台风工作。仓库管理者要制订相应的防洪防台风计划,收听天气预报,组织日常防洪检查,克服防洪防台风的盲目性。另外,要做到防洪所需器材,如抽油泵、草苫、麻袋、土石料等防洪物资,充足有效。在台洪到来之前,应注意检查库房等建筑物的状况,调整货位,加强苫垫,做到坚实牢固,风刮不开、雨打不透。

10.1.5 防作业事故

仓库作业包括对运输工具装卸物品、出入库搬运、堆垛上架、拆垛取货等操作过程。仓库作业是仓库生产管理的重要任务。

1. 仓库作业的特性

(1) 作业对象的多样性

在市场经济时期,多数仓库为综合性仓库。仓库内存放的货物品种多、规格齐,因此仓库作业的对象具备多样化的特点。随着我国标准化水平的提高,各种货物的包装尺寸、单件质量数量逐步趋于同化,向着成组化、集装化方向发展。

(2) 作业场地的多变性

仓库作业场地除个别特种物品仓库外,大多数仓库都是直接在库房门口、货场货位进行作业操作,最典型的如仓储式销售商品的超市,仓库作业延伸到了整个仓库的各个角落,作业场地具有多变性的特点。

(3) 器械作业与人力作业并用

随着货物包装的集成化和人们对货物需求的数量增加,仅靠人力作业已不能完成仓库作业,必须借助于器械才能完成装、卸、取货任务。目前是器械作业与人力作业并用,器械作业具有情况多变的特点,人力作业要防止人身伤害。

(4) 任务的突发性与不均衡性

仓库作业因货物出入库而定。货物到库,仓库要进行卸货、堆垛、上架作业;货物出仓,仓库要进行拆垛、搬运、装车作业。由于货物出入库的不均衡性,如超市中根据顾客的需要随时可能进行作业,因此仓库作业任务具有突发性与不均衡性。

(5) 任务的频繁性

为了缩短仓库作业的待库时间,迅速将货物入库、出仓,仓库作业频繁进行,有时同一货物要经常出入仓,因而仓库作业任务具有频繁性。

(6) 不规范货物

随着仓库的多样性和服务功能的提高,许多货物以未包装、入库包装、散件、混件等不规范形式入库,极易造成货物损坏,也是仓储作业事故防范的重点。

2. 防作业事故的基本措施

防作业事故，就是在货物出入库的装卸、搬运、储存、保管等仓库作业过程中，加强仓储安全作业管理，防止和消除伤亡事故，保障作业人员人身安全、作业设备和仓储设施安全以及货物安全，即保证仓库作业安全。防作业事故有以下基本措施：

（1）安全操作管理制度化

防作业事故已经成为仓库日常管理的重要任务。仓库应制定科学合理的各种作业安全制度、各种作业的操作规程和安全责任制度，加强检查监督，确保管理制度得以有效贯彻实施，保持安全操作的常态化。

（2）加强劳动安全保护

劳动安全保护是防作业事故的重要措施，仓库应根据《中华人民共和国劳动法》的要求，制定相应的劳动保护规章制度，保证作业人员的合法劳动权益，包括足够的休息时间、合理的加班安排，提供适当的劳动防护用品，如高强度的工作鞋、安全帽、手套、工作服等，并检查监督作业人员的使用情况，发现问题，立即予以纠正。

另外应采用较高安全系数的作业器械，适合作业要求和需要。作业场地具有合适的通风、照明、防滑、保暖、防冻等适合作业的环境。不进行冒险作业，环境不适合仓储作业时，应暂缓作业，避免作业人员带病上岗作业。

（3）重视从业教育、技术培训与安全教育

对新参加仓库工作的员工，应进行从业教育和上岗培训，仓库从业人员应获得相应的岗位资质才能上岗。对于仓库管理员工，要经常定期组织安全技术教育，从思想认识上提高其对安全技术的认识，做到警钟长鸣。要组织职工不断学习普及仓储作业技术知识，跟踪科学技术的发展。

各项安全操作规程是防止事故的有效方法。各个岗位的员工，应熟练掌握岗位的安全作业技能，严格按照作业资格进行仓储作业，不能混岗作业。

安全作业宣传和教育是仓库管理的长期性工作，作业安全检查、强化安全意识、对违章和无视作业安全的行为严厉惩罚，是防范作业事故的有力措施。

3. 仓储安全作业基本要求

（1）人力作业安全生产基本要求

作业前要做好准备工作，检查所用工具是否完好，尽可能人力与机械并用，使用合适的作业工具进行作业；作业人员应根据物品特性的不同，按要求穿戴相应的安全防护用具、防护服装，只在适合作业的安全环境中进行作业；仅当作业属于轻负荷时，使用人力作业；作业过程中要轻吊稳放，防止撞击、摩擦和震动，不得饮食和吸烟；必须有专人在现场指挥和进行安全指导，严格按照安全规范进行作业指挥，安排合适的工间休息；工作完毕后要根据物品的性质和工作情况，及时洗手、洗脸、漱口或淋浴。

（2）机械作业安全生产基本要求

仓库机械作业应实行专人专机，建立岗位责任制，防止丢失和损坏，操作人员应做到"会操作、会保养、会检查、会排除一般故障"；根据货物尺寸、重量、形状来选用合理的装卸、搬运设备进行作业，所使用的设备具有良好的工况，严禁超高、超宽、超重、超速以及其他不规范操作；设备作业要有专人进行指挥；汽车装卸时，注意保持安全间距；移动吊车必须在停放稳定后方可作业；载货移动设备上不得载人运行。

(3) 仓储电器设备作业安全生产基本要求

电器设备在作业过程中应有可靠保险器、自动开关和漏电保护装置；电动工具必须有良好的绝缘装置，使用前应该安装安全可靠的保护性接地装置；高压线经过的地方，必须设置安全措施和警告标志；电工作业时，必须严格遵守安全操作规程；高大建筑物和危险品库房，要有避雷装置。

10.2　仓储安全管理措施

仓库安全管理工作承担了整个仓库人、财、物安全保卫的重任，不仅关系到仓库生产作业能否正常进行，而且直接关系到仓库工作人员的生命、财产，还关系到社会再生产能否顺利进行，因此，现代仓库必须加强安全保卫工作。

学习资源：

有效处理安全问题

10.2.1　仓库安全管理的制度

①对仓库的商品、设施、人员的安全负全面的责任，消除各种不安全的隐患，确保仓库的安全。
②负责开展法制教育、遵章守纪教育、安全生产教育、交通法规教育及安全行车教育等。
③全面做好防火、防爆、防盗、防毒等工作。
④负责对所有的安全员进行检查、考评。
⑤负责调查和处理各类行车、工伤事故。
⑥会同有关部门做好职业病的防治和有毒、有害物质的劳动保护工作。
⑦配合消防干部开展消防训练和消防安全竞赛。
⑧负责特种作业人员安全技术培训、考核，负责警卫、护卫人员的管理及业务指导。
⑨全面落实防风、防汛、防暑降温、防寒防冻等工作。

10.2.2　仓库的安全检查

仓库安全作业，是指在商品进出仓装卸、搬运、储存、保管过程中，为了防止和消除伤亡事故，保障职工安全和减轻繁重的体力劳动而采取的措施，它直接关系到职工的人身安全和生产安全，也关系到仓库的劳动生产率能否提高的重要问题，主要包括机器设备的安全操作、电器设备的安全技术、仓库工业卫生及劳动保护制度。

仓库安全作业必须由一名仓库领导负责，还应建立和健全仓库作业各岗位的安全操作制度和规程及各级安全生产责任制，并建立相应的定期安全检查制度。安全检查的主要内容是：查思想、查隐患、查管理。

1. 安全检查的内容

①查思想。首先，是查仓库、班组领导对安全作业的观念是否已建立并增强了，全体职

工安全第一的思想是否牢固；其次，是查领导对职工、设备、库存商品的安全是否关心，对安全生产的方针、政策、法规的贯彻是否坚决，对安全教育制度是否已贯彻了；最后，是查领导是否已把安全生产放到议事日程上来抓了。

②查隐患。主要是深入仓库生产作业现场，检查生产工人操作的劳动条件是否符合作业规定，操作程序是否符合安全操作规程；各种机械设备和电器设备是否符合安全标准；商品堆码是否稳固，有无倒塌，是否符合作业要求；储油库、化工储罐、剧毒品、放射性商品、易燃易爆的商品是否已严格管理了等。

③查管理。主要检查仓库作业各岗位的安全操作制度和规程是否都已建立、健全，贯彻落实的情况如何；劳防用品是否按规定发放、使用；各级安全生产责任制贯彻落实的情况如何；对仓库事故、伤亡报告、统计和处理是否按法规认真执行了等。

2. 安全检查的形式

①定期全面安全检查。一般在重大的节假日前，仓库领导均要组织有关人员进行一次全面的安全检查，如五一节、国庆节、元旦、春节等。

②经常性安全检查。主要包括日查、周查、月查、季查等，一般均由各部门、各库房、班组、保管员、生产工人进行的日常规范性的例行安全检查。

③专业性安全检查。这种检查以专业部门为主，组织有专业知识的有关人员进行专门检查。检查的重点是，电器设备，机械设施，易燃易爆商品储存的作业环境，有毒、有放射性商品的安全作业等。

④季节性安全检查。主要是根据各个季节特点来进行的，如盛夏的防暑降温、梅雨季节的用电安全、严冬的防寒保暖，台风季节的防风防汛等。这种检查的特点是时间性强，需采取有针对性的措施，以便及时预防和控制事故的发生。

⑤临时性安全检查。这种检查是在将要发生某种自然灾害之前，如洪水、雷电、冰雹、暴雨、强风、地震等，或自然灾害袭击之后，由上级领导部门或仓库领导组织的临时性的安全检查。

10.2.3 仓库安全管理技术

1. 仓库机械作业安全技术

现代仓储的机械化、自动化程度日益提高，为避免在使用机械设备过程中发生事故、伤害职工，需采取一系列安全技术措施，并遵循安全技术操作规程。现代仓库应特别重视起重运输机械的安全技术工作。

1）对起重驾驶人员的要求。凡操作起重运输机械的驾驶人员，必须事先经过专门技术培训，经有关部门考核合格，持证上岗。驾驶人员应熟悉操作机械的结构和性能，懂得保养方法，严格遵守安全技术操作规则。机械设备在运输前，应对主要的零部件进行检查，发现问题，需及时修复后，才能使用。

2）巷道式堆垛起重机的安全装置。巷道式堆垛起重机是自动化立体仓库的主要作业机械，有"高层储藏王"之美称。其起重量一般在2t以上，有的达4~5t，最大高度可达40m，大多在10~25m的高度作业。起升机的工作速度一般为15~25m/min，最高可达45m/min。由于巷道式堆垛起重机要在又高又窄的巷道内快速运行，对于它的安全必须特别重视。除了一般起重机常备的一些安全保护装置和措施，如各种机构的终点限位开关、缓冲器、紧急停车、电机过电流和过热保护、控制回路的零位保护等外，还应根据实际需要，增加以下各种安全保护措施：

①货叉与运行、起升机构的连锁。当进行堆垛和高速升降时，堆垛机的运行和高速升降电路要闭锁。

②入库时要进行货物虚实探测。自动堆垛机到某货格进行入库作业时，应在伸叉存入货物之前，先探测该货格内有无货物，以防双重入库，造成事故。探测器可以是反射式光电开关或机械式探杆。若探测结果为货格内已有货物，则应停止入库作业，并发出"双重入库"的报警信号。

③钢丝绳松绳过载时，弹簧变形过大，均碰压行程开关，发出报警信号，使堆垛机停止动作，也可用压力传感器和电子线路代替行程开关作负载限制器。

④载货台断绳保护。钢丝绳一旦断裂，载货台连同司机室就会自由下落，这时保护装置的安全挂钩和模块动作，迅速把载货台夹住在立柱导轨上。

⑤声光信号。堆垛机开动前，应先用电铃或闪光灯发出信号，以警告机上或巷道内的检修人员及过往行人。

除此以外，还要设置巷道端头强迫换速、起升机构超速下降保护的超越限制器，货台上货物不正报警等多种安全设施。

3）门式或桥式起重机的安全管理。

①起重机主梁变形。主梁是起重机的主要受力部件，为确保安全生产，必须具有足够的强度、刚度和稳定性。设计制造时，要求主梁有一定的上拱度，若达不到规定的要求，主梁会因受外力而变形，就会使小车运行轨道产生坡度，增加小车运行阻力，这样一方面会损坏小车的运行电机，另一方面会使小车无法准确地停放在某一位置，甚至会造成事故。

②起重机大车运行中的"啃道"问题。"啃道"是指起重机大车运行时，其轮缘与轨道侧面相挤，此时运行阻力突然增加，使传动系统的负荷和电动机功率的损耗也随之增加。发生"啃道"时，轨道侧面有一条明亮的痕迹，严重时痕迹上带有毛刺。"啃道"会引起起重机脱轨以及相伴而来的其他事故，还会使车轮的使用年限大大缩短。为了防止"啃道"的发生，要经常对起重机运行部分按标准或规范进行检查，有不符时，及时修理。

③吊钩的安全技术。吊钩是起重机的重要零件之一，一旦损坏折断，极易造成重大伤亡事故。因此，须经常对吊钩进行安全技术检查。

为自制的新吊钩或使用到一定磨损程度（如断面高度磨损达10%时）的吊钩，均应进行负荷试验，以确定其额定重量。试验方法：用额定起重量125%的重物，悬挂10min，卸装后，测量钩口，如有永久性变形或裂纹（可用20倍放大镜观察），则应降低负荷使用或更新。一般起重机吊钩每年至少检查1~3次，清洗润滑，并要定期进行退火处理，以免由于疲劳而出现裂纹。

④起重机的安全装置，常见的有：缓冲器、起升限位器、行程限制器、起重机限制器、防风夹轨器等。

2. 仓库电器设备的安全技术

①各种用电系统的设计、用电装置的选择和安装，都须符合有关的技术规范或规程。

②要经常检查电器线路有破损、漏电现象，以及电线是否年久失修。

③电源开关安装的位置离地面应大于1.5m。灯泡离地面应大于2m，与可燃物间的距离

要大于50cm。灯泡正下方，不准堆放可燃物。

④仓库内的灯泡严禁用纸、布或其他可燃物遮挡。仓库内可使用60W以下灯泡，不准用日光灯及60W以上的灯泡，最好使用防爆灯。

⑤库房内禁止使用电炉等电热器具，不准私拉乱接电话线。

3. 库房建筑安全

库房，特别是装有桥式起重机、巷道堆垛起重机的大型、高层库房，应坚固、耐用。存放易燃、易爆物资的危险品仓库，应具有良好的防火性能，并有足够的泄压面积。库房及其他建筑物间的距离，应符合国家规定的有关"仓库防火安全管理规则"。

10.3 仓储安全新技术

随着科技的不断发展，仓储安全管理工作者必须采用科学的管理方法与安全管理技术，实现仓储管理的现代化。

学习资源：

安全生产从我做起

10.3.1 火灾报警技术

火灾自动报警系统是人们为了早期发现和通报火灾，并及时采取有效措施，控制和扑灭火灾，而设置在仓储设施中或其他场所的一种自动消防设施，是现代消防不可缺少的安全技术设施之一。

火灾自动报警系统是由触发器件、火灾警报装置以及具有其他辅助功能的装置组成的火灾报警系统。它能够在火灾初期，将燃烧产生的烟雾、热量和光辐射等物理量，通过感温、感烟和感光等火灾探测器变成电信号，传输到火灾报警控制器，并同时显示出火灾发生的部位，记录火灾发生的时间。一般火灾自动报警系统和自动喷水灭火系统、室内消火栓系统、防排烟系统、通风系统、空调系统、防火门、防火卷帘、挡烟垂壁等相关设备联动，自动或手动发出指令，启动相应的防火灭火装置。

火灾自动报警与消防联动控制系统是建筑物防火综合监控系统，由火灾报警系统和消防联动控制系统组成。在实际工程应用中，系统的组成是多种多样的，设备量的多少、设备种类都会有很大的不同。但是，决定系统特征的是火灾自动报警和消防联动控制这两个系统的实现方式。

火灾自动报警系统一般由火灾探测器、信号线路和自动报警装置三部分组成。

1. 火灾探测器

火灾探测器是整个报警系统的检测元件。它的工作稳定性、可靠性和灵敏度等技术指标直接影响着整个消防系统的运行。

（1）探测器的种类

火灾探测器的种类很多，大致有以下几种：

①离子感烟探测器。

②光电感烟探测器。

③感温探测器（包括定温式和差温式）。

④气体式探测器。

⑤红外线式探测器。

⑥紫外线式探测器。

（2）常用的火灾探测器基本原理

①感烟火灾探测器。

火灾发展过程大致可以分为初期阶段、发展阶段和衰减熄灭阶段。感烟火灾探测器的功能在于：在初燃生烟阶段，能自动发出火灾报警信号，以期将火扑灭在未成灾害之前。根据结构不同，感烟探测器可分为离子感烟探测器和光电感烟探测器。

离子式感烟探测器是由两个内含 Am241 放射源的串联室、场效应管及开关电路组成的。内电离室即补偿室，是密封的，烟不易进入；外电离室即检测室，是开孔的，烟能够顺利进入。在串联两个电离室的两端直接接入 24V 直流电源。当火灾发生时，烟雾进入检测电离室，Am241 产生的 α 射线被阻挡，使其电离能力降低，因而电离电流减少，检测电离室空气的等效阻抗增加，而补偿电离室因无烟进入，电离室的阻抗保持不变，因此，引起施加在两个电离室两端分压比的变化，在检测电离室两端的电压增加量达到一定值时，开关电路动作、发出报警信号。

光电式感烟探测器由光源、光电元件和电子开关组成。利用光散射原理对火灾初期产生的烟雾进行探测，并及时发出报警信号。按照光源不同，可分为一般光电式、激光光电式、紫外光光电式和红外光光电式 4 种。

②感温火灾探测器。

感温探测器按结构原理不同有双金属片型、膜盒型、热敏电子元件型 3 种。

双金属片型是应用两种不同膨胀系数的金属片作为敏感元件的，一般制成差温和定温两种形式，定温式是当环境温度上升达到设定温度时，定温部件立即动作，发出报警信号；差温式是当环境温度急剧上升，其温升速率（℃/min）达到或超过探测器规定的动作温升速率时，差温部件立即动作，发出报警信号。

膜盒型探测器是由波纹板组成一个气室，室内空气只能通过气塞螺钉的小孔与大气相通。一般情况下（指环境温升速率不大于 1℃/min），气室受热，室内膨胀的气体可以通过气塞螺钉小孔泄漏到大气中去。当发生火灾时，温升速率急剧增加，气室内的气压增大，波纹板向上鼓起，推动弹性接触片，接通电接点，发出报警信号。

热敏电子元件探测器由两个阻值和温度特性相同的热敏电阻和电子开关线路组成，两个热敏电阻中一个可直接感受环境温度的变化，而另一个则封闭在一定热容量的小球内。当外界温度变化缓慢时，两个热敏电阻的阻值随温度变化基本相接近，开关电路不动作。火灾发生时，环境温度剧烈上升，两个热敏电阻阻值变化不一样，原来的稳定状态破坏，开关电路打开，发出报警信号。

(3) 根据火灾的特点选择探测器

①火灾初期有阴燃阶段,产生大量的烟和少量热,很小或没有火焰辐射,应选用感烟探测器。

②火灾发展迅速,产生大量的热、烟和火焰辐射,可选用感烟探测器、感温探测器、火焰探测器或其组合。

③火灾发展迅速、有强烈的火焰辐射和少量烟和热,应选用火焰探测器。

④火灾形成特点不可预料,可进行模拟试验,根据试验结果选择探测器。

2. 自动报警装置

我国目前生产的火灾自动报警装置是包括报警显示、故障显示和发出控制指令的自动化成套装置。当接收到火灾探测器、手动报警按钮或其他触发器件发送来的火灾信号时,能发出声光报警信号,记录时间,自动打印火灾发生的时间、地点,并输出控制其他消防设备的指令信号,组成自动灭火系统。目前,生产、使用的自动报警装置,多采用多线制,分为区域报警控制器、集中报警控制器和智能型火灾报警控制器。

10.3.2 防盗报警系统的组成

为了确保物资安全,对仓库来说,除了防火以外,防盗和防破坏也很重要。因此,有必要借助现代科学技术手段,对贵重位进行防盗监视,这就需要使用防盗报警技术。

防盗报警系统是用物理方法或电子技术,自动探测发生在布防监测区域内的侵入行为,产生报警信号,并提示值班人员发生报警的区域部位,显示可能采取对策的系统。防盗报警系统是预防抢劫、盗窃等意外事件的重要设施。一旦发生突发事件,就能通过声光报警信号在安保控制中心准确显示出事地点,便于迅速采取应急措施。防盗报警系统与出入口控制系统、闭路电视监控系统、访客对讲系统和电子巡更系统等一起构成了安全防范系统。

防盗报警系统通常由探测器(又称报警器)、传输通道和报警控制器三部分构成。

报警探测器是由传感器和信号处理组成,用来探测入侵者入侵行为的,由电子和机械部件组成的装置,是防盗报警系统的关键,而传感器又是报警探测器的核心元件。采用不同原理的传感器件,可以构成不同种类、不同用途、达到不同探测目的的报警探测装置。

按照报警信息的告知方式来分:

(1) 电话拨号防盗报警器

利用主机,通过无线或有线连接各类探测器,实现防盗报警功能。主机连接固定电话线,如有警情,按照客户设定的手机或电话号码拨号报警。

(2) GSM 防盗报警器

利用主机,通过无线或有线连接各类探测器,实现防盗报警功能。主机内置 GSM 手机卡,如有警情,按照客户设定的手机或电话号码拨号报警。

(3) 本地防盗报警器

利用主机,通过无线或有线连接各类探测器,实现报警功能。

(4) 探测器的分类

报警探测器按工作原理主要可分为红外报警探测器、微波报警探测器、被动式红外/微波报警探测器、玻璃破碎报警探测器、振动报警探测器、超声波报警探测器、激光报警探测器、磁控开关报警探测器、开关报警探测器、视频运动检测报警器、声音探测器等许多种类。

报警探测器按工作方式可分为主动式报警探测器和被动式报警探测器。

报警探测器按探测范围的不同又可分为点控报警探测器、线控报警探测器、面控报警探测器和空间防范报警探测器。

除了以上区分外，还有其他方式的划分。在实际应用中，根据使用情况不同，合理选择不同防范类型的报警探测器，才能满足不同的安全防范要求。

报警探测器作为传感探测装置，用来探测入侵者的入侵行为及各种异常情况。在各种各样的智能建筑和普通建筑物中需要安全防范的场所很多。这些场所根据实际情况也有各种各样的安全防范目的和要求。因此，就需要各种各样的报警探测器，以满足不同的安全防范要求。

根据实际现场环境和用户的安全防范要求，合理地选择和安装各种报警探测器，才能较好地达到安全防范的目的。当选择和安装报警探测器不合适时，有可能出现安全防范的漏洞，达不到安全防范的严密性，给入侵者造成可乘之机，从而给安全防范工作带来不应有的损失。

报警探测器要求具有防拆动、防破坏功能。当报警探测器受到破坏，人为将其传输线短路或断路，以及非法试图打开其防护罩时，均应能产生报警信号输出；另外报警探测器还应具有一定的抗干扰措施，以防止各种误报现象的发生，例如防宠物和小动物骚扰、抗因环境条件变化而产生的误报干扰等。

报警探测器的灵敏度和可靠性是相互影响的。合理选择报警探测器的探测灵敏度和采用不同的抗外界干扰的措施，可以提高报警探测器性能。采用不同的抗干扰措施，决定了报警探测器在不同环境下的使用性能。了解各种报警探测器的性能和特点，根据不同使用环境，合理配置不同的报警探测器是防盗报警系统的关键环节。

本项目小结

仓库的安全管理主要包括，现代仓库设施、设备、仓储商品等物质的安全管理和仓库保管人员的人身安全管理两大方面。致使仓库不安全的因素有很多，如火灾、水灾、爆炸、盗窃、破坏等，此外，还有放射性物品、腐蚀性物品、有毒物品等均会造成对现代仓库管理人员人身安全的威胁。所有这些不安全的因素，我们只有努力克服和预防，才能保证现代仓库的安全，也才能使仓库的生产活动得以正常进行。

生产与安全，是一个整体的两个方面，即生产必须安全，安全为了生产。安全对于现代仓库来说具有特殊的重要意义，因为，仓库是商品重要的集散地，也是储藏和保管商品的场所，其价值和使用价值均很高，一旦发生火灾或爆炸等严重的灾害，不仅仓库的一切设施可能被毁坏，而且客户存放在仓库中的所有商品也全部变成一堆废品，其损失之大，远远超过一般厂房的火灾。因此，现代仓库的安全工作应该位于一切管理工作的首位，必须警钟长鸣，做好一切防范工作。

复习思考题

一、选择题

1. 仓库灭火的基本方法有（　　）。

A. 通风法   B. 隔离法   C. 冷却法   D. 窒息法

2. 以下哪些物质属于常用的灭火剂？（　　）

A. 盐水   B. 水   C. 氯化钾   D. 干粉

3. 自动报警灭火控制装置有多种类型，按自动化程度来分，可分为（　　）。

A. 全自动报警灭火系统   B. 半自动报警灭火系统
C. 手动报警灭火系统   D. 感应报警灭火系统

4. 火灾保险承保的基本风险有（　　）。

A. 暴雨   B. 洪水   C. 爆炸   D. 雷击

5. 以下哪些特征属于团体火灾保险的基本特征？（　　）

A. 保险标的是处于运动状态的财产
B. 承保财产地址可以变动
C. 承保风险不断扩大
D. 以团体为投保单位

6. 火灾种类根据燃烧物质及其燃烧特性可以分为（　　）类。

A. 二   B. 三   C. 四   D. 五

二、问答题

1. 现代仓储安全管理的重要意义是什么？
2. 现代仓库安全的要求有哪些？
3. 现代仓库防火工作的措施是什么？
4. 大火燃烧的三个必备条件是什么？具体内容是什么？
5. 报警的内容主要应包括哪些？
6. 灭火的基本方法是什么？
7. 常用的灭火器材有哪几种？使用的范围是什么？如何使用？
8. 灭火工作中应如何逃生及有组织地疏散火场中的物质？
9. 电器设备初起火灾应如何扑救？
10. 火灾探测器分为哪些种类？

三、实训题

2015年5月21日上午10时，某市某镇附近的104油库发生爆炸，6人受伤。据某有限公司销售仓储分公司安全监督负责人介绍，爆炸发生在23日上午10时6分，当时工作人员正在运油铁路专线旁卸油，由于空气中油分子浓度过高，操作台及真空泵发生瞬间爆燃，导致操作泵房的房梁被炸裂，10平方米的玻璃被震碎，地沟中残油起火向外蔓延，6名工作人员受伤，已被送往医院，其中2人伤势较轻，经检查已无大碍，另外4人有不同程度的烧伤和表面挫伤，其中2人伤势较重，尚未脱离生命危险。

截至14时30分，泄漏点还没有找到，爆炸的具体原因还在进一步调查中。消防官兵对空气及地沟中的油分子正在进行密切监测。由于抢险及时，此次爆炸对油库罐区没有构成大的威胁，参与灭火抢险的消防人员没有伤亡。

问题：

1. 依据上述案例材料，请回答该油库如果建立一重大危险源控制系统，应从哪几个方面来考虑？

2. 依据国家有关法律法规，你认为该生产单位应当对油库区重大危险源负有哪几个方面的责任？

项目 11

库存管理与控制

学习目标

1. 了解库存的种类与作用。
2. 掌握库存成本的构成。
3. 理解库存管理的主要方法。
4. 掌握库存控制的方法。

技能目标

1. 学会库存的 ABC 分析法。
2. 学会计算机在储存管理中的应用。

引导案例

连云港外贸冷库

连云港外贸冷库是我国外贸系统的大型冷藏库之一,由 12 000 吨的低温库(-18℃)和 5 000 吨的保鲜库(0℃)组成,配备双回路电源。另有 3 000 平方米的普通仓库,100 多吨运力的冷藏车队,年加工能力为 1 500 吨的冷冻品加工厂。其经营范围为物资储存,商品储存、加工;食用油及制品、副食品、饲料、建筑材料、金属材料的销售、代购、代销、公路运输服务等。

冷库所处区位优越:门前公路东接港口,西接宁连、徐连、汾灌高速公路,距离连云港民航机场只有 50 千米,库内有铁路专用线与亚欧大陆桥东桥头堡相连,毗邻公路、铁路客运站,交通十分便捷。

设备完善的主库和从日本引进的组装式冷库构成了一流的冷冻冷藏条件,保鲜库为国内外客户储存苹果、蒜头、洋葱等果品、蔬菜类保鲜食品。冷冻品加工厂设备完善,质保体系严格,采用恒温避光作业,拥有蔬菜、水产品两条加工生产线,可常年同时加工鲜、冻农副产品及水产品,其仓库在存放商品方面条件优越。

点评:冷库的选址首先应考虑是否具备便利的交通条件,然后是其内部存放商品的条件,最后还要考虑运营成本。

(资料来源:中国高等教育学生信息网(学信网)"仓储管理"案例部分)

> **思考题**
>
> 结合案例谈一谈在冷库的选址和设计中应注意哪些方面?冷库管理在冷冻链管理中的地位和作用是什么?

11.1 库存概述

库存是指暂时闲置的用于满足将来需要的资源。它通常是摆放在仓库中处于储存状态的物资。在企业生产中,有许多未来的需求变化是人们无法预测或难以全部预测到的,人们不得不采用一些必要的方法和手段应对外界变化,库存就是出于种种经济目的的考虑而设立和存在的。

学习资源:

库存的合理控制

11.1.1 库存的种类

1. 按生产过程分

从生产过程的角度,可分为原材料库存、在制品库存、维修库存、产成品库存。

①原材料库存,指企业在存储的过程中所需要的各种原料、材料,这些原料和材料必须符合企业生产所规定的要求。有时,也将外购件库存作为原材料库存。

②在制品库存,指仍处于生产过程中已部分完工的半成品。

③维修库存,包括用于维修与维护的经常性消耗品或者备件,例如润滑油和机器零件等。维修库存不包括产成品的维护所需要的物品或备件。

④产成品库存,指可以出售、分配,能提供给消费者购买的最终产品。

2. 按经营过程分类

最常见的库存分类是从企业经营过程的角度将库存分为以下七种类型:

①经常库存,指在正常的经营环境下,企业为满足日常需要而建立的库存。这种库存随着每日的需要不断减少,当库存降低到某一水平时(如订货点),就要按一定的规则反复进行订货来补充库存。

②安全库存,指为了防止不确定因素而准备的缓冲库存。安全库存由于不确定性的存在,在进行决策时要比经常库存更难。

③季节性库存,指为了满足特定季节出现的特定需要而建立的库存,或指对季节性出产的原材料在出产的季节大量收购所建立的库存。

④促销库存，指为了解决企业促销活动引起的预期销售增加而建立的库存。

⑤投机库存，或叫时间效用库存，指为了避免因物资价格上涨造成损失或为了从物资价格上涨中获利而建立的库存。

⑥积压库存，指因物资品质变坏不再有效用的库存或因没有市场销路而卖不出去的产品库存。

⑦生产加工和运输过程的库存，指在处于加工状态以及为了生产的需要暂时处于储存状态的零部件、半成品或成品。运输过程的库存指处于运输状态或为了运输的目的而暂时处于储存状态的物资。

3. 按库存的作用和功能分类

按库存的作用和功能分，可分为基本库存（安全库存）和中转库存。

①基本库存，指补给生产过程中产生的库存。由于生产过程对原材料的需求是源源不断的，因此，就必须有一定数量的库存以便供应生产，保障生产所需。补给订货的数量就是订货量。

②中转库存，指正在转移或者等待转移的、已经装运在运输工具上的存货。中转库存是实现补给订货所必需的库存，在今天越来越受到企业的关注，在企业生产经营中，中转库存重视小批量、高频率的运输与传递，使之在存货中的比例逐渐增大。

4. 按库存的预测性分类

按库存的预测性分类，可分为独立需求库存和相关需求库存。

①独立需求库存，指需求的数量和时间与其他变量的相互关系不确定，主要受消费市场需求影响的库存。一般来自客户的对企业产品和服务的需求为独立需求。

②相关需求库存，指其需求的数量和时间与其他变量存在一定的相互关系，可以通过一定的数学关系推断出来的库存。一般生产制造企业内部物料转化各环节之间发生的需求为相关需求。客户对企业产品的需求一旦确定，与该产品有关的零部件、原材料的需求也就随之确定，对这些零部件、原材料的需求就是相关需求。

11.1.2 库存的问题

1. 库存的弊端

库存在物流中是必不可少的，但不当的库存也会给企业造成很大问题。

①占用企业大量资金，通常情况下会达到企业总资产的 20%~40%，库存管理不当会形成大量资金的沉淀。

②增加了企业的产品成本与管理成本，库存材料的成本增加直接增加了产品成本，而相关库存设备、管理人员的增加也加大了企业的管理成本。

③掩盖了企业众多管理问题，如计划不周、采购不力、生产不均衡、产品质量不稳定及市场销售不力等。

所以，加强库存管理不仅可以大大提高物流效率，而且也能提高企业的管理水平，有利于企业的长远发展。

2. 库存合理化

以最节约、有效的方法和手段从事库存活动，并发挥其作用的一种库存状态及其运行叫作库存合理化。具体来说，库存合理化包含以下内容：

(1) 库存"硬件"配置合理化

各种用于库存的基础设备和设施叫作库存"硬件"。实践证明，物流基础设施和设备满足不了要求，其技术水平不高，或者因为设备过剩、闲置，都会影响库存功能的有效发挥。如果设施和设备不足，技术落后，不但库存作业效率低下，而且也不可能对库存物资进行有效的维护和保养；如果设施和设备配置重复，库存能力严重过剩，库存的整体效益也会因成本增加受到影响。因此，库存"硬件"的配置应以能够确实有效地实现库存职能、满足生产和消费需要为基础，做到对仓储设施和设备进行合理配置。

(2) 组织管理科学化

库存组织管理科学化的表现有：存货物数量保持在合理的限度之内，既不能过分匮乏，也不能过多；货物存储的时间不能太长，货物周转速度较快；货物存储结构合理，生产和消费的需要能被充分满足。

(3) 库存结构符合生产力的发展需要

从微观上说，在总量上和储存的时间上，库存货物的品质和规格的比例关系也就是库存结构；从宏观上说，库存结构符合生产力发展的要求，这就表明库存的整体布局、仓库的所在地点和库存方式等有利于生产力的发展。在社会大生产条件下，为了发展规模经济和提高生产、流通的经济效益，适当对库存进行集中管理应当是库存合理化的一个重要标志。因为，适当集中库存，除了有利于采用机械化、现代化方式进行各种操作外，更重要的是，在降低存储费用、运输费用以及在提供能力等方面的优势十分明显。无数事实证明，以集中化的库存来调节生产和流通，在一定时期内，库存货物的总量会远远低于同时期分散库存的货物总量。因此，相对来说，其资金占有量是不会很多的。与此同时，由于库存比较集中，存储货物的种类和品种可以多而全，在这样的结构下，库存的保障供应能力自然更加强大。

11.1.3　库存控制的发展方向

仓储管理的目标是提高企业的仓储服务水平，降低仓储成本，实现仓储效益和效率的最优化。要达到这一目标，仓储管理就必须采取相应的方法来提升本部门的业务绩效水平，并且对仓储活动的成本和费用支出进行严格的管理，这样才能改善工作效率，实现优质的物流服务，确保物流成本降低，从而达到经营目标。随着信息技术的发展，计算机及网络技术广泛地应用在库存管理工作中，使仓库的发展进入了智能储运阶段。

1. 计算机在储存管理中的应用

新科技革命以来，在美国，计算机在储存管理中的运用日益广泛。它可以把复杂的数据处理简单化，同时还发展了许多成熟的仓储管理软件供企业挑选采用。

(1) 计算机技术应用于客户服务

由于客户对服务、价值等方面的期望越来越高，无论管理和作业必须以客户为导向，重新定义和设计客户服务的内容。企业需要通过改善物流管理，提高服务质量、降低价格，吸引新的客户，提高企业竞争力和市场营销效果。搜集客户信息，建立客户档案，将客户概况（包括客户名称、通信地址、法人代表姓名、注册资本金、注册地、企业性质、所属行业、上级主管单位、投资人、企业组织框架图等）、客户基本生产状况、客户产品资料、客户产品市场营销状况、客户仓储运用情况、客户运输情况、客户物流成本支出及仓储、运输保险情况的基础数据输入系统数据库进行集成管理，并适时更新。引入客户关系管理，开展客户服务。对企业所有现有客户及潜在客户有针对性地进行管理，以维系现有客户，开发新客户，提供现有客户的服务水平，扩大现有客户的业务作业量，同时系统有能力对相关数据进行分析，最大限度地帮助客户改进产品生产销售和物料现状，实现与客户的双赢。进行客户满意度的调查。系统设计各种不同形式的报表，对客户服务进行跟踪管理并制作档案，进行客户服务调查，计算客户满意度。

（2）计算机技术应用于库内码放定位设计

经过系统分析，根据仓库具体条件，规划货物的存放区域，并设计库内码放定位系统，绘出库区货物存放图，使每种货物都有明确的码放定位，账、卡、物形成了一一对应关系，并明确标出要求保持的"五距"（顶距、灯距、墙距、柱距、堆距）及主通道和消防通道等。

（3）计算机技术应用于仓库作业

计算机技术应用于仓库作业的全过程中，从入库作业、储存保管作业、库内包装和分拣作业及出库作业实行程序操作，在向系统输入客户资料和货物资料后，对不同客户及其货物进行管理，并可对所有客户货物进行分仓库、分时间、分货品、分货位或分客户适时库存管理。

（4）计算机技术应用于统计管理

1）实现实时库存管理。

仓库每接收或发出一件货物，所有相关方面的库存就会自动变化，相关部门和客户可及时得知货物在库"进、出、存"的实时情况，在第一时间内准确掌握货物的在库状况。

2）实现统计自动化。

自动生成日报表、月报表及各种有关统计报表，计算货物吞吐量，库房占用率等各种数据，汇总、统计各种经济指标并且对其销售趋势、销售地域、销售差异以及利润进行分析。

2. 网络的应用

网络的普及使得库存管理网络化正成为一种趋势。长期以来，供应链中的库存是各自为政的。供应链中的每个环节都有自己的库存控制策略，都是各自管理自己的库存。由于各自的库存控制策略不同，因此不可避免地产生需求的扭曲现象，即所谓的需求放大现象，形成了供应链中的"牛鞭效应"，加重了供应商的供应和库存风险。为了提高整个供应链需求信息的一致性和稳定性，减少由于多重预测导致的需求信息扭曲，应增加供应链各方对需求信息获得的及时性和透明性。网络将总公司、分公司、营业所、销售点以及分布在各地区的制造厂、组装厂、供货方、营业仓库、流通中心、运输公司等连成一体，甚至整个供应链通过网络构建库存管理网络系统，使所有的供应链信息与供应处的管理信息同步，提高供应链各方的协作效率，降低成本，提高质量。为此应建立一种信息沟通的渠道或系统，以保证需求信息在供应链中的畅通和准确性。所以在现代化的仓库中将条码技术、射频识别技术（RFID）、POS系统和EDI集成起来，并且充分利用Internet的优势，在供应链中建立畅通的信息沟通桥梁和联系纽带。

11.2 物料清单及 ABC 分析法

学习资源：

提高材料库存周转率三步法

11.2.1 物料清单

物料清单（Bill of Materials，BOM）指生产某种最终物品或产品所需的辅助材料或零部件的目录。实际上就是产品结构，或者化工行业所说的配方。它是一种描述装配件的结构化的零件表，包含产品的每一投入物品的资料的信息，如零件代号、品名规格、每种零件需要的计量和数量单位，如工时、材料、设备、工装、车间等。在 BOM 中，各项物品都必须单独地编号和列示。

物料清单（BOM）记录了物料之间的数量关系。对于生产型物料，物料清单反映了生产一件这种物料需要的各种原材料的数量。对于组装物料，物料清单反映了组装一件这样的物料需要的其他物料数量。对于套装物料，物料清单反映了一件此物料等于多少个其他物料。

物料清单是制订生产计划的主要依据。事实上，MRP 如果缺少了按产品结构编制的物料清单，总生产进度计划就无法被转换成最终物品层次以下各种物料的总需求量。

在过去的通常意义上，产品的物料清单列出构成产品的所有零件从而来详细地说明产品的结构。然而从另一种意义上说，它也说明了按结构编制的物料清单，产品的构成情况，以及产品在制造过程中经历的各个加工阶段。它从产品制造的各个层次说明产品结构，其中每一层次都代表了产品形成过程中的一个完整的阶段。它不是指出如何设计的，而是指出产品是如何制造的。

一般用树形结构表示产品结构，最上层是 0 级，然后是 1 级，向下逐渐分解，最末一级（n 级）一般是最初级的原材料或者外购件。有三个参数存在于每一层内：零部件名称；组成零部件的数量；相隔的提前期，生产提前期和订货提前期。

例如：主产品 A 的树形结构，如图 11-1 所示。

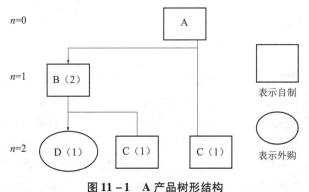

图 11-1 A 产品树形结构

A 由两个部件即一个 B 和一个 C 装配组成，B 由一个外购件 D 和一个零件 C 组成。由图 11-1 可知，A 产品有三级制造层次，A 处于 0 层次，下面由 B 和 C 两个部件组成，在 B 层下又由两个部件 D 和 C 组成。

MRP 系统要正确计算出物料需求的时间和数量，首先要让系统知道企业所制造的产品结构，该产品结构列出了构成成品的所有部件、组件、零件等的组成、装配关系和数量要求以及所有要使用到的物料。为了便于计算机识别，还必须把产品结构图转换成规范的数据格式。用规范的数据格式来描述产品结构的文件就是物料清单，用来说明组件或部件中各种物料需求的数量和相互之间的组成结构关系。

11.2.2　库存的 ABC 分析法

ABC 分类管理法又叫 ABC 分析法、ABC 库存控制技术，它是以某类库存物品品种数占总的物品品种数的百分比和该类物品金额占库存物品总金额的百分比大小为标准，将库存物品分为 A、B、C 三类，进行分级管理。ABC 分类管理法简单易行，效果显著，在现代库存管理中已被广泛应用。

1. ABC 分析法的来源

ABC 分析的基础可源自帕累托分析（Pareto Analysis）。帕累托在 1897 年研究社会财富分配时，收集了许多国家的收入统计资料，得出收入与人口关系的规律，即占人口比重不大（20%）的少数人的收入占总收入的大部分（80%），而大多数人（80%）的收入只占总收入的很小部分（20%）。由此他提出了所谓的"关键的少数和次要的多数"的结论。1951 年，美国通用电气公司的董事长迪克对公司所属某厂的库存物品经过调查分析后发现上述原理适用于储存管理，将库存物品按所占资金也可分成三类，并分别采取不同的管理办法和采购、储存策略，尤其是对重点物品实行 ABC 分类分析的重点管理的原则。

2. ABC 分类管理法的原理

知识库

20-80 原则

20-80 原则，简单地说，就是 20% 的因素带来了 80% 的结果。如 20% 的客户提供了 80% 的订单，20% 的产品赢得了 80% 的利润，20% 的员工创造了 80% 的财富。当然，这里的 20% 和 80% 并不是绝对的，还可能是 25% 和 75% 等，总之，20-80 原则作为统计规律，是指少量的因素带来了大量的结果。它告诉人们，不同的因素在同一活动中起着不同的作用，在资源有限的情况下，注意力显然应该放在起着关键性作用的因素上。

ABC 分析法是库存管理中常用的分析方法，也是经济工作中的一种基本工作和认识方法。ABC 分析法在一定程度上可压缩企业库存总量，节约资金占用，优化库存结构，节省管理精力，因此在企业管理中广为应用。一般来说，企业的库存物资种类繁多，而各个品种的价格又有所不同，且库存数量也不等。有的物资品种不多但价值很大，很多物资品种数量多但价值却不高。由于企业的资源有限，因此，对所有库存品种均给予相同程度的重视和管理不太可能，也有些脱离实际。为了使有限的时间、资金、人力、物力等企业资源能得到更有效的利用，要对库存物资进行分类，将管理的重点放在重要的库存物资上，进行分类管理和控制，按物资重要程度的不同分别进行不同的管理，突出重点，做到事半功倍，这就是 ABC 分类方法的基本思想。

ABC 分类是根据库存品的年占用金额的大小，把库存品划分为 A、B、C 三类，分别实行重点控制、一般控制、按总额控制的存货管理方法。一般地，A 类存货的年占用金额占总库存金额的 75% 左右，其品种数却只占总库存数的 10% 左右；B 类存货的年占用金额占总库存金额的 20% 左右，其品种数占库存品种数的 20% 左右；C 类存货的年占用金额占总库存金额的 10% 左右，其品种数却占总库存品种数的 70% 左右。

3. ABC 分类的步骤

ABC 三类存货的划分主要有两个标准：金额（价值）标准、品种数量标准。其中，价值标准是最基本的，品种数量标准仅做参考。

采用 ABC 分类管理法可以按照下列步骤进行：

①分析仓库所库存物的特征。包括货物的价值、重要性以及保管要求上的差异等。

②收集有关的货物存储资料。包括各种货物的库存量、出库量和结存量。前两项应收集半年到一年的资料，后一项应收集盘点或分析时的最新资料。

③资料的整理和排序。将所收集的货物资料按价值（重要性、保管难度等）进行排序。当货物品种较少时，以每一库存物为单元统计货物的价值，当种类较多时，可将库存物采用按价值大小逐步递增的方法分类，分别计算出各范围内所包含的库存数量和价值。

④将上面计算出的资料整理成表格形式，求出累计百分数。

⑤根据表中统计数据绘制 ABC 分析图。再根据价值和数量比率的划分标准，可确定货物对应的种类。

例 1. 经统计，某仓库库存物的数量和价值如表 11-1 所示，试对库存物进行 ABC 分类。

表 11-1 库存物数量与价值统计表

序号	货物单价/元	数量	数量比率/%	数量累计比率/%	价值/万元	价值比率/%	价值累计比率/%
1	10 000 以上	10	5.0	5.0	12	23.1	23.1
2	5 001~10 000	17	8.5	13.5	13	25.0	48.1
3	4 001~5 000	15	7.5	21.0	6.5	12.5	60.6
4	3 001~4 000	22	11.0	32.0	7	13.5	74.0
5	2 001~3 000	27	13.5	45.5	6.5	12.5	86.5
6	1 001~2 000	45	22.5	68.0	5	9.6	96.2
7	0~1 000	64	32.0	100	2	3.8	100
合计	—	200	100	—	52	100	—

解：根据表 11-1 数据绘制 ABC 分析图。

第一步：以横坐标反映数量比率，纵坐标反映价值比率，描点后连接起来。如图 11-2 所示。

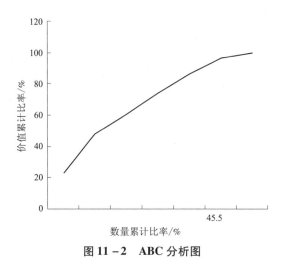

图 11-2 ABC 分析图

第二步：根据 ABC 分析图以及价值和数量比率的划分标准，确定货物的分类。如表 11-2 所示。

表 11-2 货物分类

序号	分类
1、2	A
3、4、5	B
6、7	C

例 2. 某小型企业拥有 10 项库存品，各种库存品的年需要量、单价如表 11-3 所示，为了加强库存品的管理，企业计划采用 ABC 库存管理法。假如企业决定按 20% 的 A 类物品，30% 的 B 类物品，50% 的 C 类物品来建立 ABC 库存分析系统，问该企业应如何进行分类？

根据表 11-3 列出各种存货品的金额，并进行大小排列，计算各种库存品的金额百分比和数量百分比，然后进行分类，如表 11-4 所示。

根据 ABC 分类，进一步编制 ABC 分类表，如表 11-5 所示。

表 11-3 某小型企业库存需求情况表

库存品名称	年需求量/千克	单价/元	金额/元
a	9 000	8	72 000
b	95 000	8	760 000
c	4 000	4	16 000
d	50 000	4	200 000
e	1 000	10	10 000
f	125 000	5	625 000
g	20 000	5	100 000

续表

库存品名称	年需求量/千克	单价/元	金额/元
h	20 000	8	160 000
i	5 000	5	25 000
j	2500	7	17 500
合计	—	—	1 985 500

表 11-4 计算表

库存品名称	金额/元	累计金额/元	累计百分比/%	类别
b	760 000	760 000	38.2	A
f	625 000	1 385 000	69.7	A
d	200 000	1 585 000	79.8	B
h	160 000	1 745 000	87.9	B
g	100 000	1 845 000	92.9	B
a	72 000	1 917 000	96.5	C
i	25 000	1 942 000	97.8	C
j	17 500	1 959 500	98.7	C
c	16 000	1 975 500	99.5	C
e	10 000	1 985 500	100	C

表 11-5 ABC 分类表

类别	品种数	该类库存品占全部库存品品种的百分比/%	每一类的金额/元	该类库存品金额占全部库存金额的百分比/%
A	2	20	1 385 000	69.7
B	3	30	460 000	23.2
C	5	50	140 500	7.1
合计	10	100	1 985 500	100

通过对企业的库存进行分类，有利于企业对不同类别的存货按不同的要求进行控制和管理。

4. ABC 分类管理法的应用

根据 ABC 分析图，需要对不同等级的货物进行不同的管理方法。

（1）A 类货物

这类库存品品种虽然较少，但其占用的金额较大，是日常控制的重点，需要最严格的管理。必须对这类库存品保持完整的库存记录，建立完善的库存盘存制度，掌握该类存货的收、发、结存情况，严格按各种科学的方法计算确定每个品种的经济订货量、保险储备量、严格控制库存水平,防止缺货。

(2) B 类货物

这类库存品属于一般的品种,对它的管理介于 A 类和 C 类之间。原则上也要求计算经济批量和保险储备量,但不必像 A 类存货那样严格,通常的做法是将若干物品合并一起订购。

(3) C 类货物

这类库存品的种类数虽多,但占用的金额较少,管理办法较简单,不必专门计算存货量,视企业情况规定存货量的上下限,也可适当增加每次订货量,实行简易控制。如对这类库存品通常订购 6 个月或 1 年的需求量,其间不需要保持完整的库存记录。

对每类库存物资的管理控制准则可归纳为表 11-6。

表 11-6　ABC 分类管理表

项目/级别	A 类库存	B 类库存	C 类库存
控制程度	严格控制	一般控制	简单控制
库存量计算	依库存模型详细计算	一般计算	简单计算或不计算
进出记录	详细记录	一般记录	简单记录
库存检查频度	密集	一般	很低
安全库存量	低	较大	大量

11.3　库存成本与库存控制

学习资源:

优化库存检索系统

11.3.1　库存成本

1. 库存成本的概念

库存是供应链环节的重要组成部分,是一个组织所储备的所有物品和资源,库存成本就是那些物品和资源所需成本。具体来说,是指储存在仓库里的货物所需成本,它还包括订货费、购买费、保管费。

2. 库存成本的构成

库存成本的构成一般可分为以下三个主要部分:

(1) 库存持有成本

库存持有成本即为保有和管理库存而需承担的费用开支。具体可分为运行成本、维护成本、机会成本和风险成本四个方面。运行成本主要包括了仓储成本，自营型的仓库体现为建造仓库的固定投资的摊销费用，外包型的仓库则体现为仓库的租金，库存越高，仓储面积越大，仓储成本也越高。此外，运行成本还包括仓库中的设备投资成本和日常运作费用（水、电、人工等）。维护成本包括库房的维护费用、库内设备的维护费用等。机会成本主要是库存所占用的资金所能带来的机会成本，库存作为企业的资产是通过占用企业的流动资金而获得的，而任何企业都有其一定的资金投资回报率，即库存占用的资金如果不用于库存而去经营其他投资所能获得的平均收益，这一比例因行业的不同和企业的不同而有所不同，一般为 10% ~ 16%。

企业因为要持有一定的库存而丧失了流动资金所能带来的投资收益，即为库存的机会成本。有时企业通过借款来获得库存，这时的机会成本还应包括借款的利息支出。风险成本顾名思义则是从风险的角度出发来考虑的，首先是保险费用，为了减少库存的损失，大多数的企业会为其库存的安全上保险，其费用就是库存成本。同时企业可能会因为库存的不合理存放而造成损耗或报废，例如食品过期、存放过程中破损、产品滞销、失窃，等等，这些损失同样是库存的风险成本。

（2）库存获得成本

库存获得成本是指企业为了得到库存而需承担的费用。抛开库存的本身价值，如果库存是企业直接通过购买而获得，则获得成本体现为订货成本，包括与供应商之间的通信联系费用、货物的运输费用等，订购或运输次数越多，订货成本就越高；如果库存是企业自己生产的，则获得成本体现为生产准备成本，即企业为生产一批货物而进行的生产线改线的费用。

1）订货成本。订货成本是指企业为了实现一次订货而进行的各种活动的费用，包括处理订货的差旅费、办公费等支出。订货成本中有一部分与订货次数无关，如常设机构的基本开支等，称为订货的固定成本；另一部分与订货的次数有关，如差旅费、通信费等，称为订货的变动成本。

2）生产准备成本。生产准备成本是指当某些产品不由外部供应而是由企业自己生产时，企业为生产一批货物而进行准备的成本。其中，更换模具、增添某些专用设备等属于固定成本，与生产产品的数量有关的费用如材料费、加工费、人工费等属于变动成本。

（3）库存缺货成本

库存缺货成本，简而言之就是由于库存供应中断而造成的损失。包括原材料供应中断造成的停工损失，产成品库存缺货造成的延迟发货损失和销售机会丧失带来的损失（还应包括商誉损失），企业采用紧急采购来解决库存的中断而承担的紧急额外采购成本等。缺货成本主要包括以下几个方面：

1）保险库存的持有成本。许多企业都会考虑保持一定数量的安全库存或称缓冲库存，以防在需求方面的不确定性，但是安全库存的存在自然会产生一定的库存成本，同时应该注意到安全库存每一次追加的增量都将造成效益的递减：超过期望需求量的第一个单位的保险库存所提供的防止缺货的预防效能的增值最大，第二个单位所提供的预防效能比第一个单位稍小，依此类推。在某一保险存货水平，储存额外数量的存货成本加期望缺货成本会有一个最小值，这个水平就是最优水平。高于或低于这个水平都将产生损失。

2）缺货成本。缺货成本是由于外部和内部中断供应所产生的。当企业的客户得不到全部订货时叫作外部缺货，而当企业内部某个部门得不到全部订货时叫作内部缺货。如果发生外部缺货。

> **案例分析**

小技巧可以解决大成本

上海通用三种车型的零部件总量有 5 400 多种！这相当于一个中型超市的单品数。通用的这些零部件来自 180 家供应商，这也和一个大型卖场的供应商数量相近。我们来看看通用是怎么提高供应链效率，帮助整个供应链降低库存的。通用的部分零件是本地供应商所生产的，这些供应商会根据通用的生产要求，在指定的时间直接送到生产线上。这样，因为不进入原材料库，所以保持了很低或接近于"零"的库存，省去大量的资金占用。但供应商并不愿意送那些用量很少的零部件。于是，以前的传统汽车制造商要么有自己的运输队，要么找运输公司把零件送到公司。

这种方式的缺点是：

1. 有的零件根据体积或数量的不同，并不一定正好能装满一卡车。但为了节省物流成本，他们经常装满一卡车才给你——如果装不满，就要等待。这样不仅造成了库存高、占地面积大，而且也影响了对客户的服务速度。

2. 不同供应商的送货环节缺乏统一的标准化的管理，在信息交流、运输安全等方面，都会带来各种各样的问题，如果想管好它，必须花费很多的时间和很大的人力资源。

所以通用就改变了这种做法，使用了叫作"循环取货"的小技巧：他们聘请一家第三方物流供应商，由他们来设计配送路线，然后每天早晨依次到不同的供应商处取货，直到装上所有的材料，再直接送到上海通用。这样，通过循环取货，通用的零部件运输成本可以下降 30% 以上。这种做法省去了所有供应商空车返回的浪费，充分节约了运输成本，而且体现了这样的基本理念：把所有增值空间不大的业务外包给第三方，他们会比通用更懂得怎样节省费用。

11.3.2 库存控制

储存管理的关键是库存控制问题，库存控制的中心又是如何确定合理库存量的问题。很明显，如果库存量过大就会造成库存积压，不仅占用一定的流动资金，支付过多的利息，而且占库压库，增加保管费用，甚至造成物资的物质损耗和工作人员的精神损耗；如果库存量过小，就会造成物质供不应求，企业停工待料，市场脱销，丧失销售机会。为了不缺货，就得增加订货次数，这样就增加了订货费用，所有这些都会影响物资流通的经济利益。因此，库存量必须控制在一个合适的水平上。

1. 库存过程

库存量的变化，受着库存过程的影响，因此必须对库存过程实行控制。一个完整的库存过程，可以分为以下四个活动阶段：

（1）订货活动阶段

从外出订货或发出订单开始，直到订货成交为止的整个活动过程。其作用是使物资的所有权从供方转移到需方。订货过程即商流过程。

（2）进货活动阶段

主要是把货物从供方运进需方仓库的过程。增加库存量，属于物流活动。

（3）保管活动阶段

从物资验收入库开始，直到将物资实行一系列的保管保养活动，是物流性质的活动。

（4）供应销售活动阶段

即出售物资的过程，把出库物资送到消费者手中。在此阶段，库存量将逐渐减少。

从上述四个阶段的活动分析可以看出：订货过程使储存得到补充，使库存量增加；供应销售过程是对储存的需求，使库存量减少；保管活动对库存量没有影响。我们可以看到，控制库存，就必须控制订货进货和供应销售这两方面。但是，对销售实行控制，就会影响对用户的服务，降低用户的满意程度，从而减少用户，降低仓储的经济效益。因此对订货进货过程进行控制才是可行的。

库存过程控制的关键是对订货过程的控制，因此要制定一个适宜的订货进货策略，或者叫存储策略，其主要是解决什么时候订货，每次订货要订多少，以及订货的方法。衡量订货策略的好坏标准是储存过程所支出的平均费用是否最低。

2. 库存目标

库存的问题不是孤立的，它和营销问题、仓库问题、材料运输问题、采购问题、财务问题等都有着千丝万缕的联系，因此，物料管理所涉及的目标并不完全一致，有些甚至是互斥的。库存问题是企业内部不同职能部门间矛盾的根源，这种矛盾是由于不同的职能部门在涉及存货的使用问题上负有不同的任务而引起的，表明各部门对库存的态度。如表11-7所示。

表11-7 各部门对库存的态度

部门	典型的反应
市场经营与销售	如果总是缺货或无足够的品种，可不能用空空如也的货车去销售，那样就不能保住用户
生产	如果按大批量生产，就可能降低单位成本，有效地经营
采购	如果整批大量购进，就能降低单位成本
财务	从哪里筹集资金来支付存货的货款？库存水平应更低些
仓储	这里已经没有货位了，什么也不能再放了

由此看出，物料管理所涉及的目标并不是完全一致，甚至不容易叙述清楚的。其主要的目标是使库存投资最少，对用户的服务水平最高和保证企业的有效经营。一些带有共性的次一级目标是单位成本低、存货周转率高、质量稳定、与供应商保持良好的关系以及保持供应持续不断等。很容易看出上述目标很不一致，有的甚至相互抵触。因此，要根据现实条件和环境的各种限制，很好地将这些目标协调起来，也就是所谓的"次级优化"。"次级优化"是用来描述以系统的目标为代价而使子系统最优化的术语。

案例分析

美国布鲁克林酿酒厂物流成本管理

（1）布鲁克林酿酒厂对运输成本的控制。布鲁克林酿酒厂于1987年11月将它的第一箱布鲁克林拉格运到日本,并在最初的几个月里使用了各种航运承运人。最后,日本金刚砂航运公司被选为布鲁克林酿酒厂唯一的航运承运人。金刚砂公司之所以被选中,是因为它向布鲁克林酿酒厂提供了增值服务。金刚砂公司在其国际机场的终点站交付啤酒,并在飞往东京的商航班上安排运输,金刚砂公司通过其日本报关办理清关手续。这些服务有利于保证产品完全符合保鲜要求。

(2) 布鲁克林酿酒厂对物流时间与价格进行控制。啤酒之所以能达到新鲜的要求,是因为这样的物流作业可以在啤酒酿造后的 1 周内将啤酒从酿酒厂直接运送到顾客手中。新鲜啤酒能超过一般的价值定价,高于海运装运的啤酒价格的 5 倍。虽然布鲁克林拉格在美国是一种平均价位的啤酒,但在日本,它是一种溢价产品,获得了极高的利润。

(3) 布鲁克林酿酒厂对包装成本进行控制。布鲁克林酿酒厂将改变包装,通过装运小桶装啤酒而不是瓶装啤酒来降低运输成本。虽然小桶重量与瓶的重量相等,但减少了玻璃破碎而使啤酒损毁的机会。此外,小桶啤酒对保护性包装的要求也比较低,这将进一步降低装运成本。

问题:结合美国布鲁克林酿酒厂的物流成本管理现状,谈谈降低仓储成本的对策及其重要性。

3. 库存要求

仓库有两种库存:计划库存和扩充库存。这两种库存的要求是不同的。

(1) 计划库存要求

仓库主要强调商品流,而不管存货的周转率,所有入库的货物都必须至少保存一段时间。计划库存是指基本库存,存量可能得到不断地补充。计划库存的期限因物流系统的不同而不同,而物流系统的不同则依赖于其完成周期。在物流系统中,计划库存必须提供足够的库存数量以便使仓库能充分发挥其作用。

(2) 扩充库存要求

扩充库存是超出了仓库正常操作所需的计划库存的那部分库存。在特殊情况下,客户可能在货物出运之前,要求将这些货物再多保存几个月的时间。这时,仓库就需要扩充库存了。因此,为了控制和衡量仓库搬运的绩效,必须仔细地按库存的类型区分存货的周转情况。

有一些商品,如季节性商品,要求储存到有季节需求的时候才出运。当大量的库存都要求与市场供需相适应的时候,周转率就非常低了。在这种情况下,物流系统中的仓储就要进行调整以适应季节的需要,于是就出现了对扩充库存的需求。需要扩充库存的其他因素还包括不稳定的需求、商品调节、投机性购物以及减价等。

当商品有不稳定的需求波动时,仓库也应该有安全库存以满足客户要求。例如空调,由于空调价格较贵,因而更愿意储存小批量的货,但如果持续高温天气出现,那么制造商只有在很有限的时间内来配送另外的空调,这时就需要扩充库存了。

商品调节(如催熟香蕉)有时也需要扩充库存,虽然食品配送中心通常都没有催熟间来使这些食品催熟到最佳质量状态。但是,这一过程也可以在仓库中完成。

仓库也要储存为了投机目的而购来的商品。是否要购买这样的商品以及购买多少,要视具体的物品而定,而扩充库存则能对此起到调节作用。

扩充库存还常成为商品减价的理由。早期的销售商常因扩充库存而实行减价销售。此外，销售商也可能在一年中的某一时期进行减价销售。在这种情况下，仓库就可能超过计划库存。为此，像肥料、玩具或低档商品的制造商，就可能对一些非季节性库存实行减价，把库存的负担转嫁给销售商。

4. 库存控制系统

(1) 库存控制系统的任务

库存控制系统是解决订货时间和订货数量问题的常规联动系统。一个有效的系统要达到下列目的：

1) 保证获得足够的货物和物料。
2) 鉴别出超储物品、畅销品与滞销品。
3) 向管理部门提供准确、简明和适时的报告。
4) 花费最低的成本金额完成前述三项任务。

(2) 库存控制系统的内容

一个完整的库存系统所涉及的内容远不止是各种定量库存模型，还必须考虑以下六个极其重要的方面：

1) 开展需求预测和处理预测误差。
2) 选择库存模型，如：经济订货量（EOQ）；经济订货间隔期（EOI）；经济生产量（EPQ）；物料需求计划（MRP）；一次性订货量（SOQ）。
3) 测定存货成本（订购、储存、缺货成本）。
4) 用以记录和盘点物品的方法。
5) 验收、搬运、保管和发放物品的方法。
6) 用以报告例外情况的信息程序。

(3) 库存控制系统常见的种类

1) 连续库存系统。这个系统以经济订货量（EOQ）和订货点的原理为基础。连续库存系统要保持存货数量的记录，并在存货量降至一定水平时进行补充供应。

2) 双堆库存系统。其特点是没有连续的库存记录，属于固定订货量系统。订货点由肉眼来判定，当存货消耗一堆时便开始订货，其后的需求由第二堆来满足。

3) 非强制补充供货库存系统。也称为最小最大系统，是连续系统和定期系统的混合方式。库存水平均按固定的间隔进行检查，但订货要在库存余额已经降至预定的订货点时才进行。

4) 定期库存系统。在定期库存系统中，在储物品的数量要按固定的时间间隔进行检查。

5) 物料需求计划（MRP）库存系统。物料需求计划库存系统广泛地用于计划生产。由于属于材料和零件的物品被最终产品所耗用，故存货水准均根据用最终物品表示的需求量来得出。物料需求计划系统是一种派生的订货量系统。这种系统的作用是按反工艺方向，并根据最终产品或主要装配件的计划完工日期，来确定各种零件和材料需要订购的日期和数量。该系统在预先已知最终产品的具体需求量和某项物品的需求量按某种可预测的方式同其他物品的需求量联系在一起时，可得到良好的效果。

所有库存系统都有各自的优缺点，因此，适用范围也不同。例如，连续系统最适合于高价物品,对于这类物品要经常检查;双堆系统用在由于作用小或单价低而无须经常检查的场合;定期系统适用于零售领域和供货渠道较少或货源来自中心仓库的场合。

11.4 JIT 与 MRP 简介

11.4.1 准时制管理方式

1. JIT 的产生

传统的库存管理利用经济订货批量来决定库存量,而经济批量的确定本身就带有一定的假设性,因此存在着不合理的库存,为了减少库存浪费,需要确立一种消除浪费的理念,推行准时化、同步化,使各工序、各环节在生产供应的数量上和时间上做到紧密结合,实现只在需要的时候,按需要的量,生产所需要的产品,降低闲置的库存,从而使 JIT 应运而生。

准时制或准时生产方式(just in time,JIT)是一种组织生产的新方式,是按照客户要求的时间、地点、需要的数量生产或提供其需要的产品或服务。准时生产方式旨在消除无效劳动与浪费,实现企业资源优化配置,全面提高企业经济效益。它是由日本丰田公司首先提出来的。20 世纪 80 年代以来,作为一种先进的生产运作管理模式,JIT 得到了广泛应用,形成了一套包括从企业经营理念、管理原则到生产组织、计划与控制及作业管理、人力资源管理等在内的理论和方法体系。

> **知识库**
>
> **JIT 的产生**
>
> 日本丰田汽车公司是 JIT 管理模式的发源地,"杜绝浪费"是它的基本思想,"只在需要的时候,按需要的量,生产所需要的产品"。这也是 JIT 的基本含义。追求一种无库存的生产系统,或者库存达到最小的生产系统是这种生产模式的核心。包括"看板"在内的一系列方法被开发出来,并逐渐形成了一套独具特色的生产经营系统。
>
> 丰田汽车公司的创始人丰田喜一郎最早在汽车生产中提倡"非常准时"的管理方法。大野耐一具体建立了这种体系。他毕业于名古屋工业大学,曾担任丰田汽车公司的副总经理。经过长期探索实践后,一套完整的体系逐渐形成了——"丰田生产模式",也就是后来人们推崇的 JIT。
>
> 丰田汽车的零组件管理方式被称为及时化(JIT),又称为"看板"方式。制造一部汽车所需的两万个零组件被它浓缩为最小极限,即把当前所需装配的必要量看成是一个单位,从而在盛装这个单位的容器上面挂上看板,看板上记载着何时生产、生产多少、运往何地等作业指令。将零组件用尽时,装配工厂将空容器送往零组件厂,根据看板上的指令,零组件厂生产和装入给定的品种和数量,在要求的时间内送到指定的地点,丰田汽车公司采用这种方式成功地使库存水平下降到通常的 1/5。
>
> "看板"方式是一种逆向管理。丰田汽车公司的装配工作,不是一种预测生产,而是由销售公司订多少货,就生产多少。以这个为前提,每一个工序按照"看板"的指示:每一个工序向先行工序依次索取组件,然后再送达给后续工序。

丰田汽车公司一步步扩大其生产规模,在确立规模生产体系的过程中,JIT 诞生和发展起来了。从开始的技术、设备引进阶段,日本汽车工业就没有彻底套用美国的汽车工业生产方式。除了当时日本国内的市场环境不太好、劳动力状况以及日本战后资金短缺等原因以外,很重要的一个原因就是 JIT 的创始人从开始就意识到:第一,美国汽车工业的生产方式虽然很先进,但仍有改善的余地;第二,需要考虑采取一种灵活适应市场需要,尽快提高产品竞争力的生产方式。20 世纪 70 年代以后,市场环境变化很大,大量生产方式的弱点日益明显,JIT 使丰田公司的经营绩效与其他汽车制造企业拉开了距离,其质量和交货期领先于世界。JIT 及其优越性开始受到瞩目并逐渐赢得国际上广泛的赞誉。20 世纪 80 年代以后,JIT 开始被西方经济发达国家重视,据资料显示,1987 年美国有 25% 的企业应用 JIT,目前绝大多数美国企业都应用 JIT。

2. JIT 的基本思想

JIT 的基本思想是:在恰当的时间以恰当的数量生产恰当的产品。要求不断改进并全面进行质量控制,全员进行参与和降低库存。强调消除无效劳动和浪费,针对客户要求进行生产和提高服务。JIT 的目标如下:

①追求无库存或库存达到最小的生产系统。任何库存都是浪费,库存是生产系统设计不合理、生产过程不协调、生产操作不规范的结果,必须清除。

②改进质量,消除生产管理中各种引起不合格产品的因素,实现零缺陷。

③通过减少准备时间、等候时间和批量来缩短交货时间。

④以最小成本完成任务。

3. JIT 基本构成要素

JIT 是建立在以下三项基本要素基础上的:消除浪费、全面质量、人员素质。

(1) 消除浪费

JIT 认为,同产品的报废和返工是浪费一样,库存也是一种浪费,库存是对生产空间和资金占用的浪费。因此,准时生产方式要求将库存减少至零,凡是不能马上使用、不能马上创造价值的产品都是不能容忍的浪费,过早生产出不急需的产品和不能及时提供生产所必须的物品是同样有害的,它不是要求某个部门提前完成任务,造成不必要的产品积压,而是要求减少浪费,实现各生产环节间的有效衔接。为了彻底消除浪费,一些公司列举了生产过程中的几种最大的浪费现象:过量生产、过量库存、物料等待、过多的搬运、不合理的作业流程、质量缺陷等。

(2) 全面质量

JIT 一反传统的质量成本观念,通过将质量贯穿于每一道工序来实现提高质量和降低成本的一致性。这一目标的实现要依靠操作人员的质量意识和质量保证措施的实施来完成。注重建立质量保证体系,从根本上保证产品质量,坚持预防性设备维护制度,一旦设备出现故障,就全线停工,全力排除故障。

(3) 人员素质

充分发挥人的能力是 JIT 和全面质量思想理念的一个重要方面。按照 JIT 的要求,员工的职责是在下道工序需要时,能准确提高技能,否则就会生产出次品,造成浪费。因此,要使每个岗位的员工生产出合格产品,必须对他们进行必要的培训。

4. 看板系统

看板系统是 JIT 生产现场控制技术的核心，是 JIT 用于实际生产的一种有效方法，它是根据生产过程的先后顺序，采用拉动的办法来控制生产进度和库存水平。具体做法是：看板系统通过最终产品的需求，一级一级地向前一道工序发出各级零部件在制品的需求信号，以保证这些零部件在下一道工序需求之时按时到达，当某道工序因故停产时，后续其他工序也随之停产。这一系统是通过对最终产品的需求来拉动整个生产线的生产活动的，只有最终产品的最后一道工序从生产调度部门接受生产进度指令，所有其他工序和供货商均从其后续工序接受生产指令。

使用看板作业时，应遵守以下规则：严格按照看板所示的信息提取材料和搬运，按照看板所示信息进行生产作业活动，有质量问题的零件不转移到后道工序，在没有看板的情况下，既不进行生产也不进行搬运作业。

学习资源：

班组库存管理方法与流程

11.4.2　物料需求计划

1. 物料需求计划的含义及内容

物料需求计划（Material Requirement Planning，MRP）是指根据产品结构各层次物品的从属和数量关系，以每个物品为计划对象，以完工时期为时间基准倒排计划，按提前期长短区别各个物品下达计划时间的先后顺序，是一种工业制造企业内物资计划管理模式。MRP 是根据市场需求预测和顾客订单制订产品的生产计划，然后基于产品生成进度计划，组成产品的材料结构表和库存状况，通过计算机计算所需物资的需求量和需求时间，从而确定材料的加工进度和订货日程的一种实用技术。

其主要内容包括客户需求管理、产品生产计划、原材料计划以及库存纪录。其中客户需求管理包括客户订单管理及销售预测，将实际的客户订单数与科学的客户需求预测相结合即能得出客户需要什么以及需求多少。

2. 物料需求计划的特点

MRP 系统的功能目标是随时可以掌握计划状态、储存状态和供货状态，涉及多方面的计划、文件及其时间上的有机衔接，因此具有一定的复杂性。

（1）需求的相关性

在流通企业，各种需求往往是独立的。而在生产系统中，需求具有相关性。例如，根据订单确定了所需产品的数量之后，由新产品结构文件 BOM 即可推算出各种零部件和原材料的数量，这种根据逻辑关系推算出来的物料数量称为相关需求。不但品种数量有相关性，需求时间与生产工艺过程的决定也是相关的。

(2) 需求的确定性

MRP 的需求都是根据主产进度计划、产品结构文件和库存文件精确计算出来的，品种、数量和需求时间都有严格要求，不可改变。

(3) 计划的复杂性

MRP 系统的功能目标是随时可以掌握计划状态、储存状态和供货状态，涉及多方面的计划、文件及其时间上的有机衔接，因此具有一定的复杂性。

3. 制订物料需求计划前具备的基本数据

制订物料需求计划前就必须具备以下基本数据：

第一项数据是主生产计划（MPS），它指明在某一计划时间段内应生产出的各种产品和备件，它是物料需求计划制订的一个最重要的数据来源。它来源于企业的年度计划，在 MRP 中用 52 周来表示。MPS 的基本原则是主产品生产进度计划覆盖的时间长度要不能小于其组成零件中具有的最长的生产周期。否则，由于不能进行 MRP 系统的运行，因此这样的主产品生产进度计划是无效的。

第二项数据是物料清单（BOM），它指明了物料之间的结构关系，以及每种物料需求的数量，它是物料需求计划系统中最为基础的数据。

第三项数据是库存记录，各个品种在系统运行提前期初库存量的静态资料都被包含于其中，它把每个物料品目的现有库存量和计划接受量的实际状态反映出来。主要参数包括：

① 总需求量：指主产品及其零部件在每一周的需求量。其中主产品的总需求和主生产计划相符合，而根据主产品生产进度计划和主产品的结构文件推算而得出主产品零部件的总需求量。

② 计划到货量：指已经确定在指定时间到达的货物数量。本次 MRP 运行生成的生产任务单和采购任务单中的产品不在其中。这些产品由"计划订货量"来记录。

③ 库存量：指每个周周末库存物资的数量。

库存量 = 本周周初库存量 + 本周到货量 − 本周需要量 = 上周周末库存量 + 本周到货量 − 本周需要量

第四项数据是提前期，决定着每种物料何时开工、何时完工。

应该说，这四项数据都是至关重要、缺一不可的。缺少其中任何一项或任何一项中的数据不完整，物料需求计划的制订都将是不准确的。因此，在制订物料需求计划之前，这四项数据都必须先完整地建立好，而且保证是绝对可靠的、可执行的数据。

4. 物料需求计划的基本计算步骤

一般来说，物料需求计划的制订是遵照先通过主生产计划导出有关物料的需求量与需求时间，然后，再根据物料的提前期确定投产或订货时间的计算思路。其基本计算步骤如下：

① 计算物料的毛需求量。即根据主生产计划、物料清单得到第一层级物料品目的毛需求量，再通过第一层级物料品目计算出下一层级物料品目的毛需求量，依次一直往下展开计算，直到最低层级原材料毛坯或采购件为止。

② 净需求量计算。即根据毛需求量、可用库存量、已分配量等计算出每种物料的净需求量。

③ 批量计算。即由相关计划人员对物料生产做出批量策略决定，不管采用何种批量规则或不采用批量规则，净需求量计算后都应该表明有否批量要求。

④安全库存量、废品率和损耗率等的计算。即由相关计划人员来规划是否要对每个物料的净需求量做这三项计算。

⑤下达计划订单。即指通过以上计算后,根据提前期生成计划订单。物料需求计划所生成的计划订单,要通过能力资源平衡确认后,才能开始正式下达计划订单。

⑥再一次计算。物料需求计划的再次生成大致有两种方式:第一种方式会对库存信息重新计算,同时覆盖原来计算的数据,生成的是全新的物料需求计划;第二种方式则只是在制订、生成物料需求计划的条件发生变化时,才相应地更新物料需求计划有关部分的记录。这两种生成方式都有实际应用的案例,至于选择哪一种要看企业实际的条件和状况。

5. 物资需求计划实现的目标

①及时取得生产所需的原材料及零部件,保证按时供应用户所需产品。

②保证尽可能低的库存水平。

③计划企业的生产活动与采购活动,使各部门生产的零部件、采购的外购件与装配的要求在时间和数量上精确衔接。

MRP 主要用于生产"组装"型产品的制造业。在实施 MRP 时,与市场需求相适应的销售计划是 MRP 成功的最基本的要素。但 MRP 也存在局限,即资源仅仅局限于企业内部和决策结构化的倾向明显。

本项目小结

库存管理是企业管理的一个重要环节。从资金负担数量和在总资源中的相对比例就可以知道,库存是企业的核心成本,具有重要意义,即厂商的库存负担只要下降几个百分点,就能快速提高利润。现实生活中确实存在着各种计划来改善库存生产率。然而,这些机会产生于综合供给链使用信息交换的能力,以及管理部门致力于减少不确定因素并以此形成的库存战略。要阐明库存政策,就需要知道在一个制造企业或营销企业中库存的作用。要充分发挥库存的重要作用,就必须能够想象出一个企业对库存所承担的资产数量。虽然库存有着重大意义,但是有效的库存管理已经减少了当前销售量和国民生产总值所要求支持的库存数量。这种改善归功于管理部门实施了基于时间的准时化战略。随着新产品的增加,库存投资也增加,导致更高的库存配置。

本项目主要介绍了库存的分类、库存的利弊以及对库存管理和控制的相关方法。对仓储企业来说,管理和控制好库存可以增加收入、提高企业盈利、扩大市场。同时,通过了解目前库存控制的未来发展方向,可以使企业在竞争激烈的市场中转变自己的经营理念,更好地发展。

复习思考题

一、选择题

1. 按 ABC 类库存物资划分,C 类库存为(　　)的库存。
   A. 品种数目大但资金占用小　　　　　　B. 品种数目少但资金占用大
   C. 品种数目大且资金占用大　　　　　　D. 品种数目少且资金占用少

2. 从经营过程的角度可将库存分为七种类型,以下不属于这七种库存的是(　　)。

A. 零部件库存　　　　　　　　B. 经常库存
C. 投机库存　　　　　　　　　D. 积压库存
E. 静态库存
3. 库存的作用主要表现在（　　）。
A. 平衡供求关系　　　　　　　B. 减少运输的复杂性
C. 降低运输成本　　　　　　　D. 提高服务水平
E. 预防意外的发生

二、问答题

1. 库存的作用是什么？
2. 库存成本是怎样构成的？
3. 制订物料需求计划前需做哪些准备工作？

三、案例分析题

一家粮食仓储企业成功转型为现代物流公司的发展历程

北京环京物流成立之初就物流的发展提出了一揽子方案。需要特别注意的是，环京物流在成立的同时，京粮集团就其成立与发展的可行性从企业发展物流的市场机会、企业自身优势、企业所存在问题等三个方面展开了充分的市场调研，得出了如下结论：

1. 中国对现代物流的需求同步增长，给现代物流业的发展提供了广阔的发展空间与潜在市场。物流产业是北京市政府鼓励、支持发展的产业部门，会在政策上给予支持，政府的支持是集团发展现代物流的天然优势，要紧紧抓住这一优势。

2. 企业所拥有的优势：具有独特的资源优势与经营优势资源方面的优势：①仓储设施规模大，优势突出。有具备从事物流业务功能的物流场所14个，占地面积210万平方米，大多位于四、五环之间，其中，地处黄金带四环沿线的场所4个：西郊粮库、东北郊粮库、西北郊粮库和东南郊粮库。这4个库占地面积56.2万平方米，可建综合物流设施40万平方米。②交通便利，运输优势明显。③有一定的配套设施。

3. 企业自身所存在的不足：①环京物流公司原来的注册资金只有1 000万元，且都为集团所属企业出资成立的，规模尚小。②现有设备落后，基本还是计划体制下按照粮油专业物流要求配备，经过长期运转，设备老化，配套设施欠缺。③物流企业的信息化还是空白。④人员素质亟待提高。⑤在管理水平上，第三方物流不但对物流企业管理自身的能力有很高的要求，还要求企业在复杂情况下的管理和协调能力，而京粮的企业还停留在经验管理、粗放管理阶段，未能解决好管理思想、管理方法、管理技术的实际应用问题，同时由于技术、设备等条件的落后，致使管理水平难以上台阶。根据市场调研与分析研究，京粮集团提出了相应的对策与方案。

根据市场调研的结果提出了发展现代物流的具体应对途径：

1. 招商引资，成立现代物流公司。
2. 按现代物流业要求改造设施。
3. 开发软件系统，建立物流信息平台。

4. 引进人才，不断提高物流企业的运营和管理水平。

5. 制定配套政策，为现代物流业的发展提供必要的外部环境。

环京物流制定了《环京物流发展规划（2010—2015年）》。这一五年规划中，以"建设一个物流品牌企业、三个物流中心的战略构想"统一了集团领导和职工的思想，确定了传统仓储企业向现代物流业转变的方向、步骤和原则，确立了环京物流的前期依靠集团内部物流资源快速发展，中后期立足整合利用社会物流资源扩大发展的发展战略，同时明确了环京物流快速发展的措施。这个规划为集团物流事业迅速、健康发展指明了方向与目标。在规划制定半年以后，京粮集团还就环京物流的发展现状再一次做了充分的调研。

（资料来源：中国物流与采购联合会网）

问题：环京物流的发展历程给了我们什么启示？

参 考 文 献

[1] 丁立言，张铎．仓储规划与技术［M］．北京：清华大学出版社，2012．
[2] 现代物流管理课题组．物流库存管理［M］．广州：广东经济出版社，2015．
[3] 现代物流管理课题组．保管与装卸管理［M］．广州：广东经济出版社，2014．
[4] 李永生，郑文岭．仓储与配送管理［M］．北京：机械工业出版社，2015．
[5] 周万森．仓储配送管理［M］．北京：北京大学出版社，2015．
[6] 张远昌．仓储管理与库存控制［M］．北京：中国纺织出版社，2014．
[7] 刘俐．现代仓储运作与管理［M］．北京：北京大学出版社，2014．
[8] 周云霞．仓储管理实务［M］．北京：电子工业出版社，2016．
[9] 田源．仓储管理［M］．北京：机械工业出版社，2015．
[10] 邬星根．仓储与配送管理［M］．上海：复旦大学出版社，2015．
[11] 于肇波．仓储与运输实务［M］．北京：中国商业出版社，2011．
[12] 真虹，张婕妹．物流企业仓储管理与实务［M］．北京：中国物资出版社，2013．
[13] 郭元萍．仓储管理与实务［M］．北京：中国轻工业出版社，2015．
[14] 杨凤祥．仓储管理实务［M］．北京：电子工业出版社，2015．
[15] 张晓川．现代仓储物流技术与装备［M］．北京：化学工业出版社，2017．
[16] 徐凯．仓储式超市经营管理实务［M］．广州：广东经济出版社，2017．